弗布克岗位实战培训手册系列

餐厅服务员岗位培训手册

——餐厅服务员应知应会的 9 大工作事项和 70 个工作小项

（实战图解版）

李雯　编著

人民邮电出版社

北　　京

图书在版编目（CIP）数据

餐厅服务员岗位培训手册：餐厅服务员应知应会的9大工作事项和70个工作小项：实战图解版／李雯编著. —北京：人民邮电出版社，2015.2

（弗布克岗位实战培训手册系列）

ISBN 978-7-115-38316-7

Ⅰ. ①餐…　Ⅱ. ①李…　Ⅲ. ①饮食业—商业服务—岗位培训—手册　Ⅳ. ①F719.3-62

中国版本图书馆 CIP 数据核字（2015）第 006643 号

内 容 提 要

如果你即将成为一名餐厅服务员，你知道自己的工作职责是什么吗？如果你已经是一名餐厅服务员，你知道该如何提升自己的工作效率吗？而如果你是一名餐厅管理人员，你又知道该如何将人、岗、事密切结合，建立高效的服务团队吗？

为解决这些问题，本书从餐厅服务员岗位的实际工作出发，系统介绍了餐厅摆台、迎宾接待、点餐服务、上菜服务、分菜服务、酒水服务、餐具酒具撤换、结账送客服务与收台清洁服务 9 大工作事项和 70 个工作小项，并对其进行了图解演示与说明，可以帮助餐厅服务员自我培训、自我提高。

本书是一部关于餐厅服务员岗位培训与管理的操作手册，为餐厅服务员、餐厅管理人员提供了精细化、实务化、模块化的解决方案，不仅使餐厅服务员、餐厅管理人员知道自己要干什么，还能知道怎么干，从而帮助他们快速成长为高效能的职场人士。

◆ 编　著　李　雯

　　责任编辑　陈斯雯

　　执行编辑　贾淑艳

　　责任印制　焦志炜

◆ 人民邮电出版社出版发行　　北京市丰台区成寿寺路 11 号

　　邮编　100164　电子邮件　315@ptpress.com.cn

　　网址　https://www.ptpress.com.cn

　　涿州市殷润文化传播有限公司印刷

◆ 开本：787×1092　1/16

　　印张：14　　　　　　　　　　2015 年 2 月第 1 版

　　字数：180 千字　　　　　　　2025 年 8 月河北第 25 次印刷

定　价：39.00 元

读者服务热线：（010）81055656　印装质量热线：（010）81055316

反盗版热线：（010）81055315

前　言

企业招聘的目的就是要找到合适的人才，并将其放到合适的岗位上。每位员工在入职到岗时，都需要明确自己的**工作职责**是什么；自己与岗位之间的契合度如何；企业对该岗位的**工作要求**是什么；如何处理工作岗位上的具体**工作事项**；如何掌握处理这些工作事项的技巧和方法；如何在最短的时间内缩短与其他同事之间的差距；等等。

为解决上述问题，"弗布克岗位实战培训手册系列"图书针对具体的岗位，提供了**精细化、实务化、模块化**的解决方案。员工通过自我培训，能够明确自己的具体工作内容和事项，并掌握处理这些事项的**工作程序、方法和技巧**，从而全面提升自己的岗位操作能力，获得加薪和职业晋升的机会。

本系列图书涉及班组长、采购人员、销售人员、行政人员、文秘人员、餐厅服务员、仓库管理人员等多个岗位。《餐厅服务员岗位培训手册——餐厅服务员应知应会的 9 大工作事项和 70 个工作小项（实战图解版）》是该系列图书中的一本。本书以餐厅服务员的工作事项为中心，首先列出该岗位的**工作大项**和基本的岗位素质要求，然后分章讲述每个大事项所包含的**工作小项**。本书又将每个工作小项分为工作步骤、工作知识、注意事项、方法技巧等模块，并对各模块进行逐一讲解，有针对性地为读者提供了具体事件和具体问题的解决范例。本书具有以下特点。

1. 人、岗、事密切结合

本书将**餐厅服务员与岗位、工作事项紧密结合**，针对餐厅服务员面临的困难和亟待解决的问题，提供知识和指导，帮助读者快速充电。

2. 用知识导图概括全部工作事项

为了让每个大事项中的小事项清晰可见，本书在每章前面都设计了一张**工作事项知识导图**，图中概括了每章将要讲述的全部工作事项。

3. 用漫画提炼工作要点

本书依据餐厅服务员的工作内容，绘制了**漫画**，画中精准提炼出餐厅服务员所需掌握的**知识要点**及**操作要点**，方便读者理解与掌握。

4. 问题字典易查易用

本书对餐厅服务工作规范和知识要点的图解处理，如同一本**细化易查、简单易用**的**问题字典**，方便读者在实际工作中遇到问题时随时查阅，提高工作效能。

在本书的编写过程中，孙立宏、孙宗坤、程富建、刘伟、罗章秀负责资料的收集、整理以及图表编排工作，刘玉双参与编写了本书的第一章，陈里参与编写了本书的第二章，赵全梅参与编写了本书的第三章，黎建勇参与编写了本书的第四章，王春霞参与编写了本书的第五章，毕春月参与编写了本书的第六章，姚俭胜参与编写了本书的第七章，王琴参与编写了本书的第八章，杨茜参与编写了本书的第九章，李金山参与编写了本书的第十章，全书由李雯统撰定稿。

目 录

第一章

餐厅服务员工作事项及知识

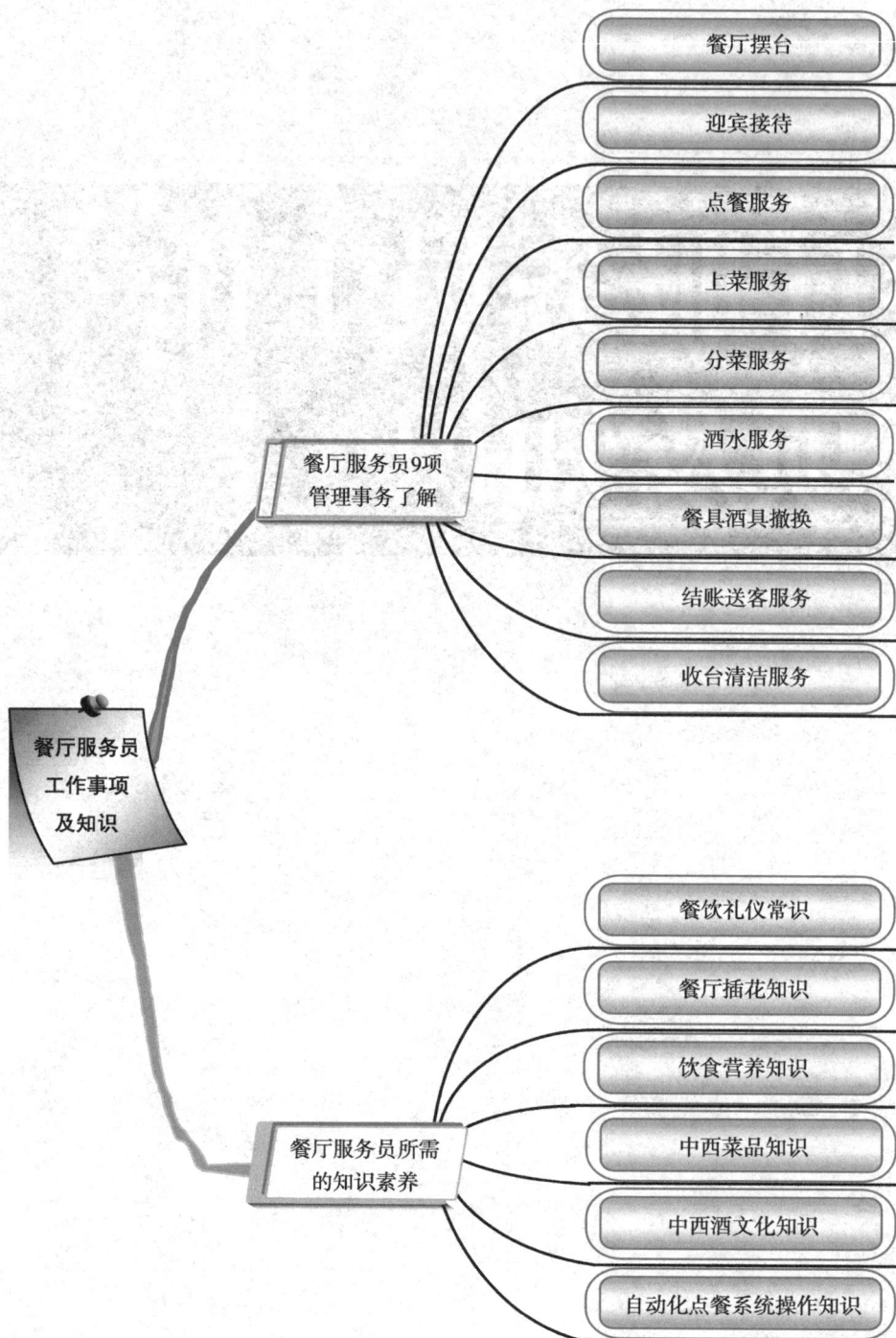

```
                                                        ┌─────────────────┐
                                                        │    餐厅摆台      │
                                                        └─────────────────┘
                                                        ┌─────────────────┐
                                                        │    迎宾接待      │
                                                        └─────────────────┘
                                                        ┌─────────────────┐
                                                        │    点餐服务      │
                                                        └─────────────────┘
                                                        ┌─────────────────┐
                                                        │    上菜服务      │
                                                        └─────────────────┘
                                                        ┌─────────────────┐
                                                        │    分菜服务      │
                       ┌──────────────┐                 └─────────────────┘
                       │ 餐厅服务员9项 │                ┌─────────────────┐
                       │ 管理事务了解  │                │    酒水服务      │
                       └──────────────┘                 └─────────────────┘
                                                        ┌─────────────────┐
                                                        │   餐具酒具撤换   │
                                                        └─────────────────┘
    ┌──────────┐                                        ┌─────────────────┐
    │ 餐厅服务员│                                       │   结账送客服务   │
    │ 工作事项  │                                       └─────────────────┘
    │ 及知识    │                                       ┌─────────────────┐
    └──────────┘                                        │   收台清洁服务   │
                                                        └─────────────────┘

                                                        ┌─────────────────┐
                                                        │   餐饮礼仪常识   │
                                                        └─────────────────┘
                                                        ┌─────────────────┐
                                                        │   餐厅插花知识   │
                                                        └─────────────────┘
                                                        ┌─────────────────┐
                                                        │   饮食营养知识   │
                       ┌──────────────┐                 └─────────────────┘
                       │ 餐厅服务员所需│                ┌─────────────────┐
                       │ 的知识素养    │                │   中西菜品知识   │
                       └──────────────┘                 └─────────────────┘
                                                        ┌─────────────────┐
                                                        │   中西酒文化知识  │
                                                        └─────────────────┘
                                                        ┌──────────────────────┐
                                                        │  自动化点餐系统操作知识 │
                                                        └──────────────────────┘
```

第一节 餐厅服务员9项管理事务了解

一、餐厅摆台

餐厅摆台又称铺台、摆桌，是将餐具、酒具以及辅助用品按照一定的规格，整齐美观地铺设在餐桌上的过程。餐厅摆台要求做到清洁卫生、整齐有序、方便使用、艺术美观、配套齐全。餐厅摆台具体包括以下五大事项。

（一）餐台插花

随着生活水平的提高，人们在餐厅就餐时，在关注美味佳肴、服务水准、进餐环境的同时，慢慢开始关注餐台上花卉的布置。餐台有无插花及插花的艺术性，直接影响到餐厅的服务水准和档次。因此，餐厅服务员应掌握餐台插花技能，合理选取植株，运用艺术技巧创作出富有艺术感的插花，为餐厅营造热烈、愉快、高雅的氛围。

（二）餐巾折花

餐巾折花，指用餐巾折叠成不同样子的花朵，放入杯中或盘中，然后摆放在适当位置。餐厅服务员通过将餐巾折成造型美观、独特的花型，既烘托出餐厅热烈、高雅、和谐的气氛，又可供宾客使用，提高餐厅及宴会的档次。餐巾折花的基本要求为折花前洗手消毒，简化折叠方法，尽量一次成功，力求美观逼真。

餐巾折花的常用方法具体如表1-1所示。

表1-1 餐巾折花的常用方法

折花方法	动作	要领
折叠	算好角度，将餐巾折成三角形、长方形、正方形或一折二、二折四	一次叠成
推折	两大拇指相对成一线，指面向外，两食指将推折好的褶挡住，两中指控制下一褶的距离，三个手指互相配合向前推折	褶要均匀整齐
卷	大拇指、食指、中指三个手指相互配合，将餐巾卷成各种圆筒状	卷紧、卷挺
翻	右手大拇指、食指、中指三个手指配合，把初步成型的餐巾翻成所需花型	自然美观
拉	把半成型的餐巾花攥在左手中，用右手拉出一只角或几只角来	拉挺
捏	用大拇指和中指夹着两边后，用食指从顶角上方向下压，接着一边抽出食指，一边用大拇指和中指用力捏紧	棱角分明，造型到位

（续表）

折花方法	动作	要领
穿	左手拿着折好的餐巾，右手拿筷子，将小头插进餐巾褶缝里，另一头顶在自己身上；然后用右手大拇指和食指将筷子四周的餐巾一点点向后拨，直至筷子穿出餐巾；穿好后将餐巾花插入杯子里，再将筷子抽掉	穿好的褶子要平、直、细小、均匀
掰	将餐巾叠好的褶用右手一层一层地掰出层次，呈花蕾状	用力适当，有层次
攥	左手攥住餐巾的中部或下部，再用右手操作其他部分	攥着的餐巾不能挤散

（三）铺台布

台布是餐厅摆台所必备的物品之一。餐厅服务员应根据餐台的大小、餐厅的风格等，选择合适的台布，并将其十字居中摆放，四角均匀下垂，盖住桌腿。

（四）席位安排

席位安排，是一项重要的内容，安排好席位既能体现出重要来宾的地位，又能为就餐创造舒适、和谐的氛围。具体来说，餐厅服务员应做好桌次排列和位次排列工作。

（五）用具摆台

用具摆台就是将各种进餐用具按照一定的要求、标准摆放在适当位置。中餐用具摆台包括摆放骨碟、汤碗、筷架、筷子、汤勺、味碟、酒具、公用餐具、烟灰缸、菜单、席位卡等。西餐用具摆台包括摆放餐盘、刀叉、甜点刀、叉、勺、面包盘、黄油刀、杯具、菜单等。

二、迎宾接待

当宾客抵达餐厅后，服务员应第一时间给予热情的欢迎，并为其提供引位服务。在迎宾接待过程中，服务员的仪容仪表、礼貌素质、服务水准将给宾客留下第一印象，对整个餐厅的形象及服务产生极重要的影响，因此，服务员应重视并做好迎宾接待工作。

（一）迎接宾客

宾客到来时，服务员应先鞠躬问好，再引领宾客入座。餐厅鞠躬礼大致分为90度、45度和15度，通常以45度和15度为主，遇特殊贵宾或特殊情况方鞠90度。如宾客携带大包小包进入餐厅，服务员还应马上上前帮其提拿行李，以给其留下良好的第一印象。

（二）引领宾客

服务员为宾客提供引位服务在餐厅中十分常见。具体来说，服务员应从以下三方面做好引位服务，给宾客留下良好的印象。

（1）服务员在第一眼看见宾客时，就要有意识地看一看宾客中是否有老、幼、病、残、孕等特殊人士，在引位时要优先安排这些宾客坐在进出方便的位置，或与其他宾客商议优先安排其入席。

（2）在碰到有客人要求调换座位时，应尽量满足其要求，对于餐厅有相关规定不允许调换的，应细心、耐心解释，以获得宾客的理解。

（3）如果点单服务员正在为其他座位的宾客服务，这时引位服务员应向宾客及时解释，如说："请您稍等，我们的服务员马上过来为您服务。"

三、点餐服务

点餐服务是指餐厅服务员帮助宾客完成菜单确定的过程。点餐服务的质量，不仅关系到宾客的满意度，也直接关系到餐厅的营业额。要想做好点餐服务，服务员不仅要把厚厚的菜单背得滚瓜烂熟，还要了解每道菜的特色和做法，甚至还要说出其原材料的产地、营养价值、适宜人群、典故来源等。

（一）点餐服务内容

点餐服务包括点茶水服务、点菜服务、点酒水服务等，具体内容如图 1-1 所示。

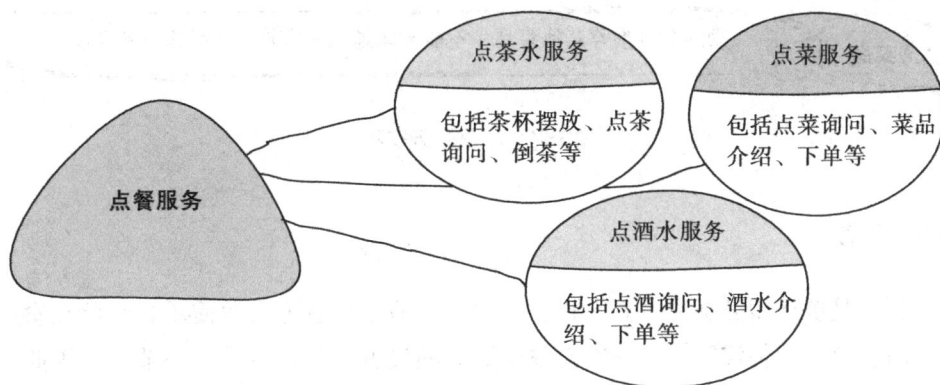

图 1-1　点餐服务内容

（二）点餐服务原则

餐厅服务员在提供点餐服务时，应遵循图 1-2 所示的三大原则。

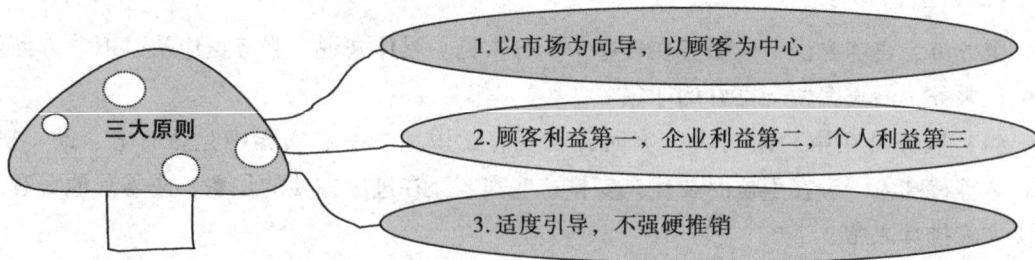

图1-2　点餐服务三大原则

（三）点餐服务技巧

服务员在提供点餐服务时，应掌握一定的技巧，具体如图1-3所示。

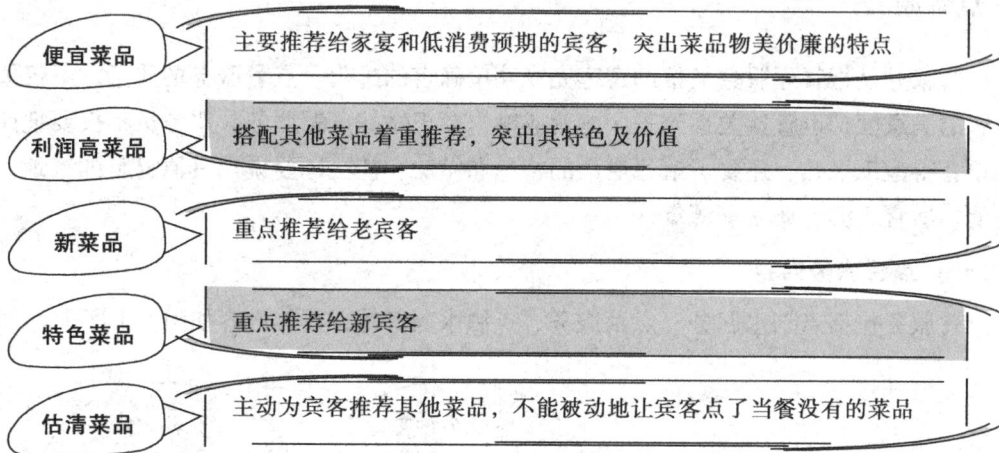

图1-3　点餐服务技巧

四、上菜服务

上菜服务是餐厅服务员的主要工作事项之一，该工作看上去很简单，因此在餐厅服务中往往最易被忽视。但实际上，宾客对餐厅服务的投诉多数出在这个环节上。因此，餐厅服务员应提高自己的上菜服务质量，为宾客提供优质、高雅、适时的上菜服务。

餐厅服务员在进行上菜服务时，主要需做好以下三项工作。

（一）传菜

负责传菜的服务员主要工作是将厨房做好的菜品，端到餐厅对应的桌上，交给负责上菜的服务员。为做好传菜工作，服务员应掌握托盘技能，如轻托、重托、徒手端托等。

（二）上菜

负责上菜的服务员接到传菜服务员传出的菜品后，应先核对菜品是否正确，是否按照餐厅的标准装盘，并注意菜品的美观和温度，合格后方可上桌。

服务员在上菜时，应合乎礼仪、讲究卫生，同时要保证每一道菜品的造型和味道，在上桌时与厨师刚烹制完时的一样，不能有任何损坏。

（三）菜品介绍

上菜时，餐厅服务员应及时向宾客介绍菜品，并提醒宾客尽快品尝某些火候菜。

五、分菜服务

分菜服务也叫派菜或让菜，是在客人观赏完菜品后，由服务员主动均匀地为宾客分菜分汤。分菜服务常见于西餐，中餐高级宴会也会提供分菜服务。因此，无论是西餐厅的服务员，还是中餐厅的服务员，分菜服务都是其基本工作事项之一，分菜技能都是其必须掌握的基本功之一。餐厅服务员只有熟练掌握分菜技能，才能为宾客提供良好的分菜服务，提升宾客对自身及餐厅的满意度，提高餐厅的服务档次。

（一）分菜技能要求

一般来说，餐厅类型不同，其对服务员分菜技能的要求也不尽相同，具体如图1-4所示。

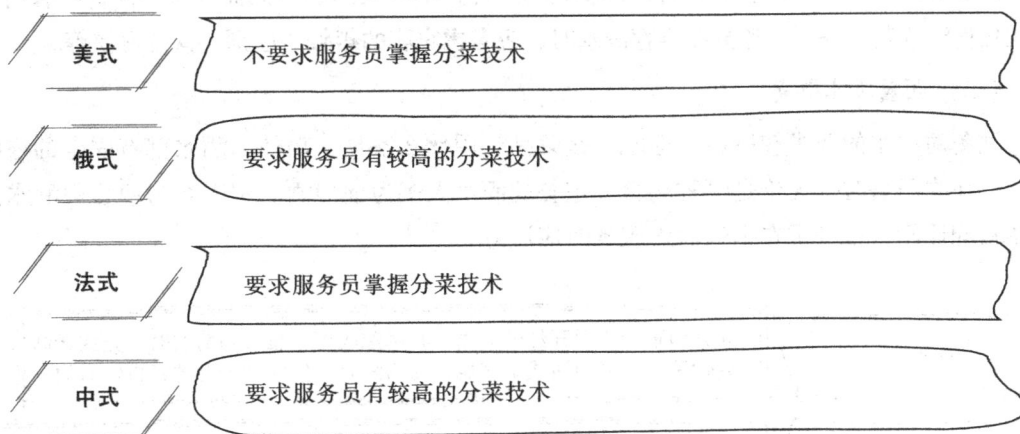

美式	不要求服务员掌握分菜技术
俄式	要求服务员有较高的分菜技术
法式	要求服务员掌握分菜技术
中式	要求服务员有较高的分菜技术

图1-4 不同类型餐厅对服务员分菜技能的要求

（二）分菜服务原则

餐厅服务员在提供分菜服务时，应遵循一定的服务原则，具体如图1-5所示。

1. 应确保每道菜都能均匀分给每位宾客，并略有剩余，以便给有需要加餐的宾客提供加餐服务

4. 如果宾客要求在台面上分，这时服务员可一人操作或两人配合，动作要干净利索

2. 所有需要分派的菜品，都必须先在宾客面前展示并简单介绍菜名及其特色，之后再进行分派

3. 如果菜品需要拿下去分，必须先征得宾客同意

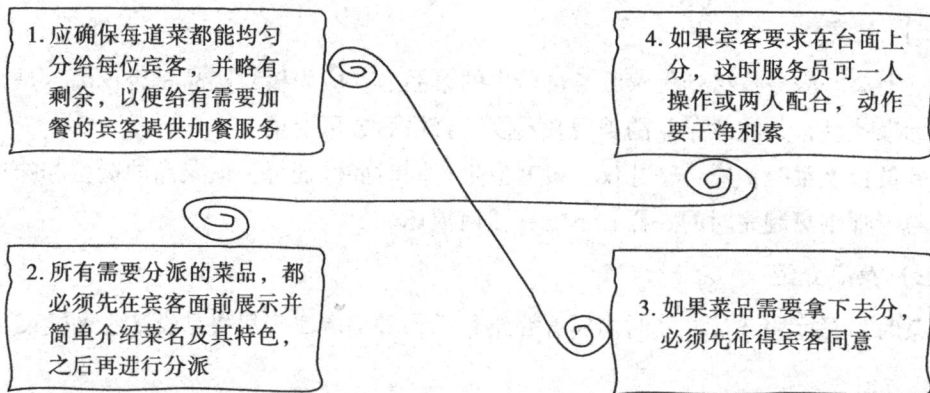

图 1-5　分菜服务原则

六、酒水服务

酒水服务是餐厅服务员的重要工作事项，其服务水平的高低直接影响宾客用餐的感受及其酒水消费水平。酒水服务一般包括示瓶、开瓶、斟酒等，具体根据餐厅的类型可分为中餐酒水服务及西餐酒水服务。

（一）中餐酒水服务

宾客在中餐厅进餐时，一般食用中国菜、饮用中国酒。常见的中国酒有白酒、黄酒、啤酒、果酒等。一般来说，吃中餐时，选用酒的品种并不因菜品的不同而有所不同，中餐通常可用任何酒佐餐。餐厅服务员在推荐酒水时，应考虑宾客的年龄、性别、饮食习惯等。

（二）西餐酒水服务

西餐对酒水的要求较高，一般吃什么菜品、用什么餐具、喝什么酒水都有固定的搭配原则。在吃西餐时，无论是哪种场合，佐餐的酒水大多为葡萄酒。图 1-6 为西餐中酒水的基本搭配原则，服务员在提供酒水服务时应注意。

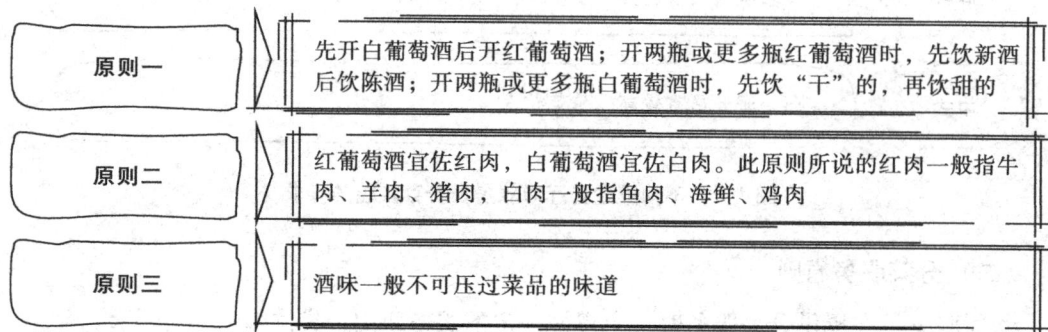

原则一	先开白葡萄酒后开红葡萄酒；开两瓶或更多瓶红葡萄酒时，先饮新酒后饮陈酒；开两瓶或更多瓶白葡萄酒时，先饮"干"的，再饮甜的
原则二	红葡萄酒宜佐红肉，白葡萄酒宜佐白肉。此原则所说的红肉一般指牛肉、羊肉、猪肉，白肉一般指鱼肉、海鲜、鸡肉
原则三	酒味一般不可压过菜品的味道

图 1-6　西餐中酒水的基本搭配原则

七、餐具酒具撤换

在较高级的酒席、宴会上，往往需要两种以上酒水，并配有冷、热、海鲜、汤等不同的菜品。为保证餐桌整洁、美观，便于宾客进餐，餐厅服务员需及时更换餐具、酒具。一般来说，餐厅服务员应按照"谁服务谁负责"的原则，做好餐具、酒具的撤换工作。

（一）餐具撤换

一般来说，需撤换的餐具主要有骨碟、汤碗、汤勺、烟灰缸、菜盘等。服务员在撤换餐具时，应左手托盘、右手撤换，先撤出脏餐具，后换新餐具。餐具撤换完，服务员应及时将其送回洗碗间。

（二）酒具撤换

餐厅服务员应按站立要求站立，面带微笑，时刻巡视宾客的餐桌。一旦发现有空酒瓶，应及时撤掉；因酒类更换而需要更换酒杯时，应及时撤换掉旧的酒杯。

八、结账送客服务

结账与送客服务是餐厅对客服务的最后一个环节。结账服务是否准确快捷，送客服务是否真诚周到，都将直接影响到宾客对餐厅整体服务的感知与评价。因此，餐厅服务员应做好结账与送客工作，确保整个服务过程的圆满结束。

（一）结账服务

1. 结账的方式

为能及时、准确、有序地为宾客提供结账服务，服务员应了解并掌握各种结账方式及其操作要点。常见的结账方式有图1-7所示的四种。

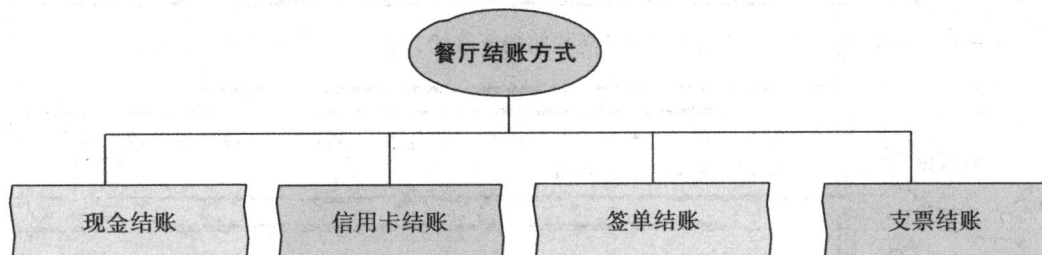

```
                    餐厅结账方式
         ┌──────────┬──────────┬──────────┐
      现金结账    信用卡结账    签单结账    支票结账
```

图1-7　餐厅结账方式

2. 结账的服务要点

餐厅服务员在提供结账服务时，应注意以下四个要点：

（1）宾客用餐完毕欲结账前，服务员应及时告知收银员准备结账，并做好菜单的核对与确认工作，以备随时为宾客提供结账服务；

（2）宾客示意结账时，服务员应直接去收银台取账单，拿到账单后应核对一下有无错漏；

（3）核对无误后，服务员应将账单放入账夹内递给宾客，并向对方说明其消费情形，与其做好核对工作；

（4）宾客要求签单时，应先与有关人员核准，或请有关人员处理。

（二）送客服务

宾客用餐完毕欲起身时，餐厅服务员应及时、主动为主宾拉椅，提醒宾客不要忘记随身携带的物品。客人离座后，应视具体情况将其送至餐厅门口，并说："再见，欢迎下次光临。"

九、收台清洁服务

如果说结账送客是对客服务的最后一个环节，那么宾客走后的收台清洁，则是服务员工作的最后一个环节。这个环节虽然离开餐厅的宾客看不到，但是其服务质量及水平，将直接影响还在进餐的宾客及后续在该餐桌就餐的宾客的心情及对餐厅的评价。

（一）收台服务

收台是将桌面的餐具等物品有序、快速地撤下去的过程，其目的是使餐台恢复清洁，为迎接下一批宾客做好准备。餐厅服务员在收台时，应尽量减少撤换次数，能一次性完成的尽量一次性完成，同时也应保持良好的个人形象，维护好餐厅的形象。

（二）清洁服务

餐厅服务员的清洁服务主要包括以下四个方面的内容，具体如图1-8所示。

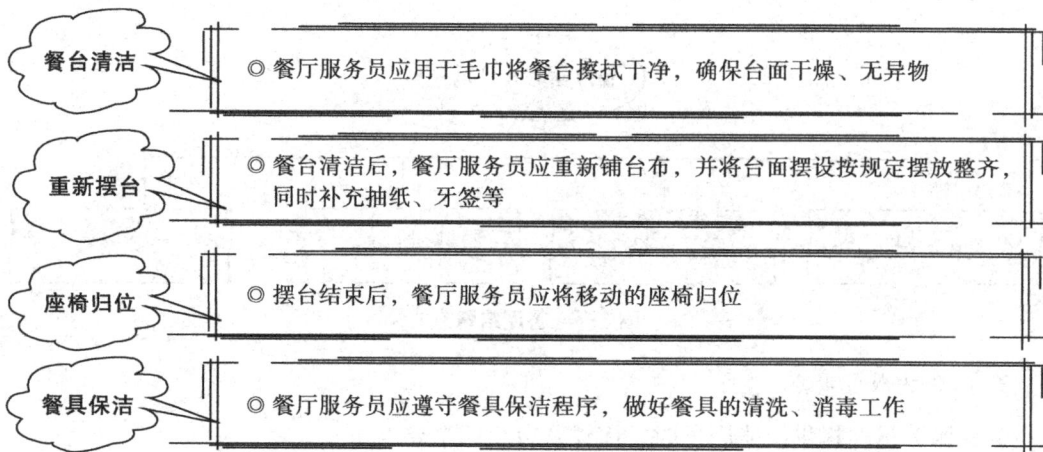

餐台清洁	◎ 餐厅服务员应用干毛巾将餐台擦拭干净，确保台面干燥、无异物
重新摆台	◎ 餐台清洁后，餐厅服务员应重新铺台布，并将台面摆设按规定摆放整齐，同时补充抽纸、牙签等
座椅归位	◎ 摆台结束后，餐厅服务员应将移动的座椅归位
餐具保洁	◎ 餐厅服务员应遵守餐具保洁程序，做好餐具的清洗、消毒工作

图1-8　清洁服务内容

第二节　餐厅服务员所需的知识素养

一、餐饮礼仪常识

礼仪是在人际交往中，受历史传统、风俗习惯、宗教信仰、时代发展等因素的影响而形成的，为人们所熟知并共同遵守的行为准则和规范的总和。

随着餐饮业的发展，人们对餐厅服务水平的要求越来越高。餐厅服务员每天与宾客频繁地接触，不仅其业务水平、操作能力会影响宾客对餐厅的评价，其服务礼仪、服务态度同样也会给宾客留下深刻的印象。一个既能提供色、香、味、形俱佳的美食，又能提供文明、礼貌、热情服务的餐厅，才能真正使宾客感觉服务周到、宾至如归。

（一）餐厅服务员仪容仪表礼仪

1. 仪容仪表

餐厅服务员的仪容仪表主要指以下内容，具体如图 1-9 所示。

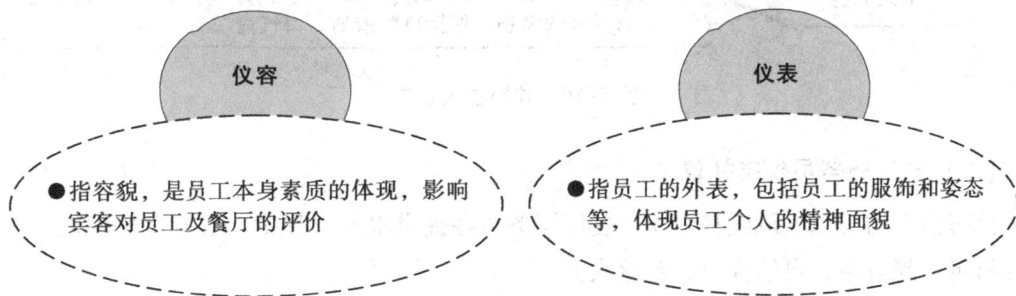

仪容
●指容貌，是员工本身素质的体现，影响宾客对员工及餐厅的评价

仪表
●指员工的外表，包括员工的服饰和姿态等，体现员工个人的精神面貌

图 1-9　仪容仪表内容

2. 餐厅服务员仪容仪表规范

讲究仪容仪表，既可反映出餐厅服务员积极的精神面貌，也可体现出餐厅服务员对宾客、工作的热情。因此，餐厅服务员应讲究仪容仪表，具体的基本规范如图 1-10 所示。

仪容仪表	基本规范
精神面貌	◎ 表情自然，大方得体，精神奕奕，充满活力
头发	◎ 整洁干净，短发前不遮额，侧不遮耳，后不扫衣领，不留长鬓角；长发刘海儿不过眉，过肩需盘起，发饰不夸张
面部	◎ 女服务员面部不浓妆艳抹，应化淡妆，给人以自然美感；男服务员不得留胡须，要求每日必刮，保持面部清爽
手	◎ 保持双手干净，不留长指甲，不涂指甲油
装饰品	◎ 除手表外，不允许佩戴其他首饰
服装	◎ 工作服勤洗勤换，必须扣好衣扣，不许将衣服搭在身上，衬衣下摆需扎进裙或裤子内 ◎ 围裙清洁无油污，无破损，按标准系好 ◎ 鞋以黑色为宜，经常擦或洗，袜子颜色素净，女服务员穿裙装应配肉色丝袜
个人卫生	◎ 勤理发、洗头、洗澡、换衣、洗手、剪指甲等，上班前不吃有异味的食物，保持口腔清洁、口气清新

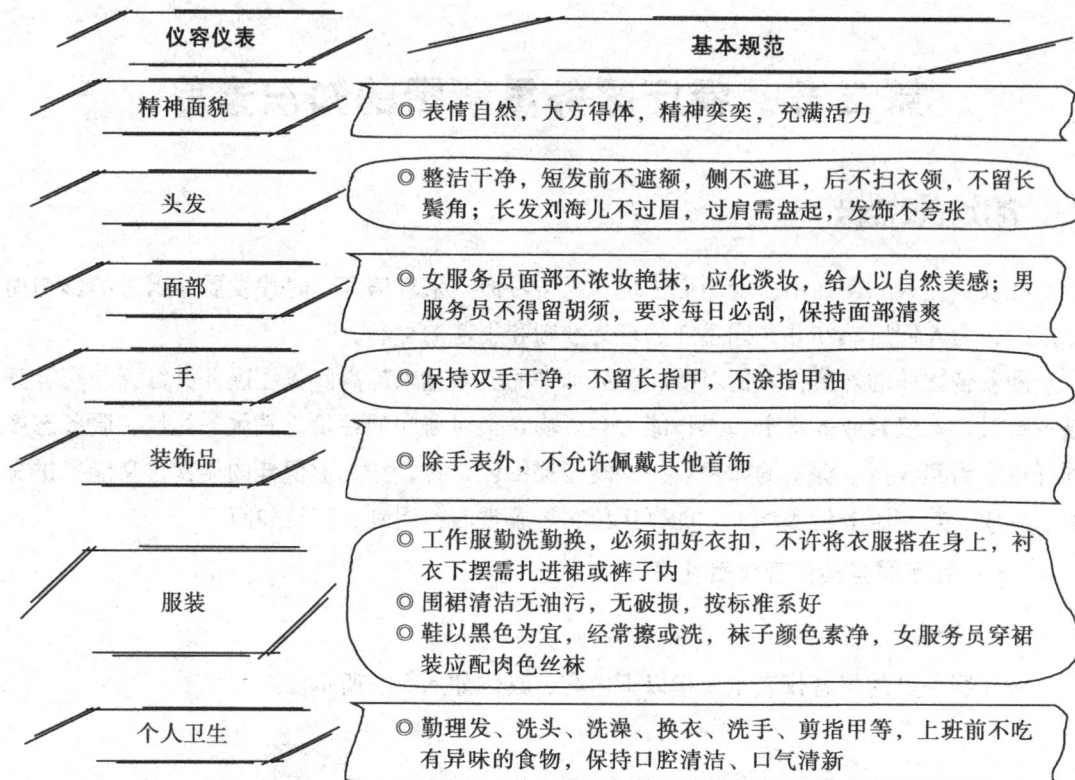

图 1-10　仪容仪表规范

（二）餐厅服务员仪态礼仪

仪态指人的姿态、风度和举止。餐厅服务员在提供服务过程中，要有良好的仪态，站立与行走有规有矩、自然优美、落落大方。

1. 站立姿势

站立服务是餐厅服务员的基本功之一。餐厅服务员大部分时间都是站着提供服务的，因此应掌握站姿要领。站姿的基本要求是站正、自然、亲切、稳重，基本要领如图 1-11 所示。

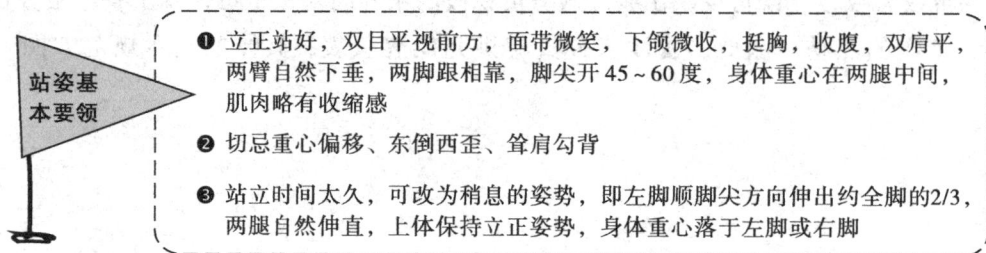

站姿基本要领

❶ 立正站好，双目平视前方，面带微笑，下颌微收，挺胸，收腹，双肩平，两臂自然下垂，两脚跟相靠，脚尖开 45～60 度，身体重心在两腿中间，肌肉略有收缩感

❷ 切忌重心偏移、东倒西歪、耸肩勾背

❸ 站立时间太久，可改为稍息的姿势，即左脚顺脚尖方向伸出约全脚的2/3，两腿自然伸直，上体保持立正姿势，身体重心落于左脚或右脚

图 1-11　站姿基本要领

2. 行走姿态

餐厅服务员在工作中，经常处于行走的状态。因此，餐厅服务员应学会正确、优美的行走姿态，基本要领如图1-12所示。

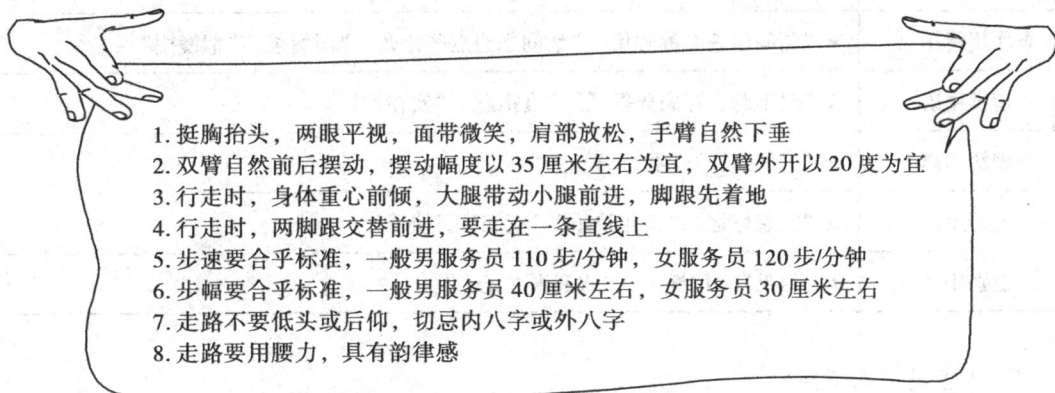

1. 挺胸抬头，两眼平视，面带微笑，肩部放松，手臂自然下垂
2. 双臂自然前后摆动，摆动幅度以35厘米左右为宜，双臂外开以20度为宜
3. 行走时，身体重心前倾，大腿带动小腿前进，脚跟先着地
4. 行走时，两脚跟交替前进，要走在一条直线上
5. 步速要合乎标准，一般男服务员110步/分钟，女服务员120步/分钟
6. 步幅要合乎标准，一般男服务员40厘米左右，女服务员30厘米左右
7. 走路不要低头或后仰，切忌内八字或外八字
8. 走路要用腰力，具有韵律感

图1-12 走姿基本要领

（三）餐厅服务员礼貌服务礼节

讲究礼貌，不仅可提升餐厅的服务档次，同时也可给宾客留下良好的印象，以促使宾客愿意再次光临。因此，餐厅服务员应重视礼貌服务。

1. 礼貌用语

餐厅服务员应掌握基本的礼貌用语，并根据场景、人物的不同进行合理运用。基本礼貌用语如表1-2所示。

表1-2 餐厅基本的礼貌用语

礼貌用语类型	举例
称呼用语	★ 男宾称"先生"；已婚女宾称"夫人""太太"；未婚女宾称"小姐"；不知道女宾是否已婚，称"女士"或"小姐"，切忌称"夫人" ★ 有学位的称"博士"等，有军衔的称"先生"
问候用语	★ "您好""早安""早上好"
欢迎用语	★ "欢迎您到这里用餐""欢迎光临"
征询、帮助用语	★ "我能为您做点什么""有什么可以为您服务的"
拜托用语	★ "请多关照""劳驾"
致谢用语	★ "谢谢""多谢""太感谢您了"

(续表)

礼貌用语类型	举例
婉转拒绝用语	★"对不起，您要的这款菜已经卖完了，您看这款怎么样""对不起，餐厅有规定，我不能这么做"
餐厅招待用语	★"请问该怎么称呼您""请问您想点些什么""请用茶""请慢用"
道歉用语	★"对不起，让您久等了""真抱歉""实在抱歉"
理解用语	★"只能这样""我理解"
祝愿用语	★"祝您好运""新年快乐""祝您生日快乐"
道别用语	★"再见""请慢走""欢迎再次光临"

2. 服务员的七不问

在服务过程中，宾客来自世界各地，其经历也大不相同，有些问题往往是其不愿意提起或被追问的。因此，餐厅服务员应遵守图 1-13 所示的七不问原则，避免使宾客尴尬或难堪。

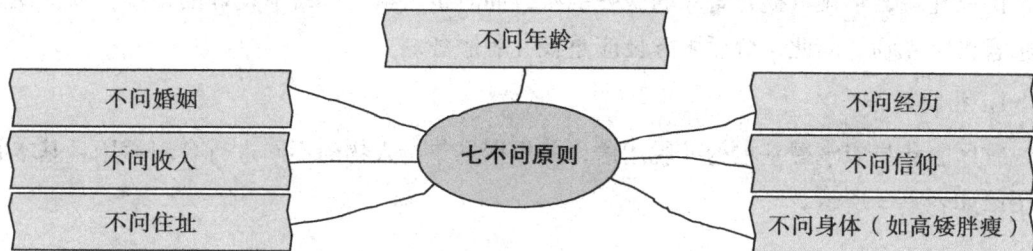

图 1-13　七不问原则

二、餐厅插花知识

插花，是以切取植物可供观赏的部位，以花枝、枝叶等为材料，运用艺术技巧创造或再现自然美和生活美的一种立体造型艺术。餐厅插花既能美化餐厅，创造出一种热烈、愉快的气氛，又可以起到突出宴会的主题或表达美好祝愿的作用。

（一）东西方插花简史

由于东西方文化的渊源不同，以及东西方人的性格差异，插花艺术可分为东方插花艺术和西方插花艺术两大体系。具体东西方插花的特点及简史如表 1-3 所示。

表1-3　东西方插花的特点及简史

插花体系	代表	特点	简史
东方插花艺术体系	中国、日本	首重意趣，形式次之，轻色彩	★ 中国是东方插花艺术的发源地，中国的插花历史可追溯到1 500年前的南北朝时期，隋唐时流传到日本 ★ 插花到唐朝时已在宫廷中盛行起来 ★ 宋朝时插花艺术已在民间得到普及，并且受到文人的喜爱 ★ 至明朝，插花艺术不仅广泛普及，并有插花专著问世，如《瓶花谱》《瓶史》等 ★ 插花艺术在清朝民间没有得到重视、发展和普及 ★ 由于战乱等诸多因素，插花艺术在近代中国民间基本消失 ★ 改革开放后，随着国民经济的发展，人们生活水平逐步提高，插花再次得到了人们的重视
西方插花艺术体系	欧洲、美洲	首重色彩，形式次之，轻意趣	西方插花艺术是从古埃及时期兴起的，发展到14世纪后，才有了图案化的几何形体表现，这为其以后的插花形式奠定了基础

（二）宴会鲜花礼仪

1. 宴会宜选用的花材

宴会的主题不同，其宜选用的花材也不同，具体如图1-14所示。

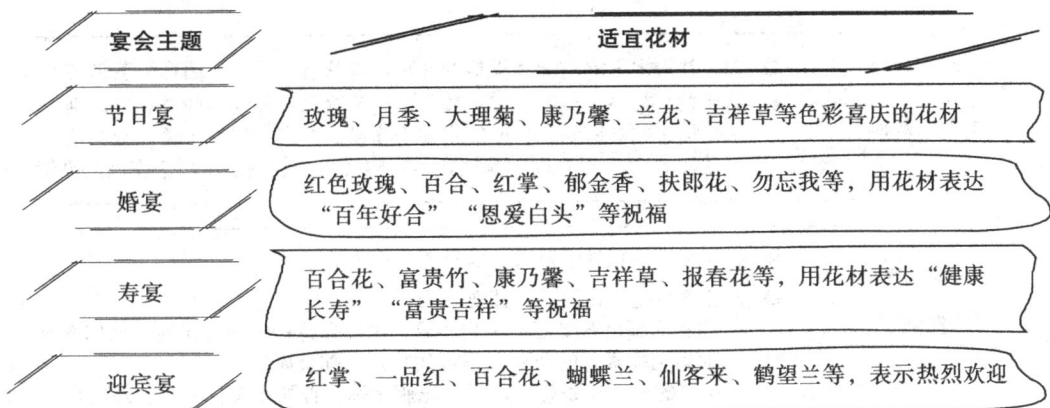

宴会主题	适宜花材
节日宴	玫瑰、月季、大理菊、康乃馨、兰花、吉祥草等色彩喜庆的花材
婚宴	红色玫瑰、百合、红掌、郁金香、扶郎花、勿忘我等，用花材表达"百年好合""恩爱白头"等祝福
寿宴	百合花、富贵竹、康乃馨、吉祥草、报春花等，用花材表达"健康长寿""富贵吉祥"等祝福
迎宾宴	红掌、一品红、百合花、蝴蝶兰、仙客来、鹤望兰等，表示热烈欢迎

图1-14　宴会与花材的适宜搭配

2. 宴会选用花材的禁忌

餐厅服务员在用插花布置宴会时，应特别注意一些与宴会主题相禁忌的花材，具体如图1-15所示。

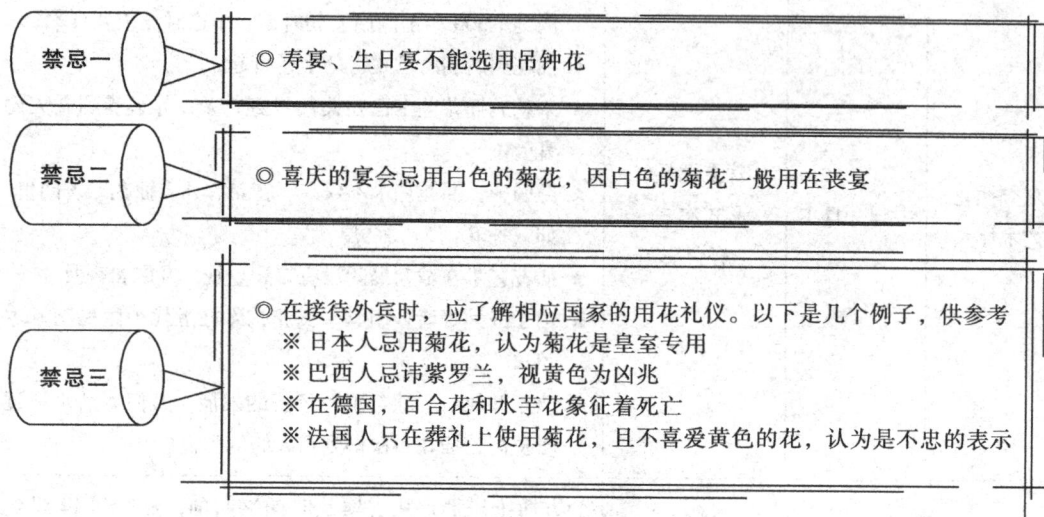

禁忌一	◎ 寿宴、生日宴不能选用吊钟花
禁忌二	◎ 喜庆的宴会忌用白色的菊花，因白色的菊花一般用在丧宴
禁忌三	◎ 在接待外宾时，应了解相应国家的用花礼仪。以下是几个例子，供参考 ※ 日本人忌用菊花，认为菊花是皇室专用 ※ 巴西人忌讳紫罗兰，视黄色为凶兆 ※ 在德国，百合花和水芋花象征着死亡 ※ 法国人只在葬礼上使用菊花，且不喜爱黄色的花，认为是不忠的表示

图1-15　宴会选用花材的禁忌

综上，餐厅服务员在插花时，应充分考虑宴会的主题、花材的象征意义及接待对象的特殊喜好，营造和谐氛围，避免引起宾客的误解或不快。

（三）餐厅插花基本造型

一般来说，餐厅的插花没有固定模式，但基本要求是：任何角度均能观赏，作品高度以不挡住宾客的视线为宜。图1-16所示的是两种常见的餐厅插花造型。

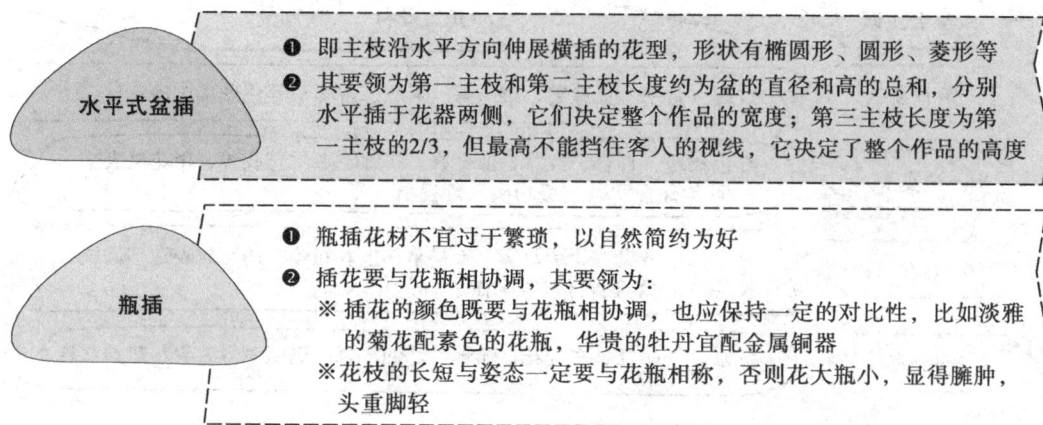

水平式盆插	❶ 即主枝沿水平方向伸展横插的花型，形状有椭圆形、圆形、菱形等 ❷ 其要领为第一主枝和第二主枝长度约为盆的直径和高的总和，分别水平插于花器两侧，它们决定整个作品的宽度；第三主枝长度为第一主枝的2/3，但最高不能挡住客人的视线，它决定了整个作品的高度
瓶插	❶ 瓶插花材不宜过于繁琐，以自然简约为好 ❷ 插花要与花瓶相协调，其要领为： ※ 插花的颜色既要与花瓶相协调，也应保持一定的对比性，比如淡雅的菊花配素色的花瓶，华贵的牡丹宜配金属铜器 ※ 花枝的长短与姿态一定要与花瓶相称，否则花大瓶小，显得臃肿，头重脚轻

图1-16　餐厅插花基本造型

三、饮食营养知识

（一）营养基本知识

营养是人体从食品中所能获得的热能和营养素的总称。重要的营养素有蛋白质、脂类、碳水化合物、维生素、无机盐、水六种，具体如表1-4所示。

表1-4 六种重要营养素

营养素	说明
蛋白质	●蛋白质是生命的基础，氨基酸是组成蛋白质的基本单位
脂类	●脂类是人体需要的重要营养素之一，一般包括脂肪和类脂，它与蛋白质、碳水化合物是产生能量的三大营养素
碳水化合物	●碳水化合物由碳、氢和氧三种元素组成
维生素	●维生素是人和动物为维持正常的生理功能而必须从食物中获得的一类微量有机物质，维生素既不参与构成人体细胞，也不为人体提供能量
无机盐	●无机盐即无机化合物中的盐类，如钙、磷、钾、铁、锌等，旧称矿物质
水	●水是体液的主要组成部分，是构成细胞、组织液、血浆等的重要物质

（二）营养需求

一般来说，不同年龄、职业、性别、人群，对营养的需求是不一样的。餐厅服务员应在了解宾客基本情况的基础上，结合中国居民膳食标准，确定合理的营养需求。

同时，餐厅服务员应了解各种营养素缺乏及过量的表现，以便更准确地掌握营养需求信息，帮助宾客合理安排饮食。营养素缺乏及过量的表现如表1-5所示。

表1-5 营养素缺乏及过量的表现

营养素	缺乏的表现	过量的表现	主要食物来源
蛋白质	身体消瘦、抵抗力低下、发育迟缓、营养不良	加重肾脏负担；加速骨骼中钙质的丢失，易产生骨质疏松	肉类、蛋类、奶类和豆类等食品

(续表)

营养素	缺乏的表现	过量的表现	主要食物来源
脂类	引起维生素的缺乏，视力发育受影响	使人过于肥胖进而导致各类疾病如高血脂、糖尿病等	动物脂肪组织、肉类及植物种子等
碳水化合物	全身无力、疲乏，血糖含量降低、头晕、心悸等	转化成脂肪，引起肥胖，从而导致各类疾病	糖类、谷物、水果、坚果、根茎蔬菜类等
维生素 A	影响暗适应能力，如儿童发育不良、干眼病、夜盲症等	皮肤干燥、脱屑和脱发等症状	黄色水果、黄绿色蔬菜、蛋黄及动物肝脏等
维生素 B_1	脚气病	水溶性，不保存	酵母、谷物、肝脏、大豆、肉类等
维生素 B_2	口角炎	水溶性，不保存	酵母、肝脏、蔬菜、蛋类等
维生素 B_9	孕妇缺乏会影响胎儿	不可逆神经损害	蔬菜叶、肝脏等
维生素 C	坏血病	泌尿性结石	蔬菜、水果等
维生素 D	佝偻病、骨质疏松、骨质软化病、骨质异常增生	组织异常钙化、肾结石	鱼肝油、蛋黄、乳制品、酵母等
维生素 E	生殖系统损伤	疲劳、腹泻、激素代谢紊乱、凝血功能降低、免疫功能减退	鸡蛋、肝脏、鱼类、植物油等
钙	佝偻病、骨质疏松、骨质软化病、骨质异常增生	急性腹痛、呕吐、中毒	牛奶、酸奶、海参、虾皮、小麦、豆制品等
镁	神经紧张、情绪不稳、肌肉震颤	肾功能损害	绿叶蔬菜、坚果、粗粮等
磷	厌食、贫血	低血钙症、手足痉挛和惊厥	瘦肉、蛋类、奶类、动物内脏、海带、花生等
铁	缺铁性贫血	组织炎症、多器官的损伤和纤维化	肝脏、肾脏、鱼子酱、瘦肉、大枣等
碘	呆小症、儿童及成人甲状腺肿大	甲亢、甲状腺炎	海产品，如海带、紫菜、干贝、海参等
锌	生长发育不良；孕妇缺锌可导致婴儿脑发育不良、智力低下	急性腹痛、恶心、呕吐、中毒	肝脏、肉类、蛋类、牡蛎等
硒	免疫能力下降	四肢麻木、头昏眼花、食欲差	富硒大米、富硒小麦、海鲜、蘑菇、鸡蛋等

（三）营养金字塔

为了更合理地安排菜品，达到膳食平衡、营养健康的目的，餐厅服务员可参考图 1-17 的营养金字塔为宾客推荐、安排菜品。

图 1-17　营养金字塔

（四）营养搭配原则

由于餐厅提供的菜品往往存在动物蛋白多、海鲜多、高脂肪、少蔬菜、少主食等弊端，经常食用，会引起宾客高血脂、高胆固醇、糖尿病等疾病。随着人们生活水平的提高，宾客在选择餐厅时，除考虑餐厅饮食的味道、环境、档次等，还对餐厅菜品的食材、烹饪方法、膳食均衡等进行考究。

为了最大限度地满足宾客的需求，确保其吃好并吃得健康，餐厅服务员应了解营养搭配的基本原则，以便更好地为宾客服务。图 1-18 为营养搭配的基本原则，供参考。

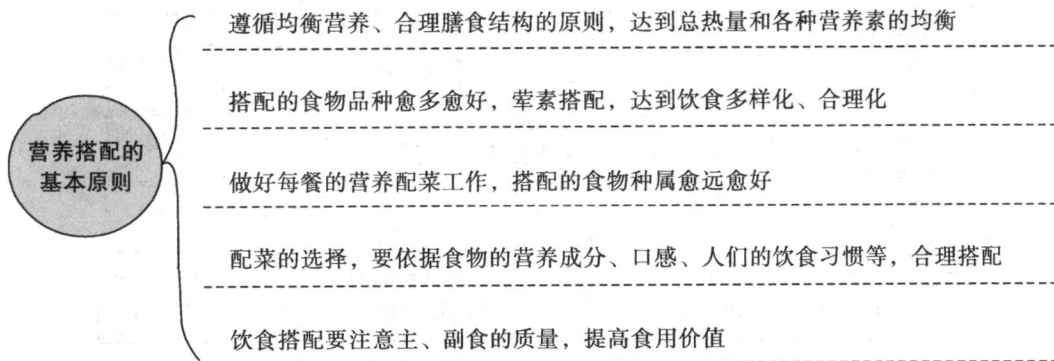

图 1-18　营养搭配的基本原则

四、中西菜品知识

菜品是餐厅的有形产品，餐厅服务员要想做好餐厅服务工作，必须了解菜品相关知识。

（一）中国菜品知识

中国饮食文化源远流长，菜品美味可口，享誉国内外。中国菜品在发展过程中，因地理环境、文化习俗等因素的影响，形成了有一定亲缘承袭关系、菜品风味相近，又被全国各地承认的著名菜系。中国菜系种类丰富，其中最有影响的有八大菜系。表1-6是关于八大菜系的介绍，供餐厅服务员参考。

表1-6　八大菜系基本知识

菜系	特点	代表菜
鲁（山东菜系）	咸、鲜	油焖大虾、九转大肠、葱烧海参
川（四川菜系）	麻辣	回锅肉、怪味鸡、鱼香肉丝、宫保鸡丁
粤（广东菜系）	原汁原味、鲜、清淡	烤乳猪、龙虎斗、白斩鸡
浙（浙江菜系）	清鲜、爽脆	西湖醋鱼、龙井虾仁、东坡肉
苏（苏州菜系）	甜、黄酒味	松鼠鳜鱼、汤扬狮子头、青菜鲫鱼、叫花鸡
闽（福建菜系）	咸甜（南部）、香辣（北部）	佛跳墙、太极明虾
湘（湖南菜系）	辣、腊	东安子鸡、冰糖湘莲
徽（徽州菜系）	酱香味浓	软炸石鸡、奶汁肥王鱼

除八大菜系外，中国还有东北菜、赣菜、鄂菜、京菜、陕西菜等菜系。

此外，餐厅服务员也应对中国菜的烹饪方法有所了解，常见烹饪方法如图1-19所示。

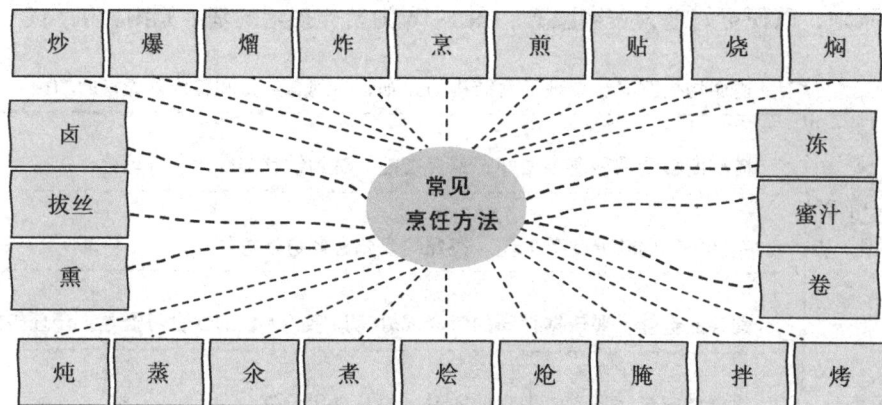

图1-19　常见烹饪方法

（二）西方菜品知识

西方菜品的主要流派按国家地区分为法国菜、英国菜、意大利菜、美国菜、俄罗斯菜等。其特点如图 1-20 所示。

法国菜	选料广泛，常选用稀有的名贵原料，如蜗牛；口味偏淡，色彩偏重原色、素色，忌大红大紫，追求高雅的格调
英国菜	选料多样，注重水产、海鲜及蔬菜，烹调讲究鲜嫩、口味清淡，菜品量少而质精
意大利菜	其烹饪技术着重食物本质，菜味浓，以原汁原味闻名，其传统菜式较多，尤其是以各种面条闻名于世
美国菜	由英国菜派生出来的美国菜发展至今，在口味及用料上已经发生了不少变化。传统的咸、鲜、甜口味已趋向清淡、生鲜
俄罗斯菜	选料很广，除畜、禽外，野味、水产均为主要烹饪原料，因俄罗斯大多地处严寒地带，故俄罗斯菜大多热量高、口味重，用油也较多

图 1-20　西方菜品特点

五、中西酒文化知识

（一）中国酒文化知识

中国是酒的故乡，酒和酒类文化一直占据着重要地位。

1. 酒的起源

关于酒的起源，有很多种说法，主要的有如下几种。

（1）上天造酒说

自古以来，中国人的祖先就有酒是天上酒星所造的说法。此说法来源于《晋书》中有关于酒旗星座的记载："轩辕右角南三星曰酒旗，酒官之旗也，主宴饮食。"

（2）猿猴造酒说

唐人李肇所撰《国史补》一书，对人类如何捕捉聪明伶俐的猿猴，有精彩的记载。明代文人李日华在他的著作中写道："黄山多猿猱，春夏采花果于石洼中，酝酿成酒，香气溢发，闻数百步。"清代文人李调元在他的著作中有"琼州多猿……尝于石岩深处得猿酒，盖猿酒以稻米与百花所造，一百六轧有五六升许，味最辣，然极难得"的记载。清代的另一本笔记小说中也道："粤西平乐等府，山中多猿，善采百花酿酒。樵子入山，得其巢穴者，其酒多至数百。饮之，香美异常，名曰猿酒。"

这些不同时代的记载，都证明在猿猴的聚居处，常常有类似酒的东西出现。由此推论出酒是猿猴收贮大量水果，在不自觉中使水果发酵而"造"出的。

（3）杜康造酒说

还有一种说法是杜康"有饭不尽，委之空桑，郁绪成味，久蓄气芳，本出于代，不由奇方"。意思是说，杜康将未吃完的剩饭，放置在桑园的树洞里，剩饭在树洞中发酵，有芳香的气味传出。这就是酒的做法，杜康就是酿祖。

（4）仪狄造酒说

史籍中有多处仪狄"作酒而美""始作酒醪"的记载。仪狄造酒主要有两种说法，其一为"仪狄作酒拨，杜康作秫酒"；其二为"酒之所兴，肇自上皇，成于仪狄"。

2. 酒的分类

（1）按酒的特点分类

按酒的特点，可分为白酒、黄酒、啤酒、果酒、药酒等。具体如图1-21所示。

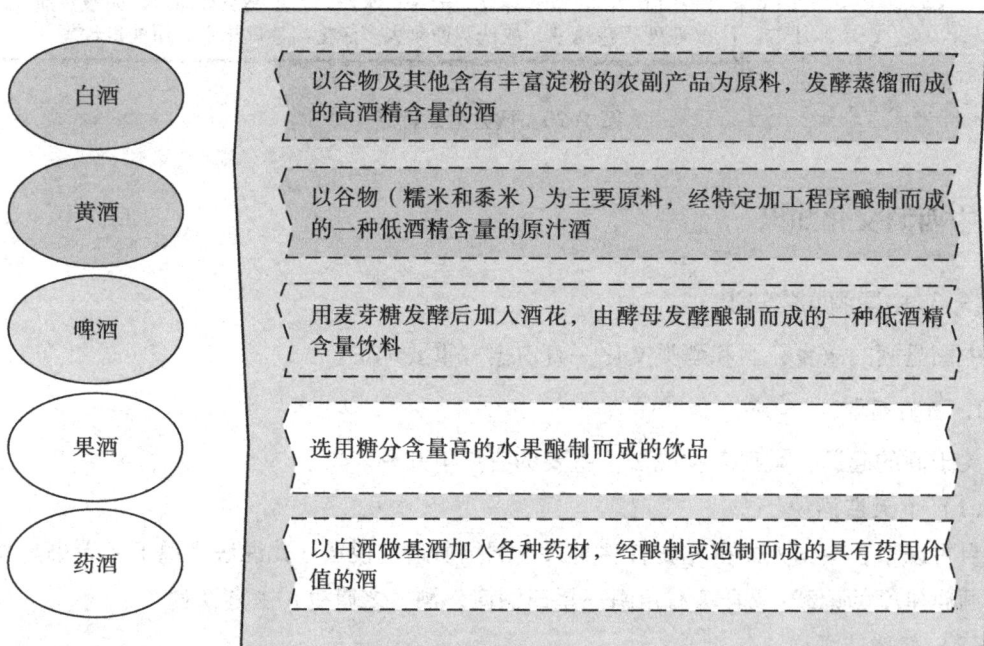

白酒	以谷物及其他含有丰富淀粉的农副产品为原料，发酵蒸馏而成的高酒精含量的酒
黄酒	以谷物（糯米和黍米）为主要原料，经特定加工程序酿制而成的一种低酒精含量的原汁酒
啤酒	用麦芽糖发酵后加入酒花，由酵母发酵酿制而成的一种低酒精含量饮料
果酒	选用糖分含量高的水果酿制而成的饮品
药酒	以白酒做基酒加入各种药材，经酿制或泡制而成的具有药用价值的酒

图1-21　酒类的划分

（2）按酒的酿造方式分类

酒的种类，按其酿造方式基本可分为三类，即蒸馏酒、酿造酒与配制酒，具体如下。

① 蒸馏酒，是通过蒸馏，从发酵的植物或粮食作物中获得的，如白酒。

② 酿造酒，是将原料发酵后再进行直接提取或采用压榨的方法取得的，如啤酒、黄

酒、果酒。

③ 配制酒，由白酒或食用酒精配制而成，如药酒。

3. 酒的质量鉴别

酒虽然易于保存，但由于其生产日期及厂家生产标准的不统一，其质量也有所差别。因此，餐厅服务员必须掌握酒质量的鉴别知识，以便提供优质服务，具体如图 1-22 所示。

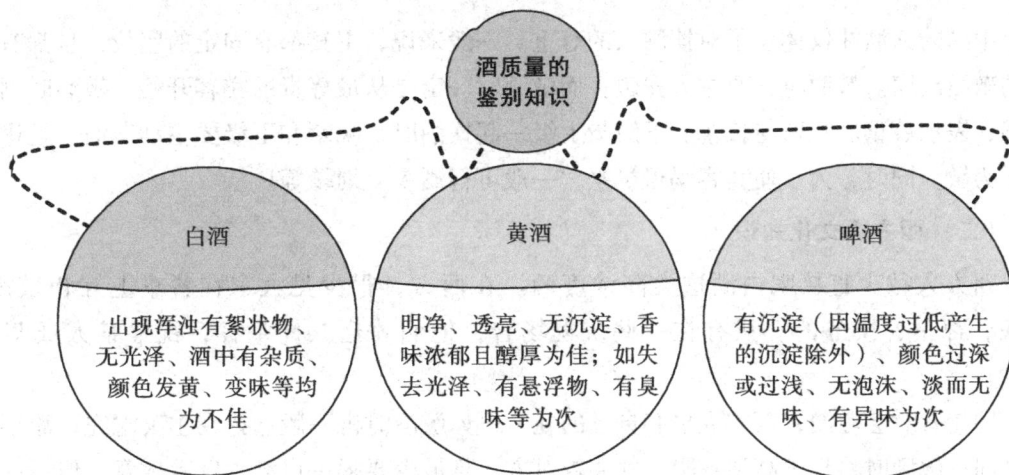

酒质量的鉴别知识

白酒
出现浑浊有絮状物、无光泽、酒中有杂质、颜色发黄、变味等均为不佳

黄酒
明净、透亮、无沉淀、香味浓郁且醇厚为佳；如失去光泽、有悬浮物、有臭味等为次

啤酒
有沉淀（因温度过低产生的沉淀除外）、颜色过深或过浅、无泡沫、淡而无味、有异味为次

图 1-22　酒质量的鉴别知识

4. 酒的品评

品酒并不是喝酒，品酒是一门学问。正确品酒的步骤有五步，即观色、摇晃、闻酒、品尝和回味。餐厅服务员应掌握各步骤的要领，具体如图 1-23 所示。

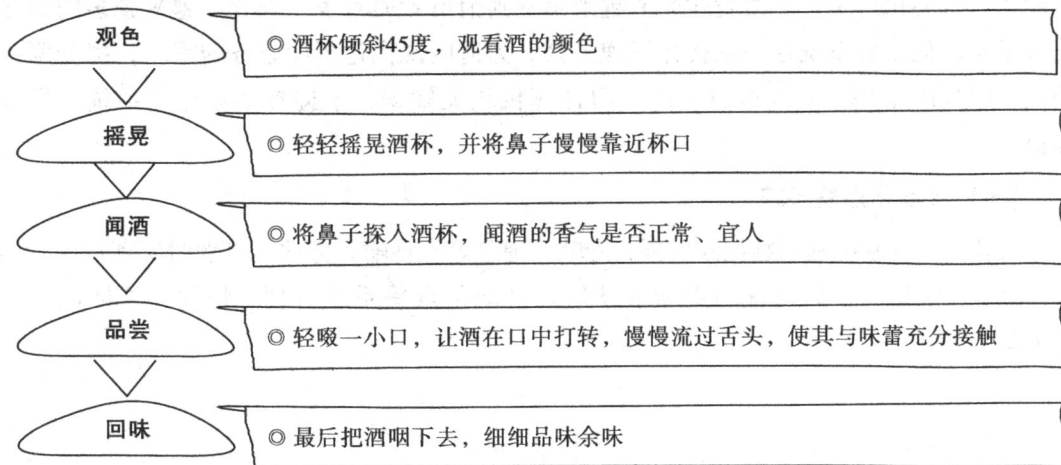

观色　◎ 酒杯倾斜45度，观看酒的颜色

摇晃　◎ 轻轻摇晃酒杯，并将鼻子慢慢靠近杯口

闻酒　◎ 将鼻子探入酒杯，闻酒的香气是否正常、宜人

品尝　◎ 轻啜一小口，让酒在口中打转，慢慢流过舌头，使其与味蕾充分接触

回味　◎ 最后把酒咽下去，细细品味余味

图 1-23　正确品酒的步骤及要领

5. 酒与养生

长期过量饮酒会对人的身体有很大的损害，因此提倡正确、适量饮酒。餐厅服务员应了解一些酒水养生的知识，以合理劝说宾客适度饮酒。常见的养生窍门有温酒而饮、饮必小咽、不混饮、空腹勿饮、勿强饮、酒后少饮茶等。

6. 饮酒礼仪

中国的饮酒礼仪体现了对饮酒人的尊重。一般来说，主宾都有固定的座位，且都有固定的敬酒次序。敬酒时，要主人先敬，而敬酒时一定是从最尊贵的宾客开始。敬酒时酒杯要满，表示尊重。晚辈与长辈、下级与上级一起饮酒时，晚辈和下级要主动敬酒，且讲究先干为敬。同时，为了使宾客喝得尽兴，一般可行酒令、划拳等。

（二）西方酒文化知识

西方人很少直接喝白酒这类高浓度酒。在西方，很少见大家在餐桌上互相敬酒，一般，都是各饮各的。只有在一些庆祝场合，他们才会共同举杯，祝福某人或某件事情。

即使有时会敬酒，西方人也有自己的礼节，如敬酒时机一般选择在主菜吃完、甜菜未上之间；敬酒时将杯子高举齐眼，并注视对方，且最少要喝一口酒，以示敬意，但不一定喝光，也从不劝酒。

西方典型的酒水有伏特加酒、威士忌酒、白兰地酒、鸡尾酒、葡萄酒、啤酒等。

六、自动化点餐系统操作知识

随着科技的进步与国民经济的不断发展，人们对餐厅服务的质量要求也越来越高，智能化、自动化、个性化的餐厅服务越来越受到消费者的喜爱。因此，越来越多的餐厅引入了自动化点餐系统这一现代化管理工具。为适应现代化餐厅服务的需求，提升服务档次，减少出错率，餐厅服务员应学习计算机相关知识，掌握自动化点餐系统的操作知识。

（一）自动化点餐系统

自动化点餐系统利用触控式屏幕、光笔、键盘等多种输入方法，可随时实现点餐、结账、查询、统计、菜品设置与更新等功能。自动化点餐系统方便、快捷，具体优点如图1-24所示。

方便	快捷	充满乐趣	差错率低
自动化点餐系统的信息更丰富，菜品分类更细化，可通过触屏、光笔等实现轻松点餐	餐厅厨房同步显示，传菜迅速，上菜快，效率高	系统界面时尚美观，能迅速激发宾客的兴趣和热情，宾客还可以用它上网、看电影、玩游戏、聊QQ等	自动化点餐系统可避免人工差错，大大提升餐厅服务的准确率

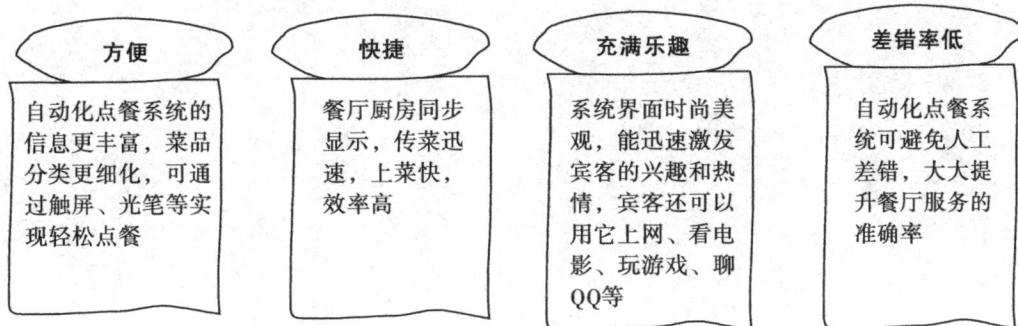

图1-24　自动化点餐系统的优点

（二）自动化点餐系统操作步骤

自动化点餐系统的操作步骤如图1-25所示。

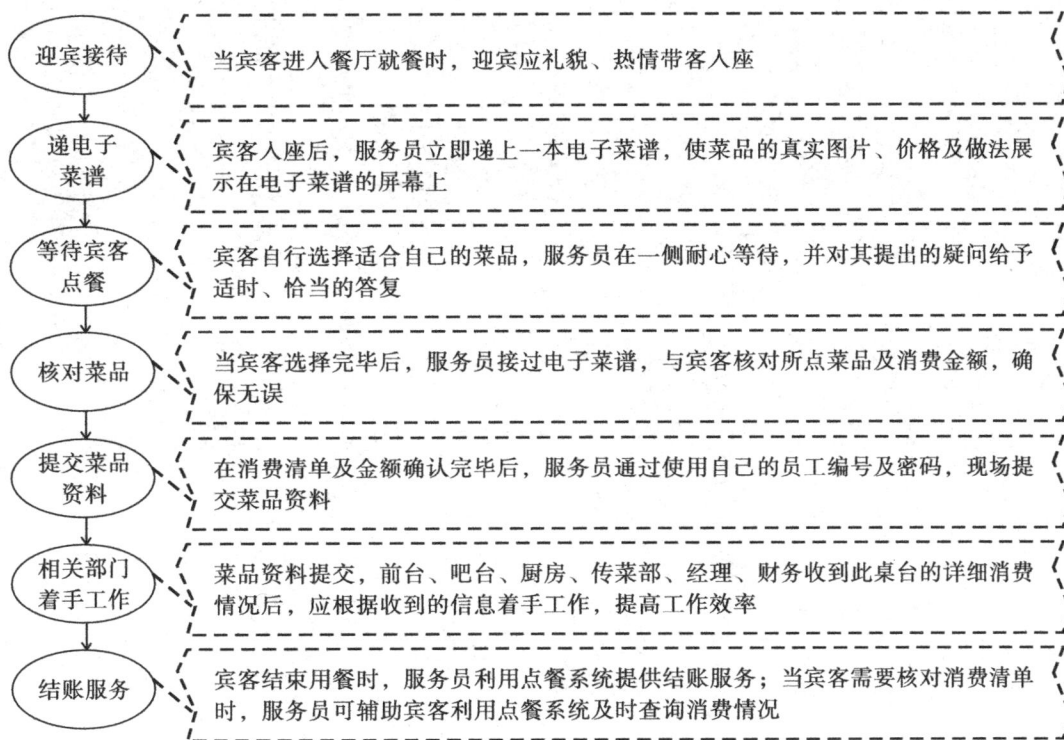

步骤	说明
迎宾接待	当宾客进入餐厅就餐时，迎宾应礼貌、热情带客入座
递电子菜谱	宾客入座后，服务员立即递上一本电子菜谱，使菜品的真实图片、价格及做法展示在电子菜谱的屏幕上
等待宾客点餐	宾客自行选择适合自己的菜品，服务员在一侧耐心等待，并对其提出的疑问给予适时、恰当的答复
核对菜品	当宾客选择完毕后，服务员接过电子菜谱，与宾客核对所点菜品及消费金额，确保无误
提交菜品资料	在消费清单及金额确认完毕后，服务员通过使用自己的员工编号及密码，现场提交菜品资料
相关部门着手工作	菜品资料提交，前台、吧台、厨房、传菜部、经理、财务收到此桌台的详细消费情况后，应根据收到的信息着手工作，提高工作效率
结账服务	宾客结束用餐时，服务员利用点餐系统提供结账服务；当宾客需要核对消费清单时，服务员可辅助宾客利用点餐系统及时查询消费情况

图1-25　自动化点餐系统的操作步骤

第二章

餐厅摆台

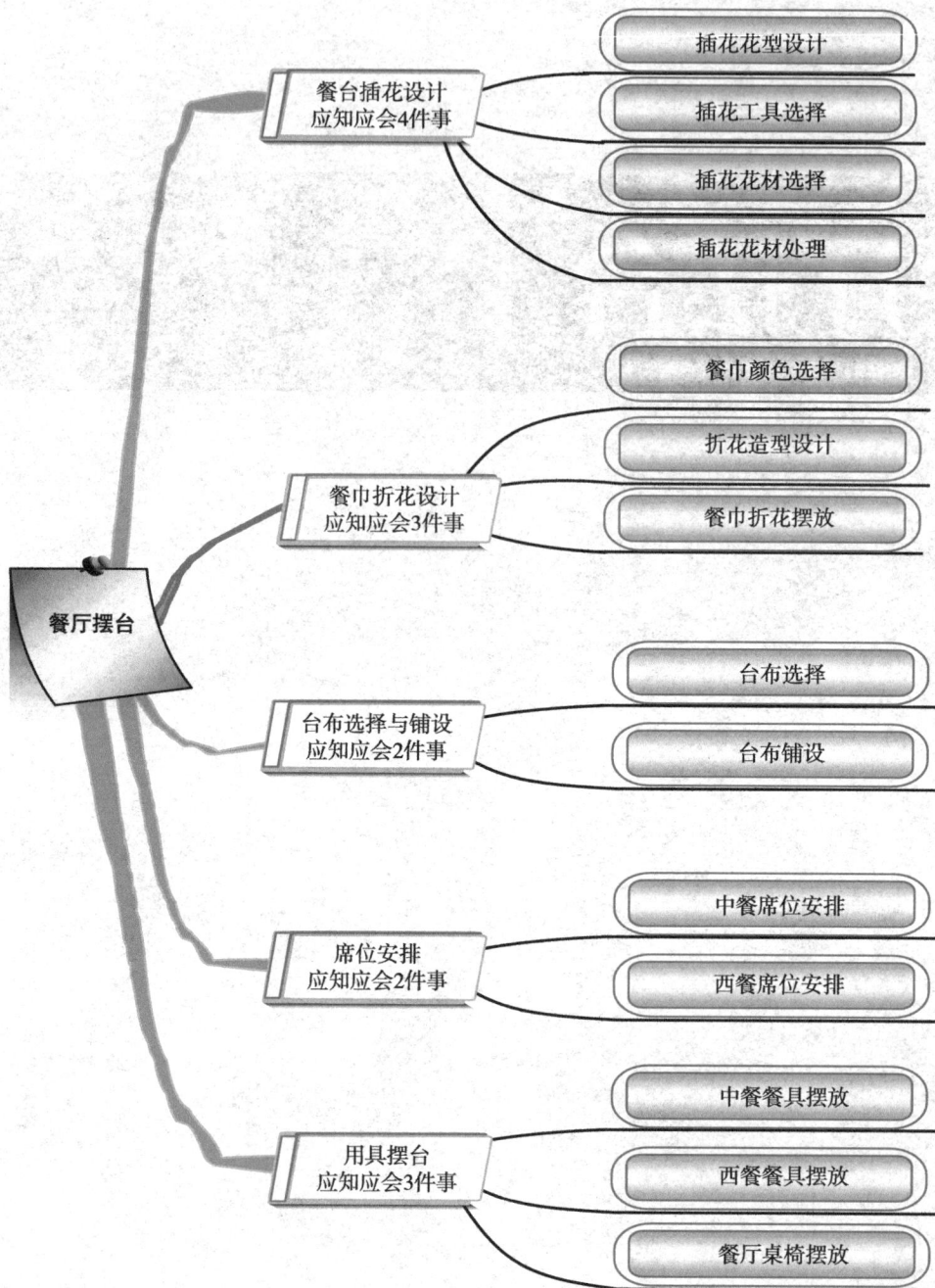

餐厅摆台

- 餐台插花设计 应知应会4件事
  - 插花花型设计
  - 插花工具选择
  - 插花花材选择
  - 插花花材处理
- 餐巾折花设计 应知应会3件事
  - 餐巾颜色选择
  - 折花造型设计
  - 餐巾折花摆放
- 台布选择与铺设 应知应会2件事
  - 台布选择
  - 台布铺设
- 席位安排 应知应会2件事
  - 中餐席位安排
  - 西餐席位安排
- 用具摆台 应知应会3件事
  - 中餐餐具摆放
  - 西餐餐具摆放
  - 餐厅桌椅摆放

第一节　餐台插花设计应知应会 **4** 件事

一、插花花型设计

插花是以花材为主要素材，通过艺术构思和适当的修剪整形及插摆来表现其活力与自然美的一门造型艺术。餐厅插花一般是为了烘托就餐环境，映衬菜品。餐厅规模与性质不同，餐台插花的花型不同。

（一）明确插花造型的原理

餐厅服务员设计插花花型前，应明确插花造型的基本原理。插花造型的基本原理主要包括比例匀称、平衡稳定、多样统一、协调一致、韵律和谐五个方面，具体内容如表2-1所示。

表2-1　插花造型的基本原理

原理	具体说明
比例匀称	◆ 插花的大小、长短、各个部分之间以及局部与整体的比例关系应恰当、匀称 ◆ 插花时要根据插花摆放环境决定花型的大小 ◆ 花型大小要与所用的花器尺寸成比例
平衡稳定	◆ 平衡包括对称的静态平衡和非对称的动态平衡。对称的静态平衡是指花材的种类与色彩平均分布于中轴线的两侧，为完全对称，对称的静态平衡视觉效果简单明了，给人以庄重、高贵的感觉；非对称的动态平衡没有中轴线，左右两侧不对等，但通过花材的数量、长短、大小和重量、质感以及色彩的深浅等因素使花艺达到均衡的效果，非对称的动态平衡灵活多变、飘逸，显得更加灵动 ◆ 稳定是均衡的重要因素，一般重心越低，越易产生稳定感，因此，插花要遵循上轻下重、上散下聚、上浅下深、上小下大的原则
多样统一	◆ 插花是由花材、花器、几架等多种成分构成的，各成分之间应相互协调，形成完美的有机整体
协调一致	◆ 花材之间的配合要有共性，每一种花材都不应有独立于整体之外的感觉，一般可通过选材、修剪、配色、构图等技巧达到协调一致
韵律和谐	◆ 通过有层次的造型、疏密有致的穿插、虚实结合的空间等，使插花富有生命力和动感，可在层次上高低错落、俯仰呼应，在疏密上错落有致等

（二）收集花型分类信息

餐厅服务员明确插花造型的基本原理后，应收集花型分类信息，以便根据花型种类及特点设计花型。常见的花型分类信息包括东方插花花型分类和西方插花花型分类两种。

1. 东方插花花型分类

东方插花的花型由三个主枝构成，因流派的不同可称为"主、客、使""天、地、人"和"真、善、美"。我们把最长的那枝称作"使枝"。以"使枝"的参照不同，基本花型可分为直立型、倾斜型、平铺型、平出型和倒挂型五种，具体说明如图2-1所示。

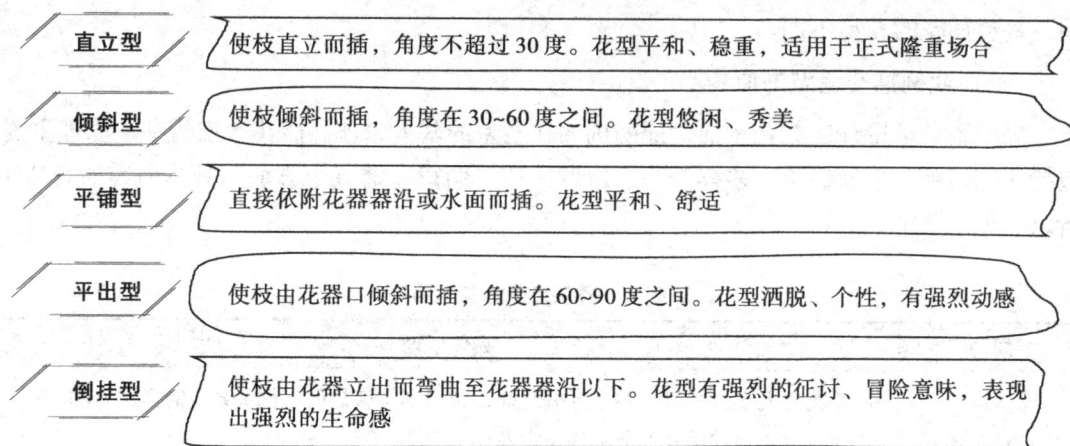

花型	说明
直立型	使枝直立而插，角度不超过30度。花型平和、稳重，适用于正式隆重场合
倾斜型	使枝倾斜而插，角度在30~60度之间。花型悠闲、秀美
平铺型	直接依附花器沿或水面而插。花型平和、舒适
平出型	使枝由花器口倾斜而插，角度在60~90度之间。花型洒脱、个性，有强烈动感
倒挂型	使枝由花器立出而弯曲至花器器沿以下。花型有强烈的征讨、冒险意味，表现出强烈的生命感

图2-1　东方插花花型分类

2. 西方插花花型分类

西方插花一般指欧美各国传统的插花艺术形式，花多而色彩艳丽，多以几何图形构图插制，常见的花型主要有半球型、三角型、水平型、花扇型和瀑布型五种，具体如表2-2所示。

表2-2　西方插花花型分类

花型	具体说明
半球型	◆ 将花材剪成相同长度插在花泥中，形成一个半球形状。半球型是一个四面观的花型，柔和浪漫，适用于婚宴、节日庆典等场合
三角型	◆ 分为对称三角型和不对称三角型，是单面观的花型，常放于墙边桌面或角落家具上
水平型	◆ 水平型源自古希腊祭祀坛上用的装饰花，现在常用在餐桌上。同半球型相似，水平型也是四面观的花型，给人以豪华富丽的感觉

（续表）

花型	具体说明
花扇型	◆ 花扇型为放射性的半圆花型，豪华美丽，就像孔雀开屏，一般摆放在玄关、壁饰旁和靠墙摆设的桌上
瀑布型	◆ 瀑布型由上而下地插制，具有流动感，柔美浪漫

（三）选择与设计花型

收集花型分类信息后，餐厅服务员应根据餐厅装修环境、餐厅性质、花器的尺寸、不同花型的特点等选择适当的花型，并对花型进行修饰，使其更符合需要。

通常，选择设计的花型要符合图 2-2 所示的要求，保证花型美观，从而使宾客在就餐中不但在生理上得到满足，精神上也得到享受。

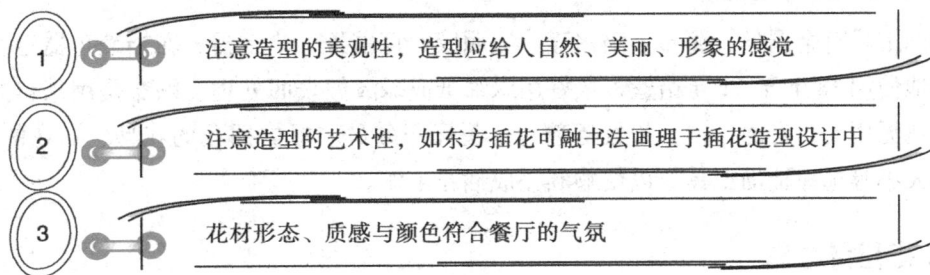

1 注意造型的美观性，造型应给人自然、美丽、形象的感觉

2 注意造型的艺术性，如东方插花可融书法画理于插花造型设计中

3 花材形态、质感与颜色符合餐厅的气氛

图 2-2　花型设计要求

二、插花工具选择

插花需将花材经过一定的技术和艺术的加工，选配合适的容器，才能体现作品的寓意。加工花材的工具有很多，分为专用工具和辅助工具两种。餐厅服务员应在加工花材前选择好插花工具，做好插花准备。

（一）专用工具选择

专用工具可分为修剪工具和固定工具两种，具体内容说明如表 2-3 所示。餐厅服务员应根据插花的花型、插花的数量、插花的材质等准备专用插花工具。

表 2-3　专用工具分类

项目	具体说明
修剪工具	◆ 插花使用的修剪工具主要有剪刀、刀、锯等 ◆ 剪刀是必备工具，可以根据需要准备几种型号，如枝剪和普通剪等 ◆ 刀是用来切削花枝，以及雕刻和去皮的 ◆ 锯主要用于较粗的木本植物的截锯修整等

（续表）

项目	具体说明
固定工具	◆ 固定工具包括花插座、花留、瓶口插架、花泥等 ◆ 花插座又称剑山，是水盆等浅口容器的主要固定花枝工具。剑山以铅块为底、密布铜钉向上，其形有圆形、长方形、月牙形和组合形等 ◆ 花留与剑山作用相同，常见的有用金属制成的古钱状花留和用玻璃制成的蜂巢状花留 ◆ 瓶口插架用于花瓶固花。将花瓶口分割成若干个小空间缩小花枝在瓶口内移动范围。若没有插架可找树枝横卡在瓶口来充当插架 ◆ 花泥是一种新兴的固花材料，可以任由花枝从四方插入，大小可任意切割且能保持水分，适合各种花器配置

（二）辅助工具选择

辅助工具有金属丝、贴布、喷水壶、透明胶、订书机、注水器、花插校正器等。金属丝较多地使用 18 # 至 22 # 铅丝，最好用绿绵纸或绿漆做表面处理。贴布是用来包贴花枝和固定花泥用的，有绿、白、粉红等颜色。餐厅服务员应根据插花的花型、插花的数量、花器的大小等选择辅助工具，以便顺利完成插花工作。

三、插花花材选择

花材是制作花类产品所用的材料，包括主花、配花、绿叶类衬托植物等。花材选择是插花的重要工作之一，花材的质量、样式等直接影响着插花的效果。

为保证餐厅的特殊环境和饮食安全，餐厅插花的材料应选择能够满足大众审美趣味、香气淡雅适中、无毒副作用、经济实惠的花材。同时，选择的花材应新鲜，无任何病虫斑、污点和不洁之物黏附。

（一）明确花材选择总要求

选择新鲜的花材是制作插花的第一步。餐厅服务员在选择花材时应明确花材选择总要求，并按总要求选择花材。花材选择总要求主要包括以下三个方面的内容，如图 2-3 所示。

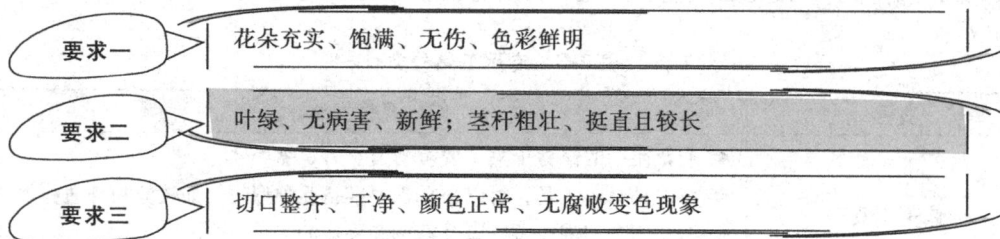

要求一　花朵充实、饱满、无伤、色彩鲜明

要求二　叶绿、无病害、新鲜；茎秆粗壮、挺直且较长

要求三　切口整齐、干净、颜色正常、无腐败变色现象

图 2-3　花材选择总要求

（二）掌握常见花材的选择标准

餐厅插花的常见花材主要有康乃馨、扶郎花、百合、兰花、郁金香、菊花、满天星、情人草等。餐厅服务员在选择前应掌握常见花材的选择标准，并按标准选择花材。常见花材的选择标准如表2-4所示。

表2-4 常见花材的选择标准

常见花材	选择标准
康乃馨	◆ 花半开，花苞充实，花瓣挺实无焦边，花萼不开裂
扶郎花	◆ 花瓣挺实、平展、不反卷、无焦边，无落瓣、发霉现象，茎的根部无腐变现象
百合	◆ 茎挺直有力，仅有一两朵花半开或开放（因花头多少而定）
兰花	◆ 花色正，花朵无脱落、变色、透明、蔫软现象，切口干净、无腐败变质现象
郁金香	◆ 花饱满、鲜润，叶绿而挺、不反卷
菊花	◆ 叶厚实、挺直，花半开，花心仍有部分花瓣未张开
满天星	◆ 花朵饱满、无变黄现象，分枝多、盲枝少，茎干鲜绿、柔软有弹性
情人草	◆ 花多而密集，花枝软且有弹性，枝形舒展，无盲枝，有较多开放的淡紫色小花最好

（三）根据餐台类型选择花材

餐厅服务员应根据餐厅规模与性质，选择餐台插花花材，表2-5为大型餐厅、宴会厅餐台与普通餐厅、快餐厅餐台的花材选择说明，供读者参考。

表2-5 不同类型餐台的花材选择

项目	具体说明
大型餐厅、宴会厅餐台花材选择	◆ 大型餐厅、宴会厅餐台可分为长台和圆台两种，且台面较大，选择的花材用量要大，常以暖色调为宜，突出宴会的隆重、热烈、喜庆气氛 ◆ 大型餐厅、宴会厅餐台常见的花材有玫瑰、唐菖蒲、百合、康乃馨、非洲菊、洋兰、满天星、情人草、肾蕨、天门冬、蓬莱松等 ◆ 西式宴会的插花色彩以清淡、素雅为宜，颜色以浅橙、粉红、洋红、白、绿、紫等为主，着意创造出浪漫典雅的气氛
普通餐厅、快餐厅餐台花材选择	◆ 普通餐厅、快餐厅餐台一般较小，常以圆形、方形和小长方形为主，仅适用于2~6人就餐 ◆ 普通餐厅、快餐厅餐台上仅需用小花瓶配上绿叶，插上一两枝康乃馨或玫瑰，再点缀少量满天星或情人草即可，这样既简洁大方，又不失温馨宁静；另外也可用透明的玻璃器皿来插花，用马蹄莲或粉掌做主花材，勿忘我、情人草和玫瑰及常春藤做衬托，营造出温馨浪漫的气氛

四、插花花材处理

选择花材后，餐厅服务员应根据花型的构图、要求等对选择的花材进行艺术加工和固定，使其符合餐台插花要求。

（一）花材的艺术加工

花材的艺术加工包括花枝修剪、花材造型两个方面，具体说明如下。

1. 花枝修剪

餐厅服务员应根据造型构图，仔细分析，做到心中有数后对花枝进行修剪。修剪时要注意顺其自然，分清枝条的阴阳面，确定枝条的主视面。修剪时要剪去病枯枝、交叉枝、平行枝、垂直向前的枝条、过密及姿态不美的枝条和过密的叶片等。

2. 花材造型

（1）枝条的弯曲

枝条弯曲方法主要有四种，具体说明如表2-6所示。

表2-6　枝条弯曲方法

弯曲方法	说明
粗大、较硬的枝条弯曲	◆ 用锯或刀先锯一两个缺口，嵌入小楔子，强制弯曲
较硬枝条弯曲	◆ 两手持花枝，手臂贴身体，大拇指压着要弯的部位，慢慢用力向下弯曲
较软枝条弯曲	◆ 两只拇指对放在需要弯曲处，慢慢掰动枝条
草本花枝弯曲	◆ 用右手拿着软枝的适当部位，左手旋扭

（2）花朵的加工和花萼造型

① 花朵的修剪和加工。花朵修剪和加工方法主要包括修剪、切割和粘贴三种，具体说明如图2-4所示。

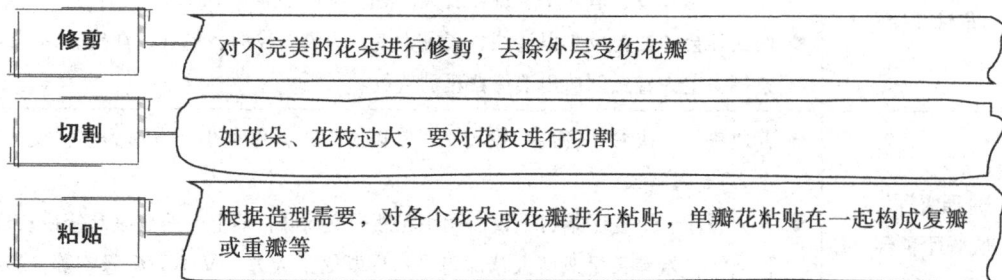

修剪 —— 对不完美的花朵进行修剪，去除外层受伤花瓣

切割 —— 如花朵、花枝过大，要对花枝进行切割

粘贴 —— 根据造型需要，对各个花朵或花瓣进行粘贴，单瓣花粘贴在一起构成复瓣或重瓣等

图2-4　花朵修剪和加工方法

② 花萼造型。花萼造型方法主要有缠绕法、穿刺法、十字交叉法、插入法、倒钩法五种，具体方法说明如图 2-5 所示。

1. 缠绕法	用铁丝缠绕，以固定花、茎、叶、枝，或将一些细小的花枝缠绕结合在一起
2. 穿刺法	用铁丝从花萼一头穿到另一头，然后将铁丝弯下顺花茎方向或花枝方向缠绕，要注意不要伤到花材
3. 十字交叉法	将两条铁丝做"十字"交叉，从花托穿过，再将铁丝弯下顺花茎方向或花枝方向缠绕
4. 插入法	将铁丝自茎下方穿入花茎或花心，使花茎弯曲
5. 倒钩法	在铁丝一端 3 毫米处弯一小钩，将无钩的一端自花蕊中心部分穿过，通过花茎来造型

图 2-5　花萼造型方法

（3）叶的造型

叶的造型主要是对叶进行修剪、弯曲、撕裂、打结等，使叶符合造型需要，具体方法如表 2-7 所示。

表 2-7　叶的造型方法

造型方法	说明
修剪	◆ 将自然叶片修剪成各种形状，过大的叶片剪小
弯曲	◆ 将软叶片夹在指缝中轻轻抽动，反复几次即可；较硬的叶片可用大头针、订书钉、胶纸、铁丝等工具固定弯曲
撕裂	◆ 将叶尖和基部连接，中间切成或撕成条状
打结	◆ 将细长的叶片根据需要打结

（二）花材的固定

对花材进行艺术加工后，餐厅服务员应对花材进行固定。常见的花材固定方法主要有剑山固定法、瓶插固定法、花泥固定法等，具体说明如下。

1. 剑山固定法

花材类型不同，花材固定方法不同。图 2-6 从草本花材、木本花材和叶片三个方面对剑山固定法的应用进行说明，供读者参考。

草本花材	茎秆较软，茎端平剪，直接插在剑山上
木本花材	较粗或过硬的枝条，剪斜口，并把枝条切口以十字形或一字形劈开，如果花枝较重，可用两个或三个剑山组合在一起，增加稳定性
叶片	叶柄端平剪，直接插入。对于薄而大的叶片，先卷曲，或用胶带固定木质材料，再插入剑山

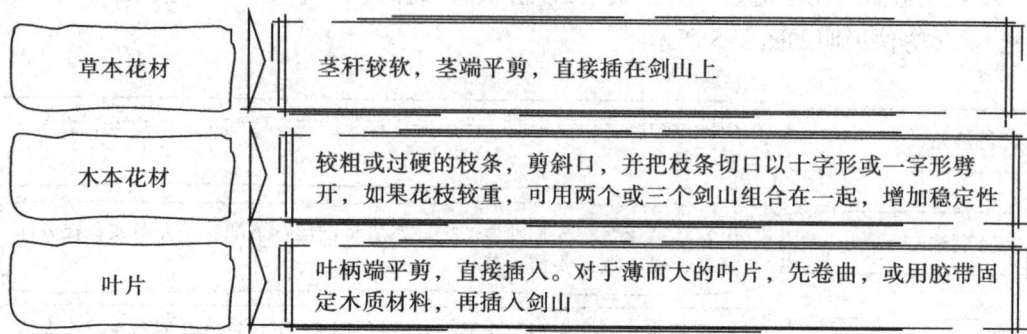

图2-6　剑山固定法的应用说明

2. 瓶插固定法

由于花瓶的深浅、花瓶口径的大小不同，所以花枝的固定方法也不同。对于口径较小的容器，需要用花枝本身与瓶壁的支撑关系以及在瓶口做辅助支点等方法来固定花材。对于瓶口较大的容器，可采用在瓶口安放十字架的方法固定。

常见的瓶插固定法有"撒"固定法、接枝法、弯枝法、集束固定法、自然固定法和铁丝网固定法，详细说明如表2-8所示。

表2-8　瓶插固定法

方法	具体说明
"撒"固定法	◆ 指剪取2~4段比瓶口直径稍长的枝条，轻轻压入瓶口1~3厘米处，把瓶口分隔成小格，然后在小格里插花并固定花材
接枝法	◆ 在花枝上绑上其他枝条，使枝条和瓶壁构成三个支撑点，以此来固定花材
弯枝法	◆ 利用枝条柔软度，弯曲的反弹力来固定花材
集束固定法	◆ 将花枝整理成束，在花茎下端用带捆扎
自然固定法	◆ 将花材直接插入花瓶，适用于窄口高花瓶、瓶口瓶身都不大的容器
铁丝网固定法	◆ 将铁丝网松散卷成一团，利用铁丝网的网格来固定花材

3. 花泥固定法

花泥固定法是礼仪用花中常用的方法，其具体操作方法是先按容器口的大小将花泥切成小块（花泥一般应高出容器口三四厘米），然后将花泥浸入水中，让其自然下沉，吸足水后拿出使用。花泥固定法应用的注意事项如图2-7所示。

1	花材比较大时，为了使花材更稳定，在容器底部铺上沙子或石子增加稳固性，或在花泥外层加金属网增加稳固性
2	花材基部插入花泥深度不可太大，一般应在2~3厘米之间
3	枝条基部要剪成斜口，利于插入花泥又不易转动
4	要按容器大小切割花泥
5	使用花篮或其他漏水的容器时，用塑料薄膜将花泥包住

图2-7　花泥固定法应用的注意事项

第二节　餐巾折花设计应知应会3件事

一、餐巾颜色选择

餐巾又称席巾、口巾，是宴会、散餐等餐桌上使用的卫生用品。就餐时，把餐巾放于胸前或腿上，可防止汤汁及酒水等滴洒在衣服上。

餐巾折花，是餐厅服务员通过艺术创造，将餐巾折成各种动、植物形态，插摆在酒具、盘碟中供人观赏。餐巾折花不但具有美化、清洁的作用，也可以突出主题、寓意于花，并能够在一定程度上显示餐馆酒楼的服务水平和艺术水准。

要想做好餐巾折花工作，选择适宜颜色的餐巾很重要。具体餐巾颜色的选用程序如下。

（一）明确餐巾颜色分类

餐厅服务员在选择餐巾颜色前，应明确餐巾颜色分类。餐巾按颜色分为白色餐巾和彩色餐巾。白色餐巾最常用，给人一种清洁卫生的感觉，可以调节人的视觉平衡、安定人的情绪。彩色餐巾主要分为冷色餐巾和暖色餐巾两种，具体说明如图2-8所示。

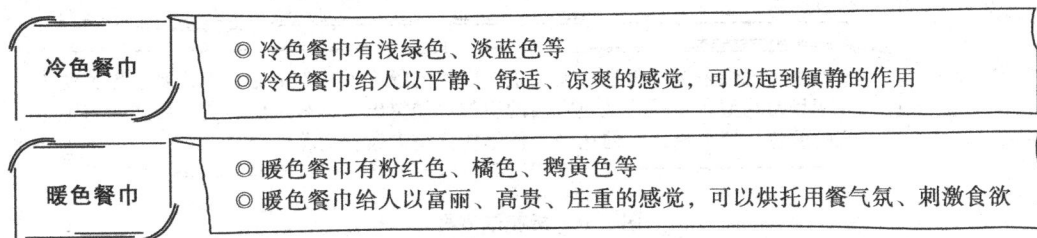

| 冷色餐巾 | ◎ 冷色餐巾有浅绿色、淡蓝色等
◎ 冷色餐巾给人以平静、舒适、凉爽的感觉，可以起到镇静的作用 |
| 暖色餐巾 | ◎ 暖色餐巾有粉红色、橘色、鹅黄色等
◎ 暖色餐巾给人以富丽、高贵、庄重的感觉，可以烘托用餐气氛、刺激食欲 |

图2-8　彩色餐巾的分类与作用

（二）选择餐巾颜色

餐厅服务员应根据餐厅装潢色调及光线明暗等选择与之相适应的餐巾颜色。一般光线柔和、较暗的餐厅适合用白色餐巾；光线明亮的餐厅适合用粉色、黄色或绿色的餐巾。

二、折花造型设计

餐巾折花按不同的折叠方法可分为杯花和盘花两种。杯花属于中式花型，需插入杯中才能完成造型；盘花属于西式花型，造型完整，成型后不会自行散开，可放于盘中或其他盛器上。折花造型设计程序如下。

（一）明确折花造型要求

折花的造型要根据用餐的规模与性质来确定，如果是一桌宴席，用花、鸟、鱼、实物等类型相搭配，可使餐桌上的折花丰富多彩；如果是多桌宴会，每桌可选用一种不同的花型，使整个宴会餐桌上的折花多种多样，既可体现欢快气氛，又无杂乱之感。

在实际工作中，餐厅服务员应根据图2-9列出的六点要求设计折花造型。

1	根据宴会的性质来选择花型。如结婚宴可选择鸳鸯、喜鹊、花环等造型，表达对新人的美好祝福；寿宴可摆出寿桃、仙鹤等造型，可令"寿星"们心旷神怡
2	根据宴会的规模来选择花型。如大型宴会可选用简单、挺拔、美观的花型；小型宴会可在同一餐桌上使用不同的花型，形成多样协调的布局
3	根据花式冷拼选用与之相搭配的花型。如餐桌冷拼是"游鱼戏水"，餐巾折花可选用"金鱼"造型等
4	根据时令季节选择花型。用餐台上的折花花型反映季节特点，使餐巾折花富有时令感
5	根据宾客的身份、宗教信仰、风俗习惯和爱好来设计折花造型。如日本人忌讳荷花图案，并认为梅花为不祥之花，若宾客为日本人，则折花不应有荷花、梅花等图案
6	根据主宾席位来选择花型。宴会主人席位的餐巾折花为主花，主花要选择美观而醒目的花型，其目的是使宴会的主位更加突出；宾客席位的花型可选择与主花的颜色、特点相适应的花型，但不能比主人席位的花型夺目

图2-9　折花造型要求

（二）选择餐巾折花类型

餐厅服务员在设计折花造型前，应明确折花造型的分类，并根据餐厅的性质、宾客用餐需要及折花造型要求等，选择一种或多种折花类型。常见的折花主要包括植物类折花、动物类折花和实物类折花三种，具体说明如图2-10所示。

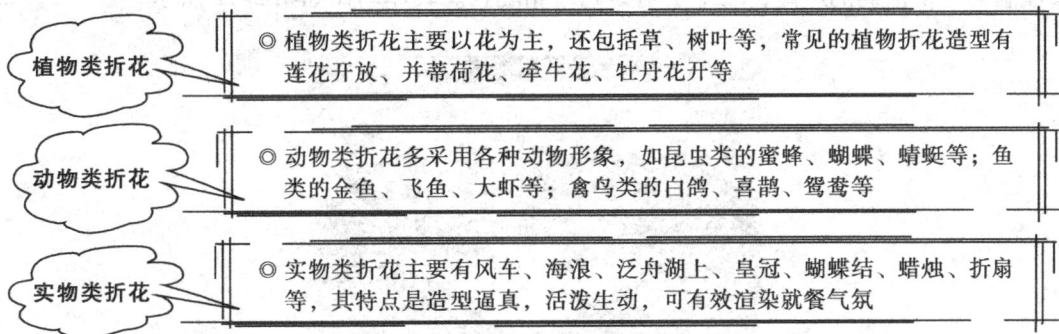

植物类折花 —— ◎ 植物类折花主要以花为主，还包括草、树叶等，常见的植物折花造型有莲花开放、并蒂荷花、牵牛花、牡丹花开等

动物类折花 —— ◎ 动物类折花多采用各种动物形象，如昆虫类的蜜蜂、蝴蝶、蜻蜓等；鱼类的金鱼、飞鱼、大虾等；禽鸟类的白鸽、喜鹊、鸳鸯等

实物类折花 —— ◎ 实物类折花主要有风车、海浪、泛舟湖上、皇冠、蝴蝶结、蜡烛、折扇等，其特点是造型逼真，活泼生动，可有效渲染就餐气氛

图2-10　折花造型分类

（三）掌握折花造型设计方法

各类折花的形状不同，其设计方法也不同，但总结起来，可分为叠、折、卷、穿、翻、拉、捏、掰八种方法，其具体说明如下。餐厅服务员应反复练习，以达到技艺娴熟，运用自如。

1. 叠

叠是最基本的餐巾折花手法，几乎所有的造型都要使用，叠是将餐巾一折为二、二折为四，或折成三角形、长方形、菱形、梯形和锯齿形等形状。叠有折叠、分叠两种。叠的过程中要熟悉造型，看准角度一次叠成。如有反复，就会在餐巾上留下痕迹，影响挺括。具体动作如图2-11所示。

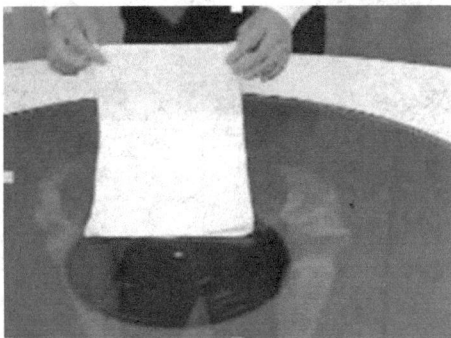

图2-11　"叠"示意图

2. 折

折是将餐巾叠面折成褶子的形状，使花型层次丰富、紧凑、美观。打褶时，用双手的拇指和食指分别捏住餐巾两头的第一个褶裥，两个大拇指相对成一线，指面向外，中指控制好下一个褶裥的距离，拇指、食指的指面握紧餐巾向前推折至中指处，然后中指腾出，去控制下一个褶裥的距离，三个手指如此互相配合。具体动作如图 2-12 所示。

图 2-12 "折"示意图

3. 卷

卷是用大拇指、食指、中指三个手指相互配合，将餐巾卷成圆筒状。卷分直卷和螺旋卷。直卷要求餐巾两头一定要卷平。螺旋卷分两种，一种是先将餐巾叠成三角形，餐巾边参差不齐；另一种是将餐巾一头固定，卷另一头，或一头多卷，另一头少卷。卷的要领是紧凑、挺括，否则会因松软无力、弯曲变形而影响造型。具体动作如图 2-13 所示。

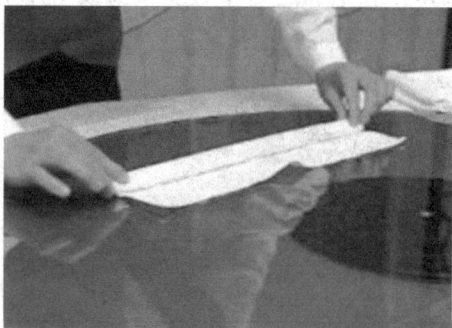

图 2-13 "卷"示意图

4. 穿

将餐巾先折好后攥在左手掌心内，用筷子一头穿进餐巾的褶缝里，然后用右手的大拇指和食指将筷子上的餐巾一点一点向后拨，直至把筷子穿出餐巾为止。穿好后先把餐巾花插入杯子内，然后再把筷子抽掉，否则容易松散。根据需要，一般只穿一两根筷子。穿的要领是穿好的褶裥要平、直、细小、均匀。具体动作如图2-14所示。

图2-14 "穿"示意图

5. 翻

翻大都用于折花鸟类造型。操作时，一只手拿餐巾，另一只手将下垂的餐巾翻起一只角，翻成花卉或鸟的头颈、翅膀、尾巴等形状。翻花叶时，要注意叶子对称，大小一致，距离相等。翻鸟的翅膀、尾巴或头颈时，一定要翻挺，不要软折。翻的要领是注意大小适宜、自然美观。具体动作如图2-15所示。

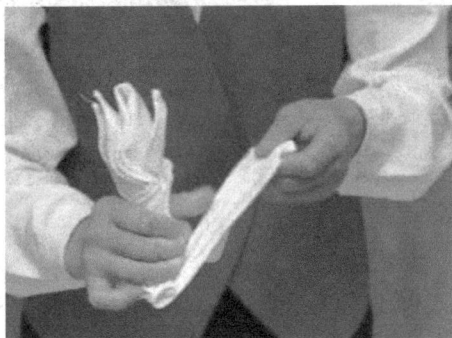

图2-15 "翻"示意图

6. 拉

拉就是牵引，常常与翻的动作相配合，拉可使折花在翻折的基础上更挺直。一般在餐巾花半成型时，把餐巾花攥在左手中，用右手拉出一只角或几只角来，拉时要用力均匀，不要猛拉，否则会使折花性质损坏。拉的要领是大小比例适当、造型挺括。具体动作如

41

图 2-16 所示。

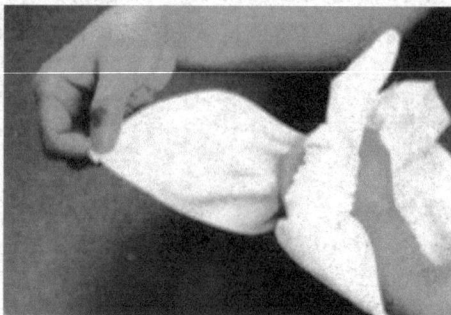

图 2-16 "拉"示意图

7. 捏

捏主要用于折鸟的头部造型。操作时先将餐巾的一角拉挺作为颈部，然后用一只手的大拇指、食指、中指三个指头捏住鸟颈的顶端，食指向下，将巾角尖端向里压下，用中指与拇指将压下的巾角捏出尖嘴状，作为鸟头。捏的要领是棱角分明、头顶角和嘴尖角到位。具体动作如图 2-17 所示。

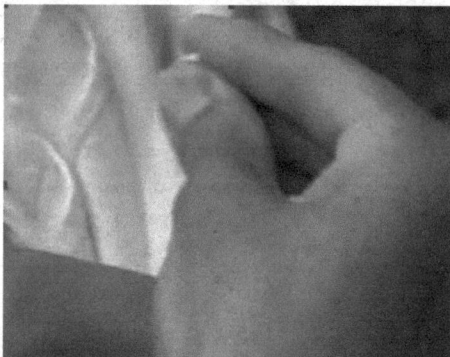

图 2-17 "捏"示意图

8. 掰

将餐巾做好的褶用左手一层一层掰出层次，呈花蕾状。注意掰时不要用力过大，以免松散。掰的要领是层次分明、间距均匀。具体动作如图 2-18 所示。

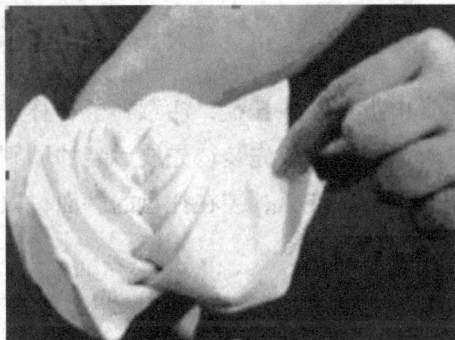

图 2-18 "掰" 示意图

三、餐巾折花摆放

餐巾折花总的摆放要求是整齐美观、位置适当、便于观赏、使用方便，要尽可能与台布、器皿的色调和谐。餐巾折花摆放的具体程序主要包括摆放准备、开始摆放、摆放调整三步，具体如下所示。

（一）摆放准备

1. 明确摆放注意事项

餐巾折花摆放的注意事项主要包括以下两项。

（1）操作卫生，装杯、取杯时应拿杯子的下半部位。

（2）托盘姿势正确，不搁臂，不碰胸、腰，操作时托盘要拉开、端稳。

2. 将折花插入容器

餐巾折花一般插入水杯、酒杯或摆放在食盘中，餐厅服务员叠好餐巾折花后应将其插入相关容器。将折花插入容器的注意事项如图 2-19 所示。

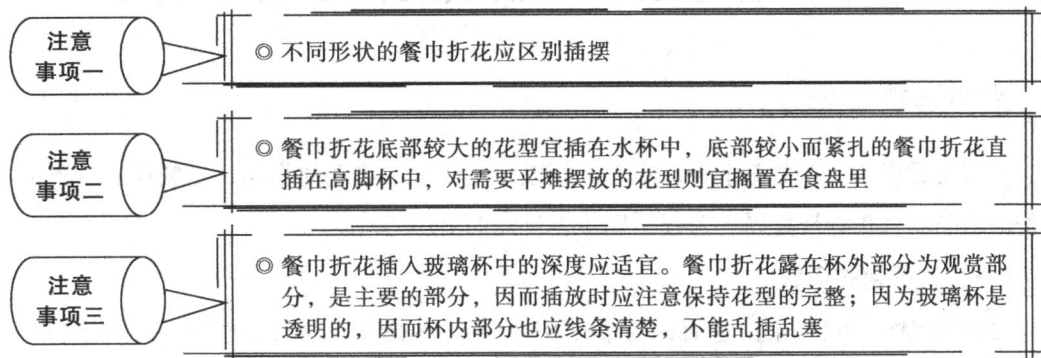

注意事项一	◎ 不同形状的餐巾折花应区别插摆
注意事项二	◎ 餐巾折花底部较大的花型宜插在水杯中，底部较小而紧扎的餐巾折花直插在高脚杯中，对需要平摊摆放的花型则宜搁置在食盘里
注意事项三	◎ 餐巾折花插入玻璃杯中的深度应适宜。餐巾折花露在杯外部分为观赏部分，是主要的部分，因而插放时应注意保持花型的完整；因为玻璃杯是透明的，因而杯内部分也应线条清楚，不能乱插乱塞

图 2-19 将折花插入容器的注意事项

3. 装盘

餐厅服务员应将折好的餐巾折花装入托盘，注意杯子与杯子之间不能靠得太近，以免餐巾折花散形或变形。装盘时应遵循后放先装、先放后装的原则，即后上桌的餐巾折花先装盘，装在托盘的里面；先上桌的后装盘，装在托盘的外面，以方便拿取。

（二）开始摆放

餐厅服务员应从主位开始，顺时针摆放装盘的折花。在摆放折花时，应注意搭配得当，不同品种的花型同桌摆放时，要将品种性状相似、高低大小相似的花型错开摆放；将主花摆设在主宾或主人席位上，借以突出主位，区别于其他宾客。

（三）摆放调整

餐巾折花摆放后，餐厅服务员应从主位开始，按顺时针方向对摆放情况依次进行检查，并按图 2-20 所示的要求进行适当的调整。

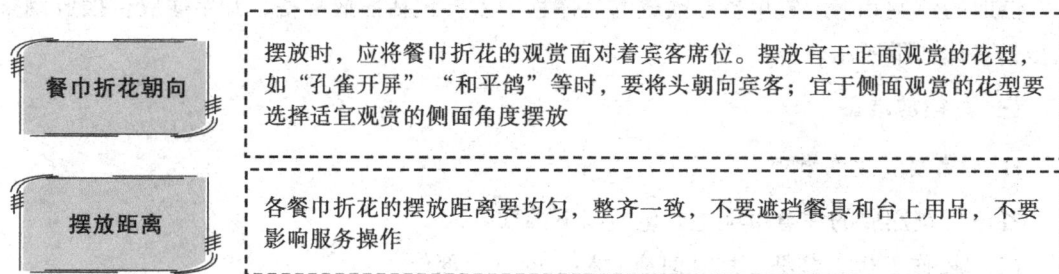

餐巾折花朝向	摆放时，应将餐巾折花的观赏面对着宾客席位。摆放宜于正面观赏的花型，如"孔雀开屏""和平鸽"等时，要将头朝向宾客；宜于侧面观赏的花型要选择适宜观赏的侧面角度摆放
摆放距离	各餐巾折花的摆放距离要均匀，整齐一致，不要遮挡餐具和台上用品，不要影响服务操作

图 2-20　摆放调整要求

第三节　台布选择与铺设应知应会 2 件事

一、台布选择

台布又称桌布，是覆盖于台、桌面上用以防污或增加美观的物品，是餐厅餐饮物品中必备的物品。台布选择程序主要包括四步，具体如下。

（一）选择台布形状

桌子的规格、形状不同，选择的台布就不同。台布的形状大体有正方形、长方形、圆形，以及异形四种。正方形台布常用于方台或圆台，长方形台布多用于西餐各种不同的餐台，圆形台布主要用于中餐圆台，高档的宴会一般采用多层两种形状以上的台布。餐厅服务员应根据餐厅性质、餐桌的形状及规格、就餐规格、宴会或宴请的性质等，确定台布的形状。

（二）选择台布质地

台布的质地按生产工艺可分为塑料类和纺织类两类，具体说明如图 2-21 所示。餐厅服务员应根据不同质地台布的特点、餐厅性质、餐厅经营需要等，选择合适质地的台布。

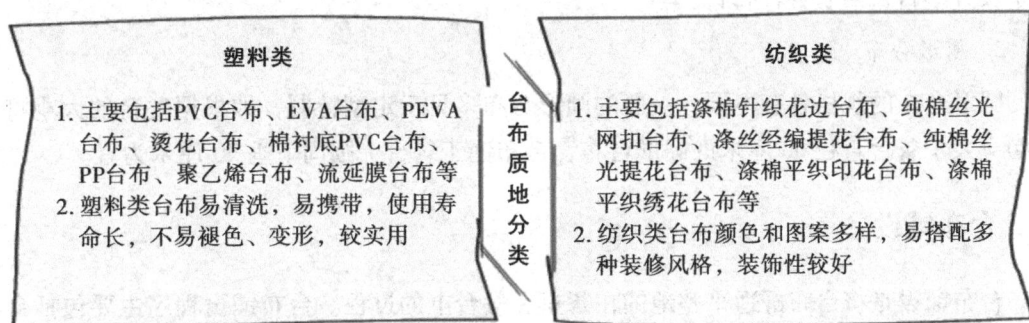

塑料类	台布质地分类	纺织类
1. 主要包括 PVC 台布、EVA 台布、PEVA 台布、烫花台布、棉衬底 PVC 台布、PP 台布、聚乙烯台布、流延膜台布等 2. 塑料类台布易清洗，易携带，使用寿命长，不易褪色、变形，较实用		1. 主要包括涤棉针织花边台布、纯棉丝光网扣台布、涤丝经编提花台布、纯棉丝光提花台布、涤棉平织印花台布、涤棉平织绣花台布等 2. 纺织类台布颜色和图案多样，易搭配多种装修风格，装饰性较好

图 2-21　台布质地分类

（三）选择台布色彩及图案

餐厅是众多宾客进餐的地方，环境的色彩很大程度上会影响宾客就餐时的情绪，因此，餐厅服务员一定要注意台布与整个餐厅环境的搭配。常见的台布颜色有白色、黄色、粉色、红色、绿色等，常见的台布图案有团花、散花、工艺绣花等，餐厅服务员应根据餐厅的性质、餐厅的装饰风格等选择台布颜色及图案。

（四）选择台布规格

餐厅服务员应根据餐台、餐桌的大小、形状选用不同规格的台布；如一块台布不够用，餐厅服务员可根据需要拼接不同规格的台布。

台布的规格大小有多种，常见的有如下几种。

1. 方形台布

常见的方形台布的规格主要有以下七种。

（1）140 厘米×140 厘米，可供 2 人餐桌使用，适用于 90 厘米×90 厘米的方台。

（2）160 厘米×160 厘米，可供 2~4 人餐桌使用，适用于直径 100 厘米的圆台，或 110 厘米×110 厘米的方台。

（3）180 厘米×180 厘米，可供 4~6 人餐桌使用，适用于直径 150 厘米或 160 厘米的圆台。

（4）200 厘米×200 厘米，可供 6~8 人餐桌使用，适用于直径 170 厘米的圆台。

（5）220 厘米×220 厘米，可供 8~10 人餐桌使用，适用于直径 180 厘米或 200 厘米的圆台。

（6）240厘米×240厘米，可供12人餐桌使用，与（7）搭配作为上层面布使用。

（7）260厘米×260厘米，可供14～16人餐桌使用，适用于直径240厘米的圆台。

2. 长方形台布

长方形台布的规格主要有160厘米×200厘米、180厘米×300厘米等。这类台布主要用于长方形台及西餐各种餐台。

3. 圆形台布

圆形台布的规格各有不同，一般的圆形台布多见于定型特制，即根据餐台的大小将台布制成大于餐台直径60厘米的圆形台布，台布铺于餐台上圆周下垂30厘米为宜。

二、台布铺设

台布铺设是将台布舒适平整地铺在餐桌、餐台上的过程。台布铺设程序主要包括台布铺设准备和进行铺设两步，具体说明如下。

（一）铺设准备

台布铺设前，餐厅服务员应做好铺设准备，以便顺利、及时地进行铺设。台布铺设准备事项主要包括三项，具体内容说明如图2-22所示。

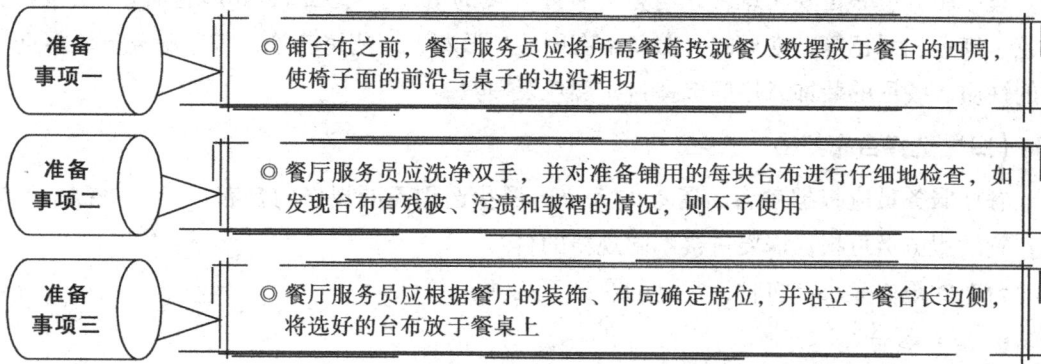

准备事项一	◎ 铺台布之前，餐厅服务员应将所需餐椅按就餐人数摆放于餐台的四周，使椅子面的前沿与桌子的边沿相切
准备事项二	◎ 餐厅服务员应洗净双手，并对准备铺用的每块台布进行仔细地检查，如发现台布有残破、污渍和皱褶的情况，则不予使用
准备事项三	◎ 餐厅服务员应根据餐厅的装饰、布局确定席位，并站立于餐台长边侧，将选好的台布放于餐桌上

图2-22　台布铺设准备事项

（二）进行铺设

餐厅服务员应在台布铺设前明确台布铺设要求，并按台布铺设方法进行铺设，具体内容说明如下。

1. 明确台布铺设要求

（1）单张餐台台布铺设要求。单张餐台（如长方形餐台、正方形餐台）台布铺设要求台布正面朝上，十字中缝居中，台布四边或四角均匀下垂。

（2）组合式餐台台布铺设要求。如餐台为一字形餐台、U字形餐台、马蹄形餐台、T字形餐台、E字形餐台、梳子形餐台等组合式餐台，若此餐台采用多块台布，则多块台布中间折缝应成一条直线，餐桌四周的台布缝边应该对齐，不可长短不一，台布接缝处的压缝一律位于餐厅内侧，宾客从入口处看不到台布接缝。

2. 选择合适的台布铺设方法进行铺设

常见的铺设台布的方法主要有推拉式铺台、推抖式铺台、抖铺式铺台和撒网式铺台四种，其具体说明如表2-9所示。餐厅服务员应根据每种方法的适用范围及铺设工作的具体需要，选择合适的铺设方法进行铺设，确保铺设的台布符合要求。

表2-9 台布铺设方法

方法	操作说明	适用范围
推拉式铺台	◆ 用双手将台布打开后放至餐台上，正面向上，左右两手捏住台布的一边，两手大拇指离台布中缝线距离各约50厘米（视台布大小而定），其余的台布分别夹在另外四指内，将台布贴着餐台平行推出去，再拉回来	◆ 适用于零点餐厅、较小的餐厅或有客人就座于餐台周围的情况
推抖式铺台	◆ 基本上类同于推拉式，不同的是在推的过程中，添加了抖的动作	◆ 主要适用于台面不太光滑的餐台
抖铺式铺台	◆ 用双手将台布打开，平行打折后将台布提拿在双手中，身体呈正位站立姿势，利用双腕的力量，将台布向前一次性抖开，在台布落台和向回拉动的过程中以中线为参照，调整台布的位置，进行准确定位，并平铺于餐台上	◆ 适合于较宽敞的餐厅，或餐台周围没有宾客就座的情况
撒网式铺台	◆ 用双手将台布打开，平行打折，呈右脚在前、左脚在后的站立姿势，双手将打开的台布提拿至胸前，双臂与肩平行，上身向左转体，下肢不动并在右臂与身体回转时，将台布斜着向前撒出去，当台布抛至前方时，上身转体回位并恢复至正位站立，这时台布应平铺于餐台上	◆ 适合于宽大场地或技术比赛场合

第四节　席位安排应知应会2件事

一、中餐席位安排

席位安排是餐厅服务员根据就餐的性质、主办单位或主人的特殊要求、宾客身份地位等确定就餐人员的席位。席位安排必须符合礼仪规范，尊重风俗习惯，便于席间服务。

中餐的席位排列关系到来宾的身份和主人给予对方的礼遇，是一项重要的内容。在不同情况下，中餐席位的排列有一定的差异，可以分为桌次排列和位次排列两个方面，具体如下。

（一）明确桌次排列要点

在中餐就餐中，往往采用圆桌布置菜品、酒水。圆桌就餐主要用于由两桌组成的小型宴请和由三桌或三桌以上的餐桌所组成的宴请两种情况，每种情况桌次排列的尊卑次序说明如图2-23所示。

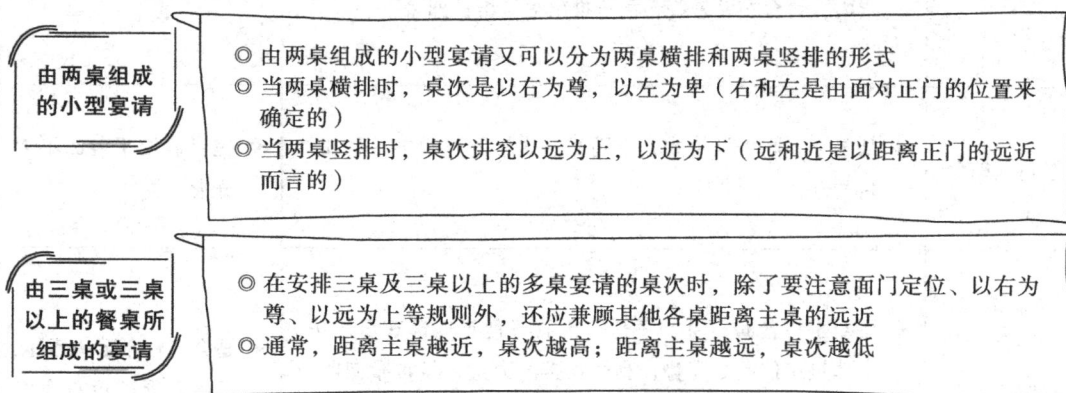

由两桌组成的小型宴请	◎ 由两桌组成的小型宴请又可以分为两桌横排和两桌竖排的形式 ◎ 当两桌横排时，桌次是以右为尊，以左为卑（右和左是由面对正门的位置来确定的） ◎ 当两桌竖排时，桌次讲究以远为上，以近为下（远和近是以距离正门的远近而言的）
由三桌或三桌以上的餐桌所组成的宴请	◎ 在安排三桌及三桌以上的多桌宴请的桌次时，除了要注意面门定位、以右为尊、以远为上等规则外，还应兼顾其他各桌距离主桌的远近 ◎ 通常，距离主桌越近，桌次越高；距离主桌越远，桌次越低

图2-23　桌次排列要点

餐厅服务员在安排桌次时，应注意所用餐桌的大小、形状要基本一致；除主桌可以略大外，其他餐桌都不要过大或过小。

为了确保在宴请时赴宴者及时、准确地找到自己所在的桌次，宴请人员可以在请柬上注明宾客所在的桌次；餐厅可在宴会厅入口悬挂宴会桌次排列示意图，安排引位员引导宾客按桌就座，或者在每张餐桌上摆放桌次牌等。

（二）掌握位次排列方法

中餐宴请时，每张餐桌上的具体位次也有主次尊卑的分别，具体内容说明如下。

1. 明确位次排列原则

餐厅服务员在进行位次排列时，应遵循右高左低、中座为尊、面门为上和特殊情况特殊处理原则，具体内容说明如图2-24所示。

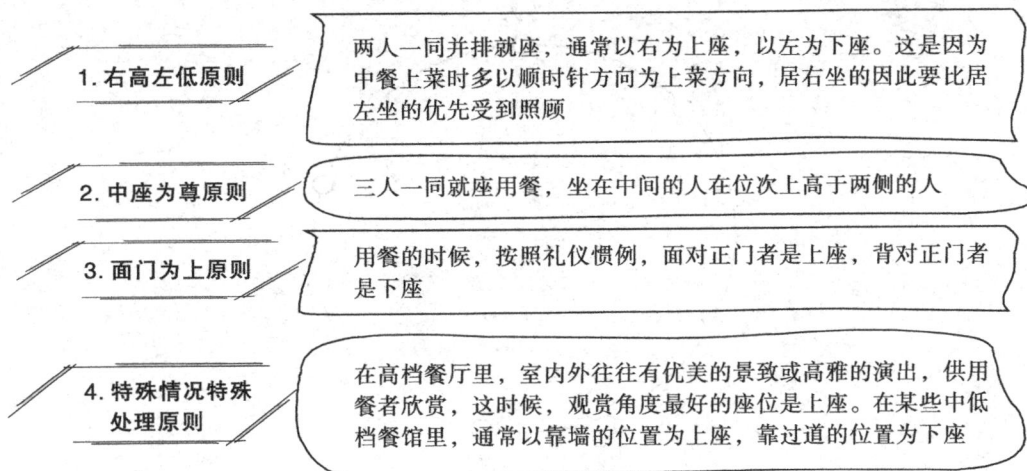

1. 右高左低原则	两人一同并排就座，通常以右为上座，以左为下座。这是因为中餐上菜时多以顺时针方向为上菜方向，居右坐的因此要比居左坐的优先受到照顾
2. 中座为尊原则	三人一同就座用餐，坐在中间的人在位次上高于两侧的人
3. 面门为上原则	用餐的时候，按照礼仪惯例，面对正门者是上座，背对正门者是下座
4. 特殊情况特殊处理原则	在高档餐厅里，室内外往往有优美的景致或高雅的演出，供用餐者欣赏，这时候，观赏角度最好的座位是上座。在某些中低档餐馆里，通常以靠墙的位置为上座，靠过道的位置为下座

图2-24 位次排列原则

2. 掌握位次排列常用方法

餐厅服务员应在排列位次前掌握中餐位次排列方法，以便按正确的排列方法为宾客排列座位。通常，中餐位次排列方法主要有图2-25所示的五种，在具体排列时，可选择使用其中一种方法或多种方法同时使用。

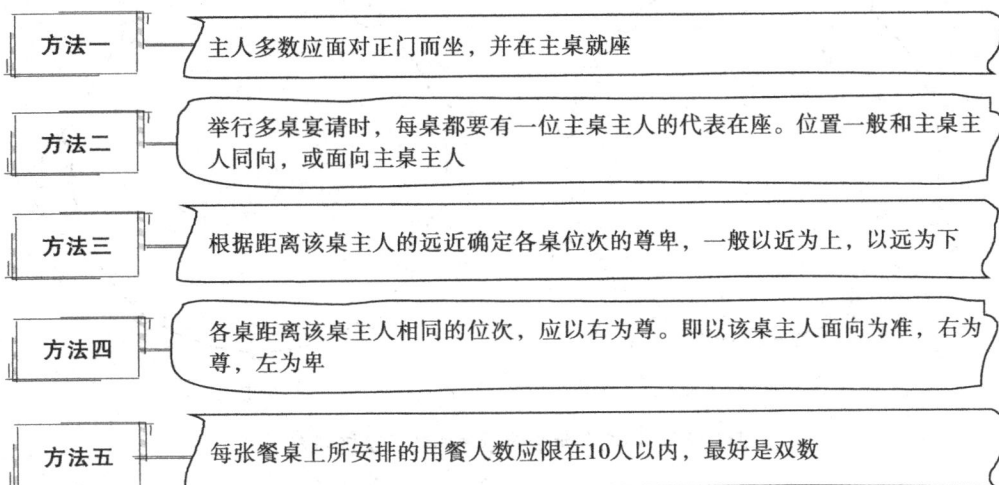

方法一	主人多数应面对正门而坐，并在主桌就座
方法二	举行多桌宴请时，每桌都要有一位主桌主人的代表在座。位置一般和主桌主人同向，或面向主桌主人
方法三	根据距离该桌主人的远近确定各桌位次的尊卑，一般以近为上，以远为下
方法四	各桌距离该桌主人相同的位次，应以右为尊。即以该桌主人面向为准，右为尊，左为卑
方法五	每张餐桌上所安排的用餐人数应限在10人以内，最好是双数

图2-25 位次排列方法

根据上面位次排列的五种方法，圆桌位次的具体排列可以分为以下两种情况。

（1）每桌一个主位的排列方法。特点是每桌只有一名主人，主宾在右侧就座；每桌只有一个谈话中心。具体如图2-26所示，图中的序号表示宾客的尊卑排序。

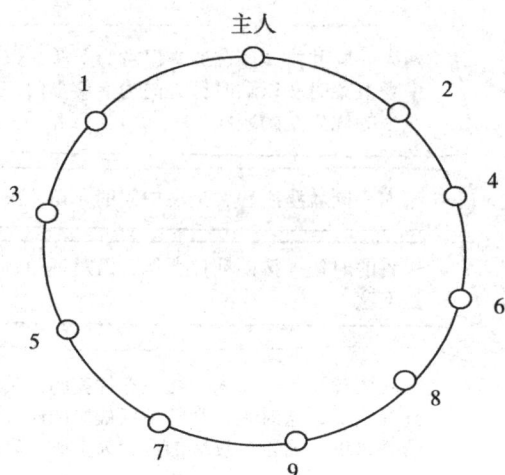

图2-26　每桌有一个谈话中心的位次排列方法

（2）每桌两个主位的排列方法。特点是主人夫妇在同一桌就座，以男主人为第一主人，女主人为第二主人，主宾和主宾夫人分别在男女主人右侧就座；每桌有两个谈话中心。具体如图2-27所示。

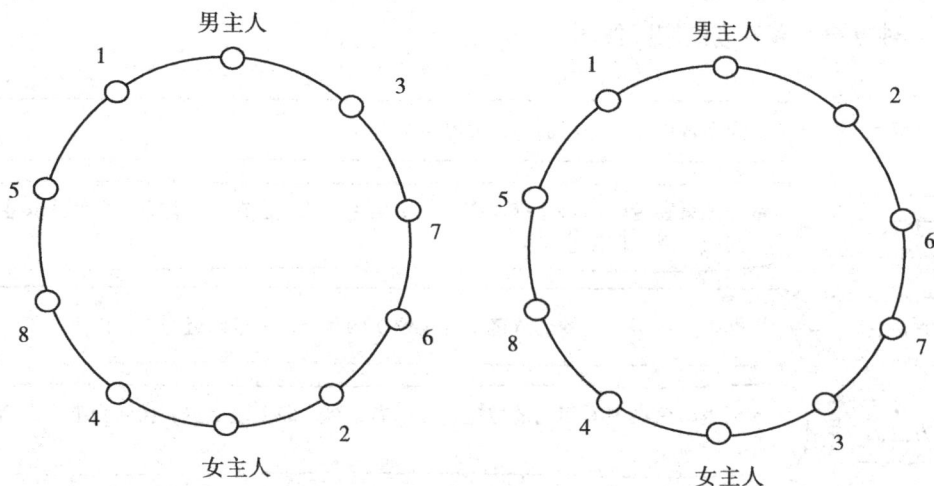

图2-27　每桌有两个谈话中心的位次排列方法

如果主宾身份高于主人，为表示尊重，也可以安排在主位就座，而请主人坐在主宾座位上，第二主人坐在主宾的左侧。但也可按常规安排。

为了便于宾客准确无误地在自己位次上就座，除主人要及时加以引导指示外，餐厅服务员还应在每位来宾所属位次正前方的桌面上，事先放置醒目的姓名座位卡。举行涉外宴请时，座位卡应以中、英文两种文字书写，中文在上，英文在下。必要时，座位卡的两面都写上用餐者的姓名。

二、西餐席位安排

西餐宴请通常以方台或长台为主，且长台居多。长台方便添加座位，当现场需要加座位或是桌子时，只要把相同大小的桌面并在一起，就可以很轻松地让宾客坐在同一桌前享用餐点。具体在安排西餐席位时，餐厅服务员需掌握以下知识。

（一）明确席位安排原则

西餐座位的排列原则主要有女士优先、距离定位、以右为尊、面门为上、交叉排列五项，具体说明如表2-10所示。

表2-10　西餐席位安排原则

原则	具体说明
女士优先	◆ 在西餐礼仪里，往往遵循女士优先的原则。安排用餐席位时，一般女主人为第一主人，在主位就座；男主人为第二主人，坐在第二主人的位置上
距离定位	◆ 西餐桌上席位的尊卑是根据其距离主位的远近决定的，距主位近的座位地位要高于距主位远的座位
以右为尊	◆ 排列席位时，以右为尊是基本原则 ◆ 在排列西餐席位时，第一主宾要排在女主人的右侧，第二主宾要排在男主人的右侧，按此原则，依次排列
面门为上	◆ 按礼仪的要求，面对餐厅正门的座位地位要高于背对餐厅正门的座位
交叉排列	◆ 排列西餐席位时，讲究交叉排列的原则，即男女应当交叉排列，男主宾要排在女主人的右侧，女主宾要排在男主人的右侧 ◆ 熟人和生人也应当交叉排列，在西方人看来，宴会场合是拓展人际关系的绝佳舞台，这样交叉排列，用意是让人们能多和周围宾客聊天认识，达到社交目的

（二）掌握席位排列方法

根据西餐席位排列原则，在安排用餐席位时，可参考以下两种常见的西餐席位排列方法。

1. 横向中间就座

在安排一字形长台的席位时，把主人和主宾安排在餐台的横向中间。第一主人坐在面门一侧的正中间，第一主宾坐在第一主人的右侧，第三主宾坐在第一主人的左侧；第二主人坐在第一主人对面，第二主宾坐在第二主人的右侧，第四主宾坐在第二主人的左侧，依此类推，具体如图2-28所示。

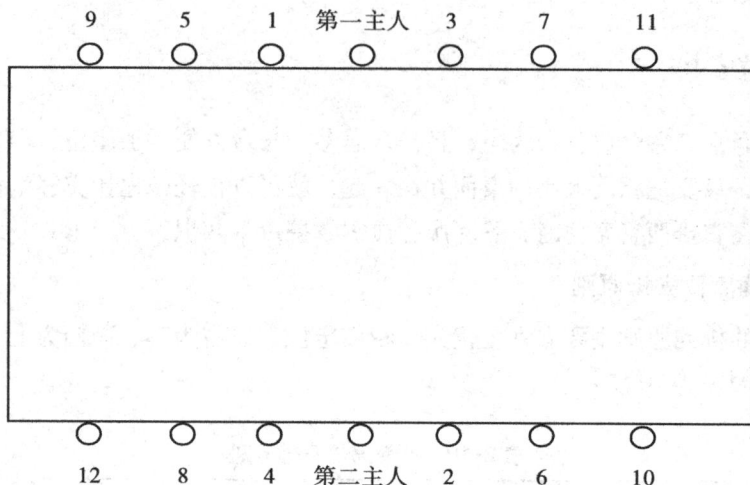

图 2-28　横向中间就座排列方法

2. 纵向两端就座

在安排一字形长台的席位时，把第一主人和第二主人安排坐在长台纵向的两端，第一主人坐在长台的上方，第一主宾坐在第一主人的右侧，第三主宾坐在第一主人的左侧；第二主人坐在第一主人的对面，第二主宾坐在第二主人的右侧，第四主宾坐在第二主人的左侧，依此类推，具体如图2-29所示。

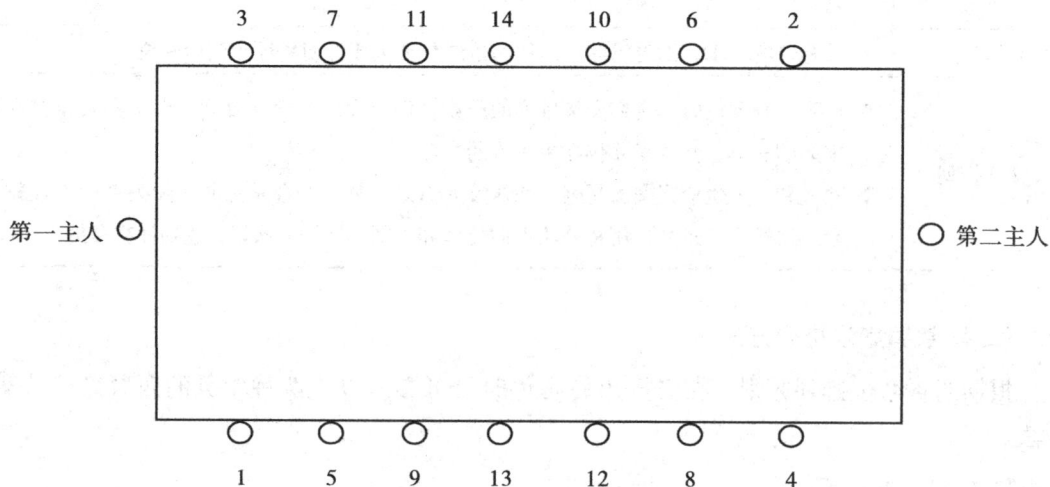

图 2-29　纵向两端就座排列方法

第五节　用具摆台应知应会3件事

一、中餐餐具摆放

餐具摆放要相对集中，各种餐具、酒具要配套齐全，距离相等，图案、花纹要对正，整齐划一，符合规范标准，做到既清洁卫生，又有艺术性，并方便宾客使用。

（一）明确餐具摆放顺序

餐厅服务员在摆放中餐餐具前，应明确餐具的摆放顺序。中餐餐具一般包括骨碟、酒杯、筷子、餐巾折花等，一般可通过托盘分五次摆放，具体摆放内容与摆放顺序说明如图2-30所示。

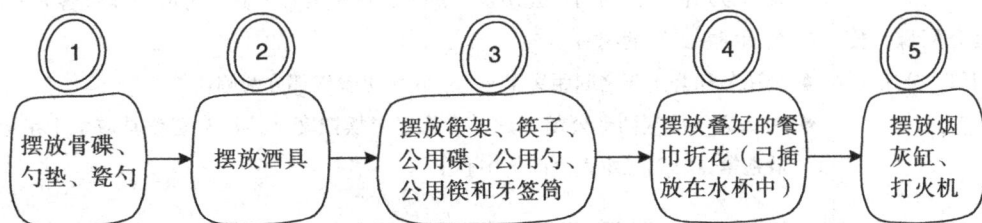

1	2	3	4	5
摆放骨碟、勺垫、瓷勺	摆放酒具	摆放筷架、筷子、公用碟、公用勺、公用筷和牙签筒	摆放叠好的餐巾折花（已插放在水杯中）	摆放烟灰缸、打火机

图2-30　中餐餐具摆放顺序

（二）掌握餐具的摆放规则

餐厅服务员应按照餐具的摆放顺序，并根据餐具的摆放规则摆放就餐所需的餐具。中餐餐具的摆放规则如表2-11所示。

表2-11　中餐餐具的摆放规则

项目	具体说明
1. 摆骨碟	◆ 将餐具码好放在垫好餐巾的托盘内，左手端托盘，右手摆放。要从第一主人席位开始按照顺时针方向依次摆放 ◆ 摆放时要求花纹（字头、店徽）要对正，协调一致，碟与碟之间距离要相等，碟边距桌边1厘米
2. 摆勺垫、瓷勺	◆ 勺垫摆在骨碟的正前方，瓷勺摆在勺垫的中央，瓷勺柄朝右，勺垫距碟边1厘米

（续表）

项目	具体说明
3. 摆酒具	◆ 葡萄酒杯应正对骨碟中心，葡萄酒杯底边距勺垫 1 厘米 ◆ 白酒杯摆在葡萄酒杯的右侧，杯与杯上沿距离 1 厘米 ◆ 酒具的花纹要正对客人，摆放时拿杯座，不能拿杯口
4. 摆筷架和筷子	◆ 筷架应放在骨碟的右侧，注意图案摆正，如果是动物图案，头一律朝左 ◆ 将带筷套的筷子放在筷架上，筷套的图案及文字要朝上对正，筷子末端距离桌边 1 厘米
5. 摆公用碟、公用勺、公用筷	◆ 公用碟应放置在第一、第二主人席位的正前方，碟边距葡萄酒杯底边 3 厘米，碟内分别横放公用勺和公用筷，筷子放在靠桌心一侧，勺放在靠近客人一侧，勺柄朝左，筷柄朝右 ◆ 公用勺和公用筷之间距离 1 厘米，筷子出餐碟部分两侧相等 ◆ 10 人以下应摆两套公用餐具，12 人以上摆四套。其他两套餐具应呈十字形摆放在第一、第二主人之间的中心上
6. 摆牙签筒	◆ 摆在公用碟的右侧，不出筷柄末端，不出公用碟的外切线
7. 摆餐巾折花	◆ 将叠好的餐巾折花插在水杯中，摆在葡萄酒杯的左侧
8. 摆放烟灰缸	◆ 从第一主人席位右侧开始，每隔两个席位摆放一个，烟灰缸前端应在水杯的外切线上。烟灰缸一般有三个架烟孔，其中一个架烟孔朝向桌心，另外两个朝向两侧的客人
9. 摆打火机	◆ 把打火机摆放在靠桌心侧，打火机火头朝里
10. 摆菜单、台号	◆ 10 人以下摆放两张菜单，分别摆在第一、第二主人席位的右侧，菜单底部距桌边 1 厘米；12 人以上摆四张菜单，呈十字形 ◆ 大型宴会应摆放台号，一般摆放在每张餐台的下首（次位较低的一边）。台号要朝向宴会厅的入口处，使宾客一进餐厅就能看到
11. 检查与调整	◆ 摆台完毕，再检查一遍有哪些物件摆得不够规范，并做适当调整

图 2-31 为中餐餐具摆放图示, 供读者参考。

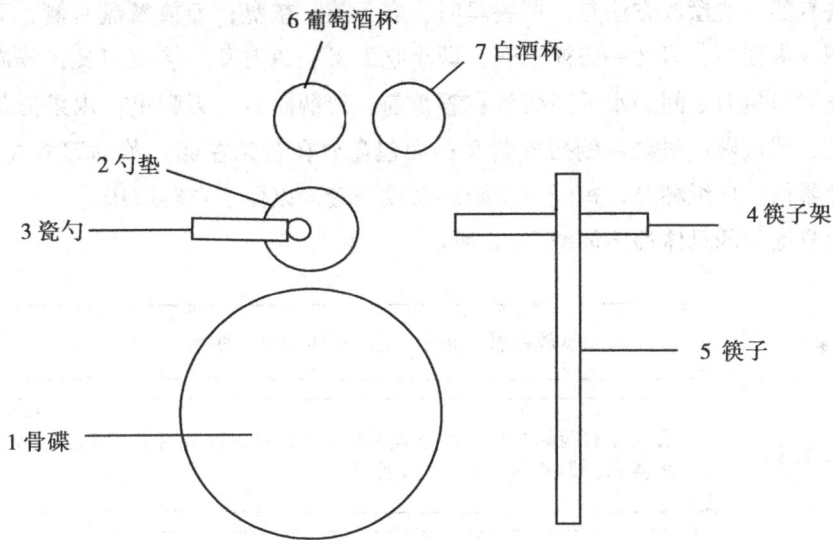

图 2-31　中餐餐具摆放图

二、西餐餐具摆放

餐厅服务员摆放西餐餐具前应明确西餐餐具的种类, 并按餐具种类与餐具摆放要求摆放相关餐具。具体如下所示。

(一) 明确西餐餐具种类

常见的西餐餐具主要有叉、刀、匙、专用餐具等, 具体内容说明如表 2-12 所示。

表 2-12　西餐餐具的主要种类

项目	具体说明
叉	◆ 叉主要包括糕饼叉、海鲜叉、甜点叉和餐叉等
刀	◆ 刀的种类有黄油刀、鱼刀、甜点刀、餐刀和肉排刀
匙	◆ 匙的种类很多, 常见的有冰茶匙、服务匙、甜点匙、清汤匙、咖啡 (茶) 匙和小杯咖啡匙
专用餐具	◆ 专用餐具是根据菜品而设置的, 常见的有龙虾签、龙虾叉、蜗牛叉、蚝叉、蜗牛夹钳等

（二）掌握西餐餐具摆放方法

西餐餐具的一般摆放方法是：摆餐盘时，底下放一垫盘；刀放餐盘右侧，刃朝里；叉摆餐盘左侧，尖朝前；刀叉一般摆三套，即小吃刀叉、鱼刀叉、热菜刀叉；汤匙放在餐盘右侧，小吃刀与鱼刀之间。水果刀横放在餐盘前，刀柄向右，刃朝里；水果刀与餐盘之间摆放甜点叉、甜点匙；餐盘左侧摆放餐叉；面包盘放在餐叉左侧；黄油刀放在面包盘上；五味瓶、牙签筒、口纸杯等，每隔一定距离摆放一套，以便于宾客取用。

西餐餐具摆放的具体程序如图2-32所示。

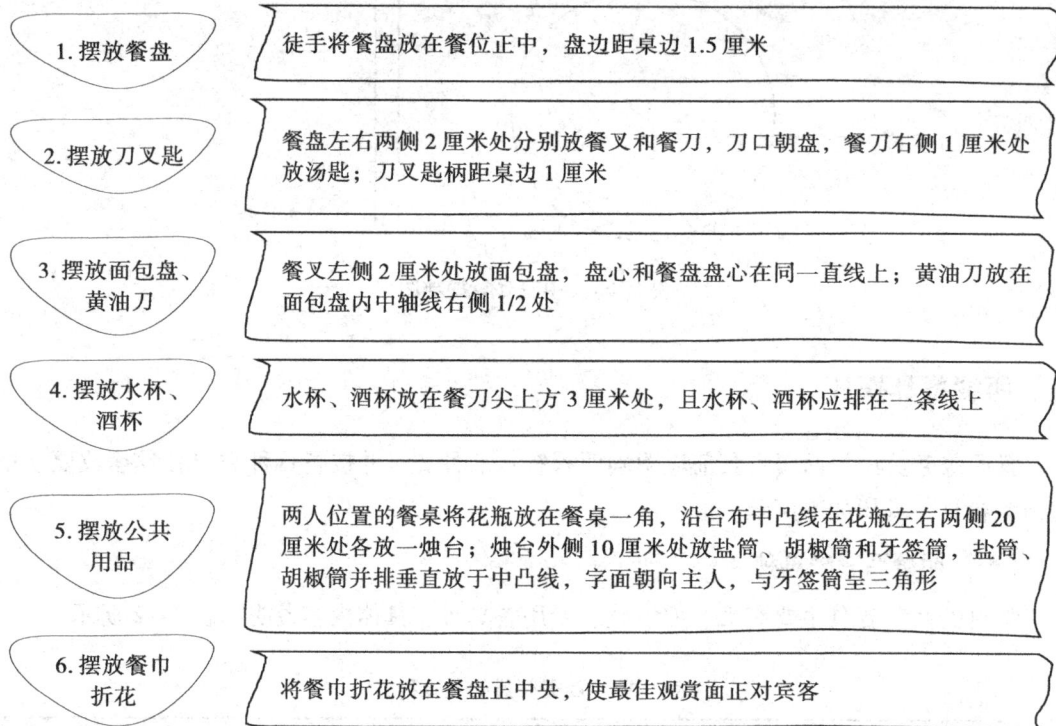

1. 摆放餐盘	徒手将餐盘放在餐位正中，盘边距桌边1.5厘米
2. 摆放刀叉匙	餐盘左右两侧2厘米处分别放餐叉和餐刀，刀口朝盘，餐刀右侧1厘米处放汤匙；刀叉匙柄距桌边1厘米
3. 摆放面包盘、黄油刀	餐叉左侧2厘米处放面包盘，盘心和餐盘盘心在同一直线上；黄油刀放在面包盘内中轴线右侧1/2处
4. 摆放水杯、酒杯	水杯、酒杯放在餐刀尖上方3厘米处，且水杯、酒杯应排在一条线上
5. 摆放公共用品	两人位置的餐桌将花瓶放在餐桌一角，沿台布中凸线在花瓶左右两侧20厘米处各放一烛台；烛台外侧10厘米处放盐筒、胡椒筒和牙签筒，盐筒、胡椒筒并排垂直放于中凸线，字面朝向主人，与牙签筒呈三角形
6. 摆放餐巾折花	将餐巾折花放在餐盘正中央，使最佳观赏面正对宾客

图2-32　西餐餐具摆放程序

西餐餐具摆放的示例见图2-33。餐厅服务员可按图示各餐具的位置摆放相关餐具。

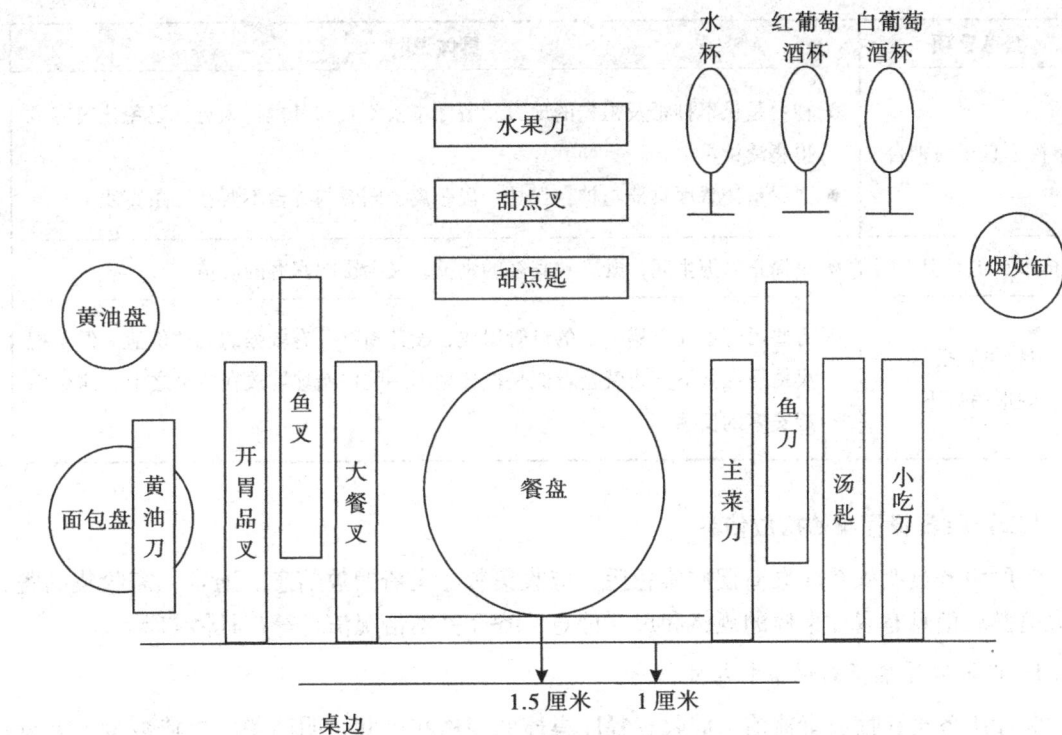

图 2-33 西餐餐具摆放图

三、餐厅桌椅摆放

桌椅是餐厅的重要组成部分，宾客进入餐厅，首先会看到桌椅。如餐厅桌椅摆放得合适，不但能够满足高峰期宾客的用餐需求，营造和谐的氛围，还能在视觉和感官上给宾客以最好的享受，增强宾客的食欲。

（一）明确餐厅桌椅摆放禁忌

餐厅服务员摆放桌椅前应明确餐厅桌椅摆放的禁忌，以便在不触犯禁忌的情况下，合理摆放桌椅，为餐厅营造良好的就餐气氛。餐厅桌椅摆放禁忌主要有四项，具体如表 2-13 所示。

表 2-13　餐厅桌椅摆放禁忌

禁忌事项	具体说明
桌椅不宜正对大门	◆ 若桌椅与大门成一条直线，站在门外便可以看见宾客在就餐，这样宾客会感觉不自在；而且，大门口人员进出频繁，宾客就餐会被打扰

（续表）

禁忌事项	具体说明
桌椅不宜正对神台	◆ 神台是供奉神祇及祖先的地方，餐厅桌椅不宜与其摆得太近，以免让宾客觉得亵渎神灵 ◆ 要尽量使餐厅桌椅与神台保持一段距离，同时与神台不要在一条直线上
桌椅不宜正对卫生间	◆ 桌椅正对卫生间，既影响宾客的食欲，又会影响宾客的心情
桌椅不宜摆在烛形吊灯下	◆ 有些吊灯由几支蜡烛形的灯管组成，设计新颖，有较强的观赏价值，但若把桌椅摆在其下方，就会看似是把长短不一的白蜡烛堆放在餐桌之上，这会引起宾客的反感

（二）收集餐厅桌椅摆放信息

餐厅服务员明确餐厅桌椅摆放禁忌后，应收集餐厅桌椅摆放信息。通常，需收集的餐厅桌椅摆放信息有餐厅桌椅的规格和尺寸信息、餐厅基本情况信息等，具体如下。

1. 收集餐厅桌椅的规格和尺寸信息

餐厅服务员在摆放桌椅前，应收集餐厅桌椅的规格和尺寸，明确餐厅桌椅数量。常见的餐厅桌椅的规格和尺寸说明如下。

（1）餐桌

常见的餐桌有圆形、方形和长方形三种。在餐桌类型上，既有 2 ~ 4 个座位的小桌子，也有 8 ~ 10 个座位的大桌子。方桌还可以拼起来接待有需要的小型团队用餐。常见餐桌的规格与尺寸如表2-14 所示。

表2-14 常见餐桌的规格与尺寸

项目	具体说明
二人桌	◆ 边长为 0.76 米的正方形餐桌
四人桌	◆ 边长为 1 米的正方形餐桌 ◆ 直径为 1 米的圆桌 ◆ 面积为 1.37 米 ×0.76 米的长方形桌
八人桌	◆ 直径为 1.52 米的圆桌
十人桌	◆ 直径为 1.80 米的圆桌
大台子	◆ 其余需要的大台子可以用小桌子进行拼合

（2）餐椅

餐椅主要有宴会座椅和扶手椅两种。常见的餐椅尺寸规格如下。

① 宴会座椅：座位面积 0.46 米 × 0.46 米，椅背高 0.46 米。

② 扶手椅：座位面积 0.46 米 × 0.61 米，椅背高 0.46 米。

2. 收集餐厅基本情况信息

餐厅服务员应通过直接与上级、餐厅行政人员沟通等方式对餐厅基本信息进行收集。需收集的餐厅基本信息如图 2-34 所示。

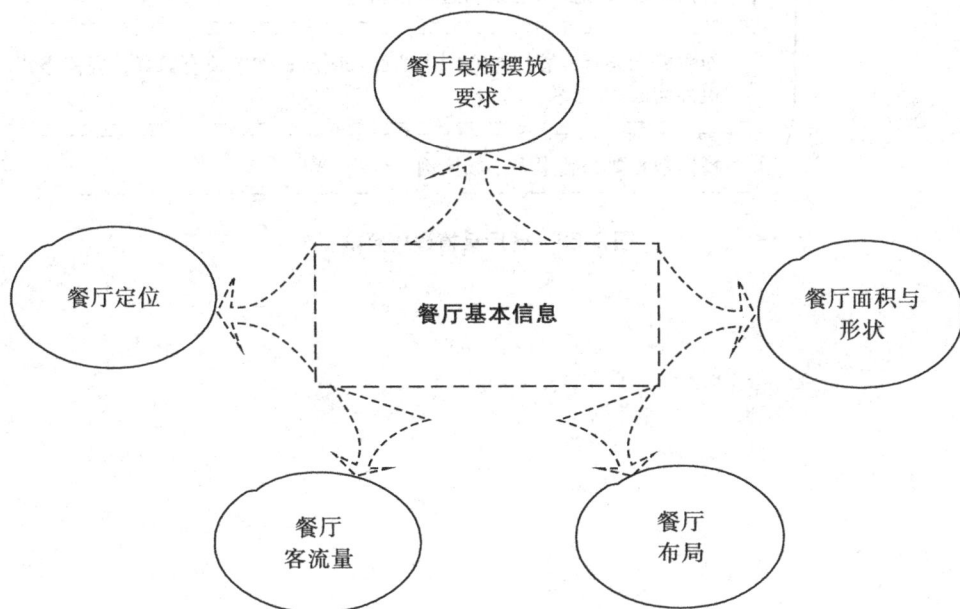

图 2-34　需收集的餐厅基本信息

（三）摆放桌椅

餐厅服务员应根据餐厅桌椅数量及规格尺寸、收集的餐厅基本信息，结合桌椅摆放禁忌等，确定过道预留面积，合理摆放桌椅。

通常，桌椅摆放要符合图 2-35 所示的要求，以达到桌椅摆放整齐有序，方便宾客就餐，使宾客对餐厅留下良好的印象。

餐厅桌椅摆放要求

- 桌椅摆放要与餐厅装修环境、餐厅经营理念、餐厅性质相宜
- 桌椅摆放要在整齐有序的同时体现餐厅的特色
- 桌椅摆放要以方便宾客用餐及走动为主要原则
- 餐椅的材质要与餐桌的材质相匹配
- 餐椅座位边缘要与餐桌的边缘相切
- 如餐椅无靠背，餐椅中心距离墙面70厘米；如餐椅有靠背，餐椅靠背距离墙面20厘米
- 餐椅数量要与餐桌大小成比例

图2-35　餐厅桌椅摆放要求

第三章

迎宾接待

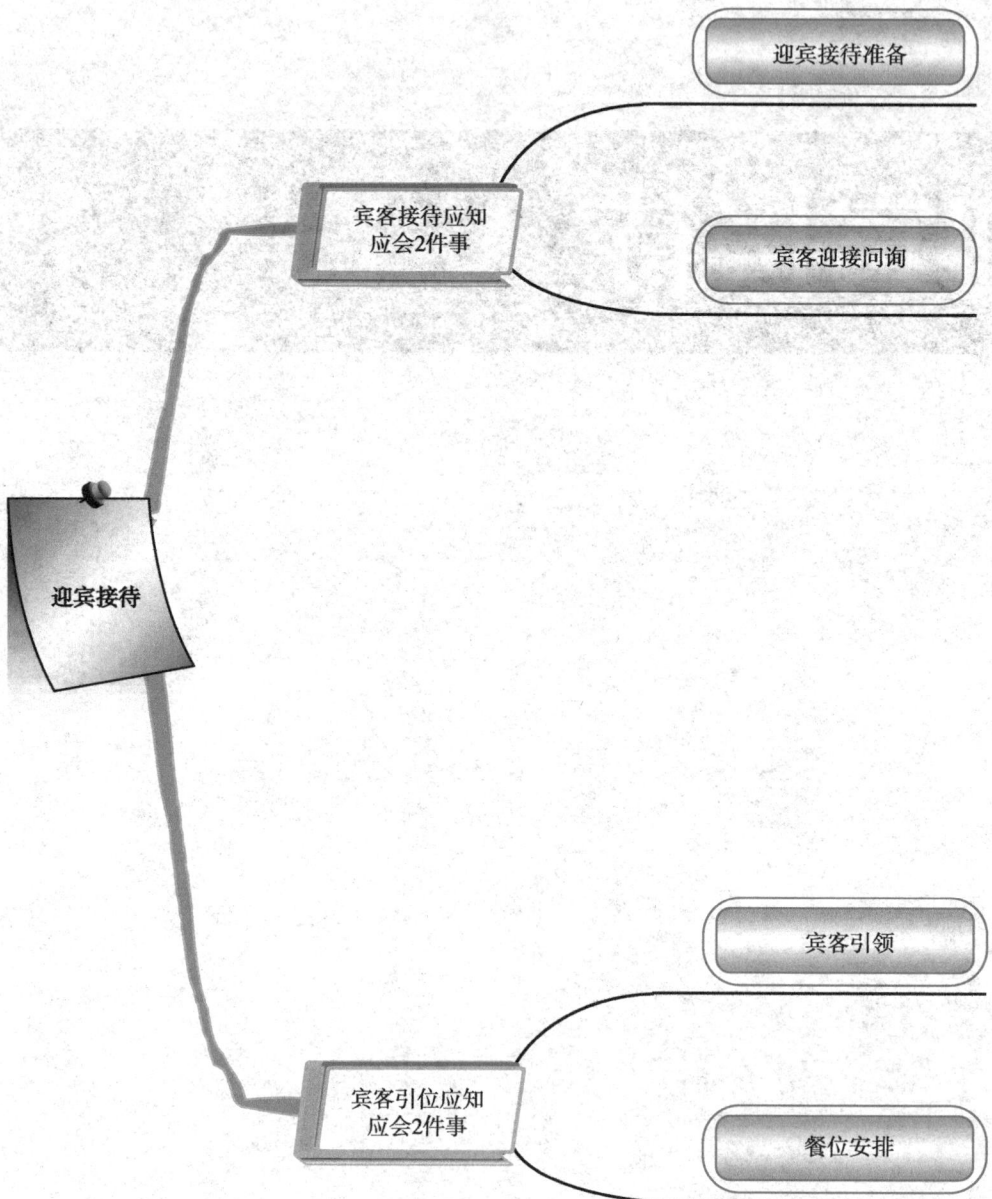

第一节　宾客接待应知应会 2 件事

一、迎宾接待准备

迎宾接待是餐厅日常工作必不可少的环节之一。良好的开端是成功的一半，因此对于整个餐饮服务工作来说，餐厅服务员做好迎宾接待工作是非常重要的。迎宾接待首先应做好相关准备工作，如环境准备、上班次遗留问题处理、卫生检查、形象整理与检查等。

（一）环境准备

就餐环境是影响宾客选择就餐场所的重要因素。宾客如果在就餐前就能感觉到就餐环境的卫生、安全、幽静、轻松，便会感到舒心和愉快，进而形成良好的初步印象。因此，迎宾服务员应做好环境准备工作，包括外部环境准备和内部环境准备，具体如图 3-1 所示。

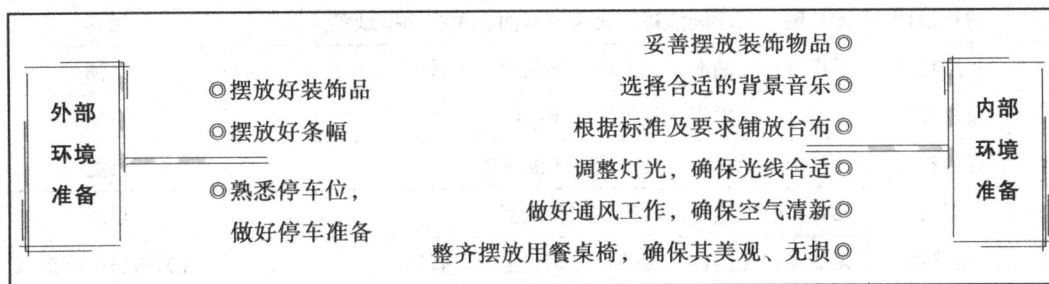

图 3-1　环境准备工作内容

（二）上班次遗留问题处理

在正式开始迎宾接待前，迎宾服务员应该查询一下上班次有没有遗留下什么问题或工作，及命令的执行情况，应在处理完毕相关工作或问题的基础上再继续开展本班次的餐饮服务工作，以免在本班次餐饮服务过程中出现突发性事件。

（三）卫生检查

迎宾服务员在正式迎宾接待前应认真检查餐厅卫生保洁情况，保证餐厅各个部位的卫生质量达到要求。卫生检查的具体项目如图 3-2 所示。

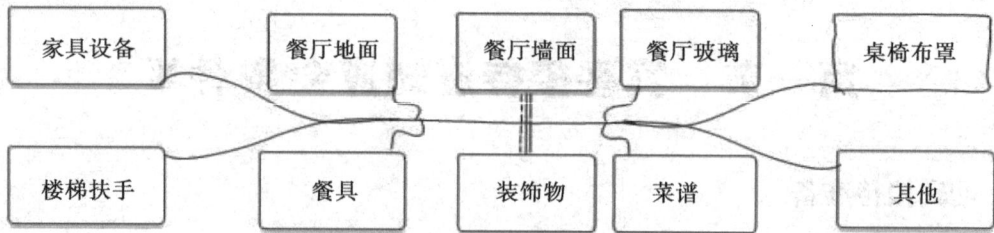

图 3-2　卫生检查的项目

　　针对以上卫生检查的项目，迎宾服务员在正式开始迎宾接待前，应检查这些项目的卫生状况是否符合餐厅既定的要求。具体检查要求及方法如表 3-1 所示。

表 3-1　卫生检查的要求与方法

序号	检查项目	检查要求	检查方法
1	家具电器	无油渍、无水迹、无灰尘、无手印、无划痕、无噪音、屏显颜色正常、无抖动、电源接触良好、开启及运转正常	目测和餐巾纸擦拭
2	餐厅地面	无油渍、无水迹、无杂物、无烟头纸屑	目测
3	餐厅墙面	无蛛网、无涂画痕迹、无脱落墙面、无翘起壁纸等	目测
4	餐厅玻璃	无指纹、无油渍、无水迹、无灰尘、无破损	目测
5	桌椅布罩	无污迹、无破损、颜色形状风格统一	目测
6	楼梯扶手	无灰尘、无污迹、无油渍、无断裂等	目测
7	餐具	无残留的饭渍、无破损、完整配套	目测
8	装饰物	无油渍、无污迹、无杂物、无灰尘、无破损	目测和餐巾纸擦拭
9	菜谱	无灰尘、无油渍、无破损	目测
10	其他	电话机、对讲机、书、报、杂志等应干净、整洁、无灰尘、无油渍	目测和餐巾纸擦拭

（四）形象整理与检查

　　迎宾服务员形象整理是迎宾接待前的重要准备工作之一，作为直接面对宾客的服务员，拥有良好的形象，能给宾客带来愉悦的心情，提升餐厅整体服务档次。迎宾服务员个人形象整理完毕后，应相互检查或者对照镜子自检，以确保形象符合餐厅要求。具体检查项目及内容如表 3-2 所示。

表3-2　形象检查项目与内容

检查项目	具体检查内容
头发	◎ 检查头发是否梳理整齐大方 ◎ 检查头发长短是否合适，发型是否怪异，是否染发
面部	◎ 男士检查是否有明显的胡茬儿 ◎ 女士检查妆容是否清淡，是否需补妆
手	◎ 检查手部及指甲是否清洁 ◎ 检查指甲是否过长或涂指甲油
制服	◎ 检查是否统一穿着制服，衣扣是否扣好，制服是否干净、无污迹 ◎ 检查衬衫下摆是否束在裤或裙内
鞋袜	◎ 检查鞋袜颜色是否符合规定 ◎ 检查鞋袜是否清洁、无异味、无破损
胸卡	◎ 检查是否佩戴胸卡，胸卡是否统一佩戴在左胸前
饰物	◎ 检查是否佩戴多余首饰 ◎ 检查首饰造型是否夸张、奇怪

（五）保持正确站姿

迎宾服务员的站姿是影响服务员整体精神面貌的关键，正确的站姿能给人以优雅、精神、充满活力的印象。因此，服务员应遵守站姿规范，并相互检查各自的站立姿势，确保符合餐厅的要求。

1. 男迎宾服务员的站姿

男迎宾服务员的标准站姿为身体端正，抬头，挺胸，收腹，两眼平视前方，嘴微闭，面带微笑，双肩平直，双臂自然下垂，背于身后，右手搭在左手上，不可将双手叉在腰上或抱于胸前，双脚与肩同宽，双腿绷直，防止重心偏左或偏右。男迎宾服务员标准站姿如图3-3所示。

图3-3 男迎宾服务员的标准站姿

2. 女迎宾服务员的站姿

女迎宾服务员的标准站姿为身体端正，抬头，挺胸，收腹，两眼平视前方，嘴微闭，面带微笑，双肩平直，双臂自然下垂，双手交叉于腹部，右手搭在左手上，拇指交叉，双膝并拢，双腿间无缝隙，双脚呈 V 形站立，后脚跟靠紧，前脚掌分开距离约两拳。女迎宾服务员标准站姿如图3-4所示。

图3-4 女迎宾服务员的标准站姿

（六）站立在正确位置

迎宾接待开始前，迎宾服务员应站立在自己应该站立的位置。通常迎宾服务员的正确迎宾位置为餐厅门口或餐厅入口主道两侧。具体如图 3-5 及图 3-6 所示。

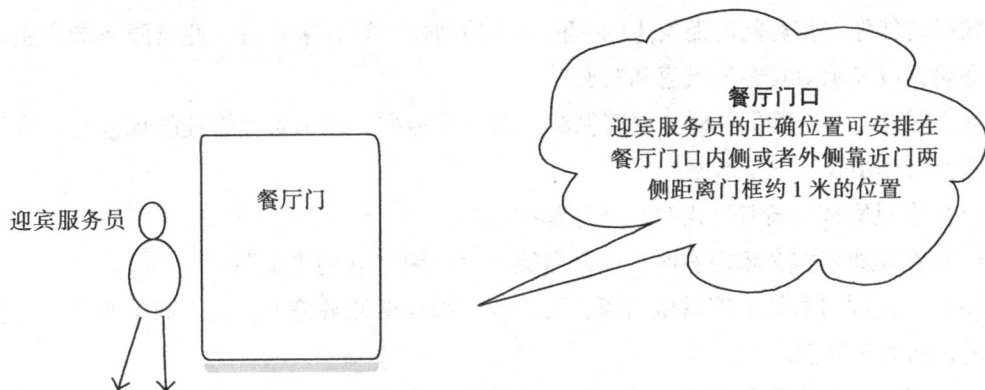

图 3-5　餐厅门口迎宾位置

图 3-6　餐厅入口主道两侧迎宾位置

二、宾客迎接问询

迎宾服务员应按着装规定及站姿标准，站立于指定的位置迎接来宾，见到宾客来临时应面带微笑，主动迎上前去，向宾客鞠躬示意，并主动为其拉门，询问其是否预订等。

无论面对什么样的宾客，迎宾服务员在问候时均应该注意声情并茂，口齿清晰，语气温和，态度友好，力争通过有声的语言和无声的动作使餐饮服务富有特色，富有感情，进而使宾客在用餐之前就能感到亲切和温馨。

（一）宾客迎接鞠躬示意

1. 行鞠躬礼的操作步骤

鞠躬是伴随着宾客问询而发生的一种郑重的动作。宾客来临时，迎宾服务员应主动向宾客鞠躬，以表示对宾客的敬意和欢迎。

迎宾服务员在行鞠躬礼时，要遵循统一的操作标准，以示餐厅管理的规范性。具体动作规范及操作步骤，如下所示：

（1）看见宾客向着餐厅走来，做好鞠躬准备；

（2）在距离宾客2米左右时，面带微笑并大声说"欢迎光临"；

（3）与此同时身体上部微微前倾，男士双手贴在两侧裤缝上，女士双手四指重叠置于小腹前，向宾客鞠躬示意；

（4）迎宾接待人员鞠躬完毕后，随即上前问询来宾用餐事宜；

（5）引领宾客入位。

鞠躬礼的标准姿势如图3-7所示。

图3-7　鞠躬礼的标准姿势

2. 行鞠躬礼的操作要点

迎宾服务员行鞠躬礼时，要注意以下要点。

（1）首先应立正站好，身体端正，双臂自然下垂，男士双手贴在两侧裤缝上，女士双手交叉置于小腹前，身体上部向前倾斜 15～30 度。

（2）面带微笑并问候"您好，欢迎光临"等，随后身体恢复站立的姿势。

（3）鞠躬时应注意不能戴帽鞠躬；目光应向下看，表示一种谦恭的态度；不能叼着香烟或吃东西。

（二）宾客问询语言标准

迎宾服务员在进行迎宾问询时应注意语言要规范，以体现餐厅服务员的良好素养和个人形象。通常针对不同的情形和不同的宾客，迎宾服务员应按照宾客问询的语言标准，灵活处理，具体如表 3-3 所示。

表 3-3　宾客问询的语言标准

序号	情形	问询语言标准
1	见面问候语	"下午好/中午好/早上好/欢迎光临"
2	问询宾客人数	"先生/小姐，请问您有几位"
3	确认预订情况	若是无法确定宾客有无预订，应询问："先生（小姐），欢迎光临，请问您有没有预订"
4	没有预订时	若宾客表示没有预订，应征求宾客意见是需要宴会还是零点
5	已预订但订餐名单上没有的宾客	"请稍等，我马上帮您查一下"
6	订餐台也没有查到相关信息	"先生/女士，对不起，今天没有这个单位订餐，您看是不是以别的名义安排的，我帮您查一下""这样您先在大厅稍等一下，看看其他的宾客是否到了"或"您看是不是方便联系一下其他宾客"

（三）宾客迎接问询注意事项

另外，迎宾服务员在进行宾客迎接问询时，还应注意以下事项。

（1）若宾客是残疾人、老年人等行动不便的人群，应主动走上前去搀扶，表示欢迎。

（2）对于已预订但订餐名单上没有的宾客，迎宾服务员应立即帮助宾客查询。如果没有查到相关信息，迎宾服务员可委婉地告知宾客，并问询其是否可以在候餐区稍等一下或者是联系其他宾客。如果宾客要求先就座，迎宾服务员应根据宾客数量安排合适的空闲餐位。

（3）对于没有预订的宾客，迎宾服务员应问询宾客就餐人数，请其稍等并迅速查询是否有合适的餐位；如有，应进一步问询并登记其姓名及联系方式，之后引领其到相应的餐位。

（4）对于没有预订且餐位已经订满时，迎宾服务员应道歉并递送订餐卡，同时问询客人是否愿意在候餐区等候。

第二节　宾客引位应知应会 2 件事

一、宾客引领

（一）宾客引领的动作要领

迎宾服务员在引领宾客至餐位时，应注意动作的规范性。动作的规范性主要体现在步伐、手势和礼貌用语等方面。

必要时，迎宾服务员可以首先使用相应的礼貌用语进行餐位确认，如"先生/小姐，您订的是××包间（××号桌）吗？请随我来（您这边请）"，同时伸手示意。

迎宾服务员在做"请随我来"，或者"里面请"的手势时，要注意动作的标准性，具体的宾客引领动作分解如图 3-8 所示。

1. 右手自然握拳，同时抬起右臂，提起右手腕，从小腹前顺时针向上画弧

2. 拳头旋转至右肩前上方

3. 以肘关节为轴，将小臂向身体右侧展开

4. 待小臂与大臂展开成大约 120 度角时，伸直手掌及四指，掌心朝向斜前方，五指并拢朝向所指方向

5. 保持几秒（迎宾服务员的身体也可以略微右前倾，以示亲切）

图 3-8　引领动作分解

（二）宾客引领的操作步骤

迎宾服务员应将宾客引领至餐位，餐位引领分两种情况：一种是事先预订餐位的宾客引领；另一种是没有事先预订餐位需要进一步寻找合适餐位的宾客引领。

1. 事先预订餐位的宾客引领

如果宾客已经事先预订好了餐位，应该按照以下步骤进行宾客引领，如图 3-9 所示。

图 3-9 事先预订餐位的宾客引领步骤

2. 未事先预订餐位的宾客引领

如果宾客没有事先预订餐位，则迎宾服务员应按以下步骤引领宾客就座，如图 3-10 所示。

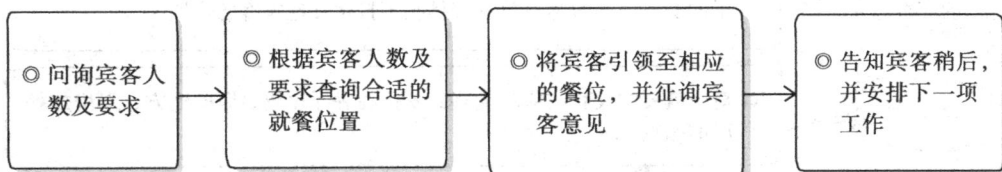

图 3-10 未预订餐位的宾客引领步骤

针对没有事先预订餐位的宾客，若碰巧餐位已满，迎宾服务员应委婉告知宾客餐位已满，并邀请其在候餐区等候片刻，同时转交给候餐区服务人员，为其提供相应的候餐服务；对于不愿意等候的宾客，迎宾服务员应礼貌送离，并欢迎下次光临。

（三）宾客引领的注意事项

（1）在引领时，迎宾服务员应走在宾客左侧前方大约 2~3 步处，按照宾客的步履快慢行走，且在每个拐弯处都应侧身伸手示意，并附加礼貌用语："您这边请。"

（2）引领宾客时，迎宾服务员应不时地用眼睛余光观察宾客是否跟上，要不时地回头示意宾客不用着急，上台阶时提醒宾客慢点，注意安全。

二、餐位安排

餐位安排是宾客进入餐厅后接受的第一项服务，规范合理的餐位安排能使宾客对餐厅留下良好的印象。

（一）餐位安排技巧

餐位安排有一定的技巧可循，迎宾服务员在具体安排餐位时应注意灵活使用。

1. 针对不同人群的餐位安排技巧

针对不同的就餐人群，餐位安排可使用不同技巧，具体内容如图3-11所示。

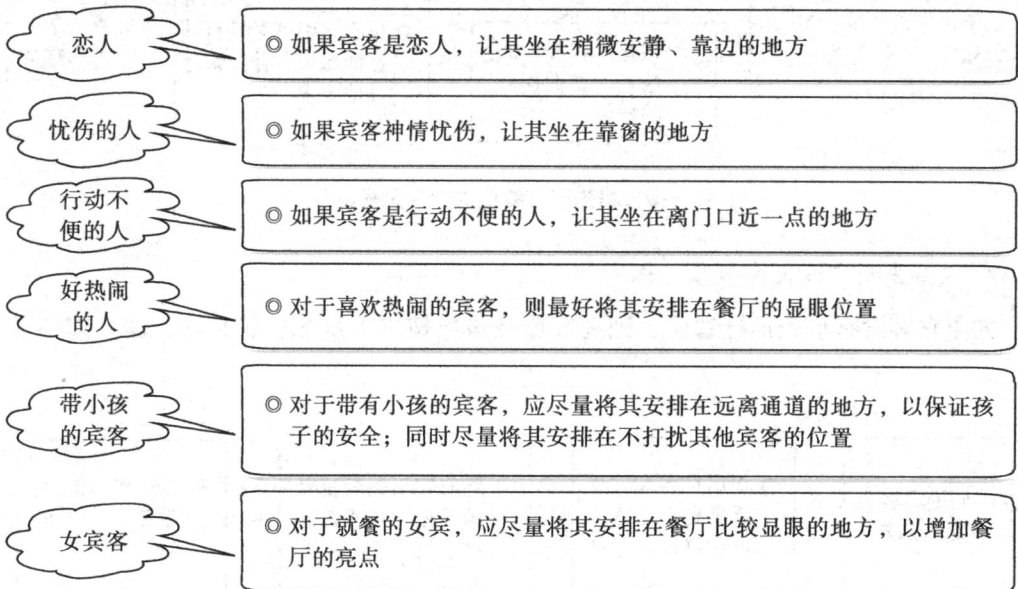

恋人	◎ 如果宾客是恋人，让其坐在稍微安静、靠边的地方
忧伤的人	◎ 如果宾客神情忧伤，让其坐在靠窗的地方
行动不便的人	◎ 如果宾客是行动不便的人，让其坐在离门口近一点的地方
好热闹的人	◎ 对于喜欢热闹的宾客，则最好将其安排在餐厅的显眼位置
带小孩的宾客	◎ 对于带有小孩的宾客，应尽量将其安排在远离通道的地方，以保证孩子的安全；同时尽量将其安排在不打扰其他宾客的位置
女宾客	◎ 对于就餐的女宾，应尽量将其安排在餐厅比较显眼的地方，以增加餐厅的亮点

图3-11　针对不同人群的餐位安排技巧

2. 针对不同数量宾客的餐位安排技巧

针对就餐宾客的不同数量，迎宾服务员应安排大小相适应的餐位，使宾客就餐人数与桌面的容纳能力相匹配，以便充分发挥餐厅的服务能力。

3. 第一批就餐宾客餐位安排

对于第一批进入餐厅就餐的宾客，应尽量安排在挨着餐厅入口的位置或者挨着窗户的地方，营造一种"餐厅人气很旺"的气氛。

总之，领位人员要礼貌地将所有到餐厅用餐的宾客安排到合适的餐位就餐，除了要做到根据宾客的习性、特征安排餐位外，还要做到随时掌握餐厅内的情况，以便随机应变地安排宾客就座。

（二）餐位安排的注意事项

迎宾服务员在为宾客安排餐位时，应注意以下事项。

（1）引领入位后，应征询宾客意见

迎宾服务员将宾客带到餐位后，应先征询宾客的意见："先生/小姐，请问这个位置您满意吗？"如果宾客不满意，应在条件许可的情况下，尽量根据其要求予以更换。如果宾客要求的餐桌已有预订，应做出解释和建议："先生/小姐，非常抱歉，这张餐桌已被预订了，您看那张餐桌行吗？"

（2）餐厅满座时，要向宾客说明情况并提出建议

用餐高峰期时，餐厅内暂无空位，迎宾服务员要向宾客表示歉意，说明情况："先生/小姐，非常抱歉，餐厅现在客满，您是否愿意在候餐区稍等片刻，餐桌准备完毕，我将即刻通知您。"

宾客因不能耽误时间而要离去，迎宾服务员应热情相送至大门口，同时递送订餐卡；如宾客表示可以等候，马上安排宾客在候餐区沙发就座，及时倒水，并示意宾客可以看看报刊杂志。为宾客提供菜单，座位安排好后，引领客人并与服务员交接菜单。

（3）宾客入座后，应主动拉椅让座

宾客对餐桌表示满意后，迎宾服务员应主动协助宾客落座。具体规范为迎宾服务员帮助宾客将椅子拉开，当宾客欲坐下时，用膝盖顶一下椅背，双手同时往前送一下，确保让宾客坐在离桌边最合适的位置。一般以宾客坐下时，前胸与餐桌之间的间隔 10～15 厘米为宜。

（4）宾客交接及礼貌离开

宾客入座后，迎宾服务员应递上菜单，示意宾客浏览菜单，为宾客安排点餐服务员，祝宾客用餐愉快，然后后退两小步，转身离去，回到迎宾前厅，而不应该在宾客身边直接转身离去。若点餐服务员不在附近，需即时将有关新到客人的情况知会他们。

第四章

点餐服务

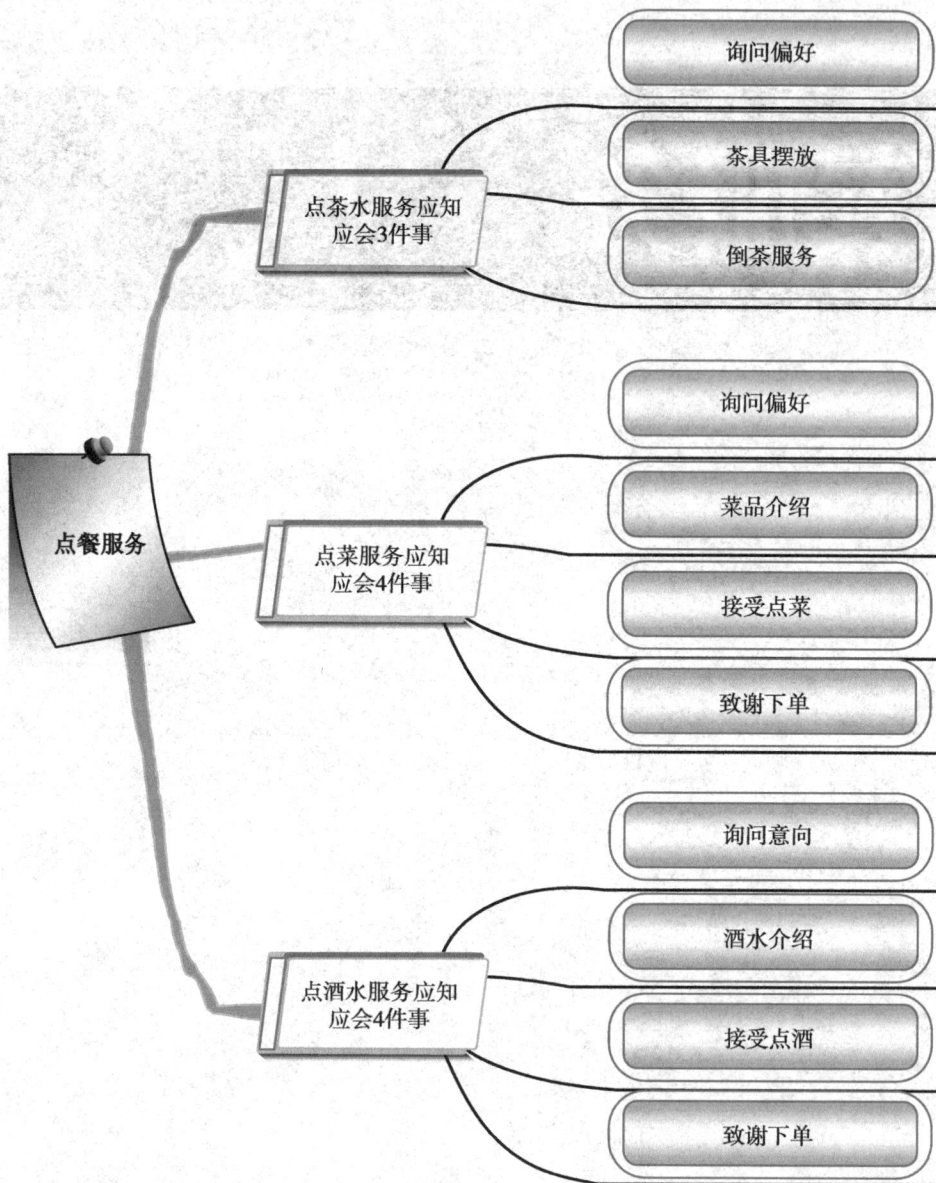

第一节 点茶水服务应知应会3件事

一、询问偏好

茶水服务是餐厅服务的重要组成部分，也是体现餐厅服务特色的重要手段之一。喝茶可以让宾客进入餐厅后有适当的休息时间，让宾客有宾至如归的感觉。茶水服务做出特色，需在服务的质量上、细节上下好功夫，这样才能使餐厅服务锦上添花。

（一）茶水询问语言标准

宾客入座后，在正式供应茶水前，服务员应征询宾客的意见，注意使用礼貌用语，如"您好""请问"等，如图4-1所示。

图4-1　茶水询问语言标准

（二）茶水建议

在宾客拿不定主意的时候，服务员要遵循以下原则，为宾客提供建议，如图4-2所示。

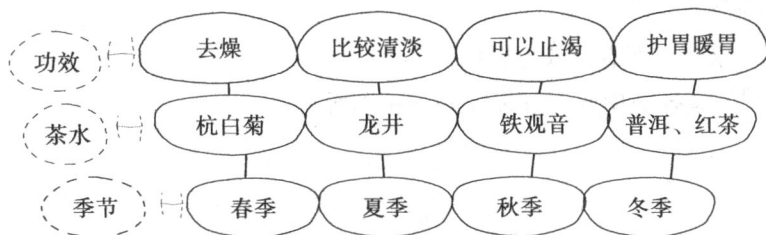

功效	去燥	比较清淡	可以止渴	护胃暖胃
茶水	杭白菊	龙井	铁观音	普洱、红茶
季节	春季	夏季	秋季	冬季

图4-2　茶水建议原则

服务员在介绍完茶水之后，应附带着向宾客介绍一下茶水的价位，以确保宾客对茶水的关键信息有所了解。

二、茶具摆放

（一）茶具摆放标准

在确定好茶水之后，服务员应为宾客提供饮用茶水的相应茶具。茶具的摆放动作及摆放位置也应该严格按照餐厅的操作规范执行。

1. 茶具摆放动作标准

摆放茶具前，服务员应先将需要的茶具整齐摆放在托盘内，再走到需要摆放茶具的餐桌前，开始摆放茶具。茶具摆放动作标准为服务员左手托托盘，右手摆放；摆放茶杯时，应捏住茶杯自杯口往下 1/3 处，禁止拿茶杯杯口，以确保摆放平稳及干净卫生。具体如图4-3所示。

手指捏住茶杯自杯口往下1/3处

图4-3　茶具摆放动作标准

2. 茶具摆放位置标准

（1）茶杯、茶碟与茶壶摆放位置标准

茶杯、茶碟与茶壶的摆放位置标准如图4-4所示。

茶碟的摆放位置
茶碟边与桌边相距 1.5 厘米，位置一般在宾客右前方

茶壶的摆放位置
茶壶放在茶杯的右前方，茶壶嘴不准对向宾客，应向右倾斜 45 度

茶杯的摆放位置
茶杯放在茶碟上，杯把向右与茶碟平行

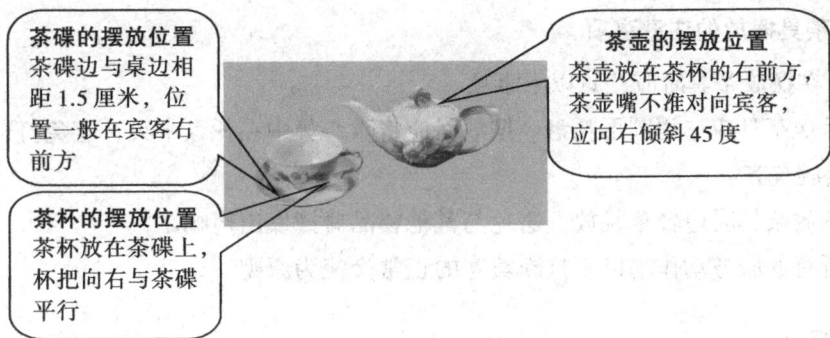

图 4-4　茶具摆放位置标准

（2）茶杯与酒杯位置标准

餐桌上同时有酒杯和茶杯时，茶杯与酒杯的摆放位置标准如图 4-5 所示。

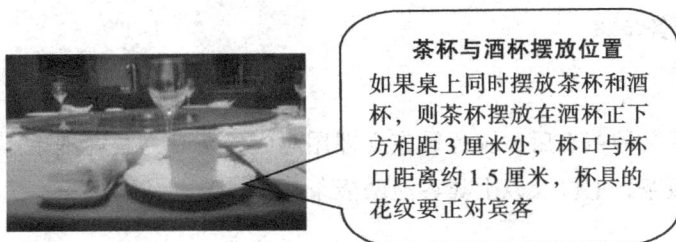

茶杯与酒杯摆放位置
如果桌上同时摆放茶杯和酒杯，则茶杯摆放在酒杯正下方相距 3 厘米处，杯口与杯口距离约 1.5 厘米，杯具的花纹要正对宾客

图 4-5　茶杯与酒杯摆放位置标准

（二）茶具摆放操作步骤

在明确了茶具摆放的标准动作与正确位置后，服务员在摆放茶具时通常还要遵循以下操作步骤，如图 4-6 所示。

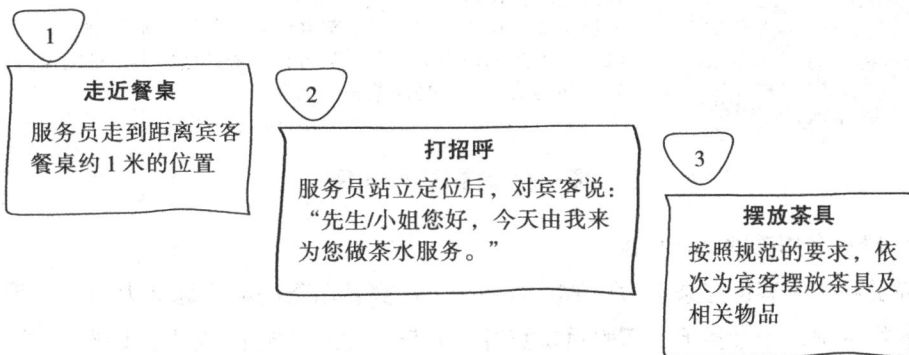

1 走近餐桌
服务员走到距离宾客餐桌约 1 米的位置

2 打招呼
服务员站立定位后，对宾客说："先生/小姐您好，今天由我来为您做茶水服务。"

3 摆放茶具
按照规范的要求，依次为宾客摆放茶具及相关物品

图 4-6　摆放茶具的操作步骤

（三）茶具摆放的注意事项

服务员在摆放茶具时应注意以下事项。

（1）呈送茶具应选用圆形托盘。摆放时应将重心集中在托盘中央，避免打翻，各类物品须分类摆放整齐。

（2）摆放茶具时应轻拿轻放，避免与其他物品碰撞发出声响。

（3）所有的服务动作均以不打断宾客的正常交流为原则。

三、倒茶服务

（一）倒茶准备

服务员在开始倒茶前，应充分做好准备工作，包括茶具摆放、茶壶清洁、茶叶准备、泡茶开水准备等。在一系列的准备工作执行完毕后，服务员方可开始为宾客倒茶。

（二）倒茶服务步骤

1. 泡茶

宾客确定选用某种茶水后，服务员应立即用对应的茶叶为宾客泡茶。一般来说，六位及以下宾客泡一壶茶，七位及以上宾客泡两壶茶。

2. 倒茶

（1）倒茶的动作要领

茶泡好后，服务员要为宾客倒茶。具体操作动作如图4-7所示。

倒茶的动作要领

◇ 用左手扶住茶壶盖，右手握住茶壶把，站在主宾右侧，右脚在前，左脚在后

◇ 腾出左手，在主宾面前打手势并说："您好，给您倒茶。"

◇ 收回左手扶住茶壶盖，两手配合将茶壶送到宾客茶杯的上方，右手端起茶壶，轻轻往茶杯里倒茶

图4-7　倒茶的动作要领

（2）请宾客用茶的动作标准

服务员在为宾客倒好茶水后要请宾客用茶。请宾客用茶的动作标准为伸出右手，掌心向上，五指并拢，面带微笑，双眼目视宾客，并轻声说："先生/女士，请慢用。"具体动作标准如图4-8所示。

图4-8 请宾客用茶的动作标准

3. 续水

当茶壶内的水只剩下1/3时，服务员要及时为宾客续加开水。如发现茶水淡了，要主动询问宾客是否需要更换茶叶，如宾客同意更换，应满足宾客要求。

（三）倒茶服务注意事项

倒茶服务是餐饮服务的重要组成部分，也是体现餐厅服务水平的重要窗口，餐厅服务员应严格执行倒茶服务步骤。服务员在为宾客倒茶时，除了注意关键动作的操作要领外，还应注意以下细节（见图4-9），确保将倒茶服务做到最好。

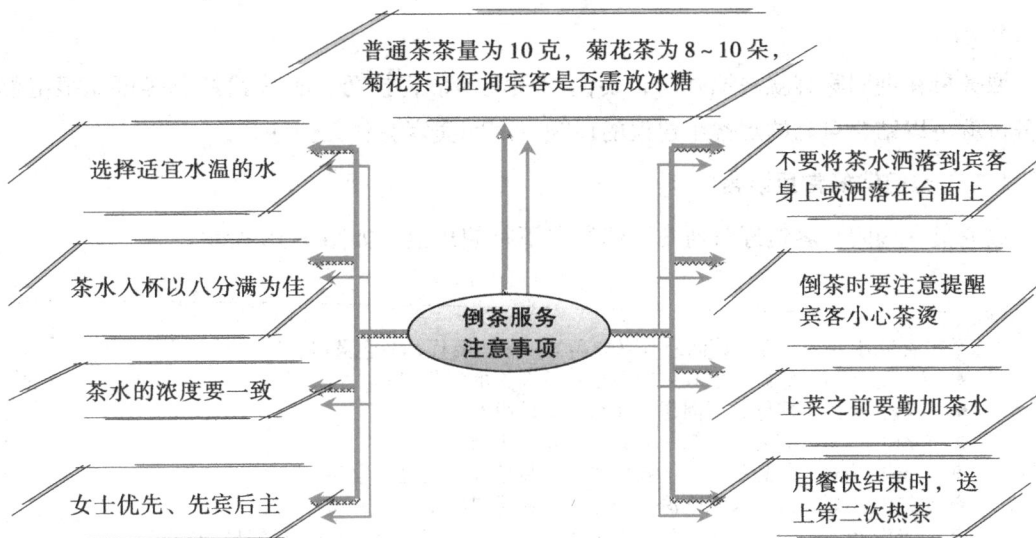

普通茶茶量为10克，菊花茶为8~10朵，菊花茶可征询宾客是否需放冰糖

选择适宜水温的水

茶水入杯以八分满为佳

茶水的浓度要一致

女士优先、先宾后主

倒茶服务注意事项

不要将茶水洒落到宾客身上或洒落在台面上

倒茶时要注意提醒宾客小心茶烫

上菜之前要勤加茶水

用餐快结束时，送上第二次热茶

图4-9 倒茶服务注意事项

第二节 点菜服务应知应会 4 件事

一、询问偏好

（一）询问技巧

在正式开始点菜前，服务员要询问宾客的偏好，以确保宾客就餐满意。服务员在询问宾客就餐偏好时应注意语言和动作上的规范性，要通过听、看、问等方式了解宾客的身份、就餐类型、口味偏好以及消费水平等。

1. 听

服务员可以先通过仔细听宾客谈话的口音，辨别宾客是哪里人，然后根据该地区的用餐风俗询问就餐意向。比如服务员根据就餐宾客的口音辨别出宾客为南方人，便可以询问："两位先生有兴趣品尝一下我们餐厅新推出的一款甜点吗？目前这款甜点很受欢迎。"南方人喜欢吃甜食，一听有畅销的甜点，自然很感兴趣。

2. 看

宾客入座后，服务员要仔细观察在座宾客的衣着相貌。通常职业不同、收入水平不同或者风俗习惯不同的人们着装是有区别的。进而再根据宾客的着装特点，询问与其相关的就餐信息。比如，宾客身穿少数民族服装，则服务员应该按照该民族的饮食习惯询问其就餐偏好。

3. 问

服务员在询问宾客就餐偏好时，要使用一定的语言技巧，有些就餐宾客可能很茫然，服务员就可以结合自己的观察用建议的口吻，询问宾客有什么偏好。

（二）询问偏好常用语言

服务员在询问宾客偏好时通常可使用以下礼貌用语，如图 4-10 所示。

- ◆ "先生/小姐，您好，请问您有兴趣品尝一下本餐厅的特色菜吗？"
- ◆ "先生/小姐，您好，您有兴趣品尝一下今天的特价菜吗？"
- ◆ "先生/小姐，您好，请问您有什么忌口的吗？"
- ◆ "先生/小姐，您喜欢吃辣的、甜的，还是大众口味的？"
- ◆ "先生/小姐，您想品尝一下我们餐厅的特色菜，还是家常菜？"
- ◆ "先生/小姐，您今天想吃清淡一点的，还是口味重一点的菜？"
- ◆ "先生/小姐，您今天想品尝什么菜系，山东菜、广东菜、四川菜还是安徽菜？"
- ◆ "先生/小姐，您想来点汤吗？"

图 4-10 询问偏好的礼貌用语

服务员通过询问对宾客有了较全面的了解之后，再根据宾客的具体情况，提供有针对性的点菜服务，确保宾客在用餐时，菜肴的色、香、味、形、量、价格等是符合宾客的偏好及潜在需求的，从而提升餐厅的服务档次。

二、菜品介绍

在宾客点菜前，服务员要对餐厅的菜品进行介绍，介绍内容主要包括本餐厅的精品菜、特色菜、特价菜；各种菜品的口味风格、搭配风格，或者食用后对身体的功效等。服务员通过规范的菜品介绍，可加快宾客点菜的速度，提高餐厅的档次和服务水平。

服务员在为宾客介绍本餐厅菜品时，应遵循以下基本程序。

（一）掌握菜品知识

服务员在为宾客介绍菜品前，应熟悉每道菜品的制作方法、食材种类、食材价格、食材配比、烹制时间、营养价值及食疗作用等。服务员不熟悉菜品的具体信息是很难做好菜品介绍服务的。

（二）递送菜单

首先服务员应将本餐厅最新的菜单递送给宾客。服务员在向宾客递送菜单时，应注意动作的标准性，避免因动作不严谨或者不规范，给宾客带来不被尊重的印象。递送菜单的动作要领如图4-11所示。

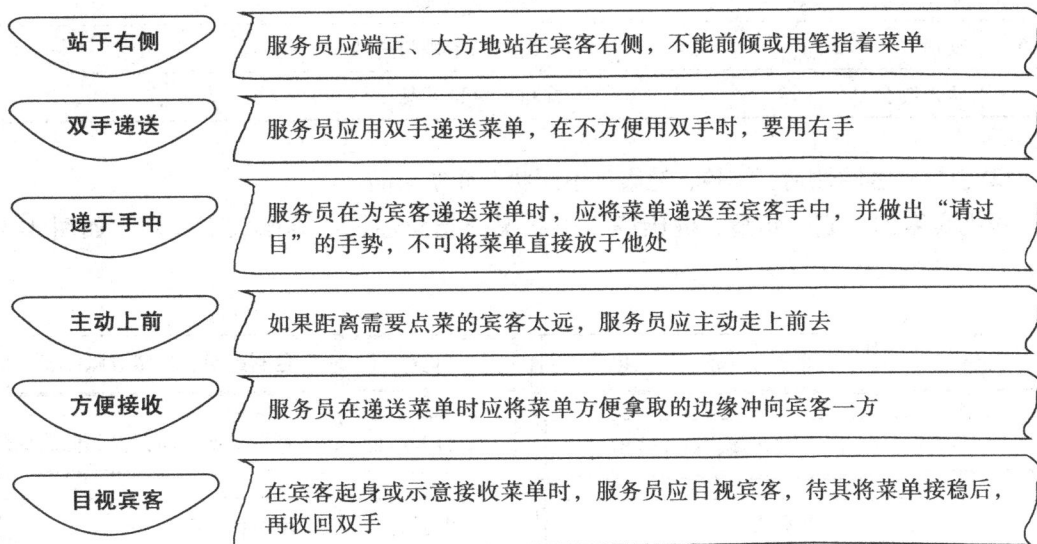

站于右侧	服务员应端正、大方地站在宾客右侧，不能前倾或用笔指着菜单
双手递送	服务员应用双手递送菜单，在不方便用双手时，要用右手
递于手中	服务员在为宾客递送菜单时，应将菜单递送至宾客手中，并做出"请过目"的手势，不可将菜单直接放于他处
主动上前	如果距离需要点菜的宾客太远，服务员应主动走上前去
方便接收	服务员在递送菜单时应将菜单方便拿取的边缘冲向宾客一方
目视宾客	在宾客起身或示意接收菜单时，服务员应目视宾客，待其将菜单接稳后，再收回双手

图4-11　递送菜单的动作要领

（三）介绍菜品

递送菜单后，服务员应流利地，有重点、有针对性地介绍本餐厅的菜点。具体来说，服务员应参照以下内容进行菜品介绍。

1. 菜品介绍技巧

服务员在为宾客介绍菜品时，应根据具体情况运用不同技巧。

（1）不同宾客的介绍技巧

宾客的就餐目的、职业、收入、年龄、性别、健康状况等均会影响宾客的就餐情况。因此服务员应灵活掌握宾客的情况，有针对性地介绍菜品。

① 根据宾客就餐目的介绍菜品

餐厅服务员应通过偏好询问及观察来确定宾客的就餐目的，以此介绍菜品，具体介绍技巧如表4-1所示。

表4-1 不同就餐目的菜品介绍技巧

序号	就餐目的	菜品介绍重点
1	填饱肚子或请客吃便饭	中低档、经济实惠型菜品
2	慕名而来品尝菜肴	本餐厅的特色风味菜
3	改善生活	家庭不方便制作的中高档菜品
4	团聚	突出菜品品种齐全
5	朋友（同事）聚餐	中档价位的菜品
6	宴请	突出菜品丰盛与高档
7	恋人约会	香甜可口型菜品

② 根据宾客的性别、年龄、健康等不同状况介绍菜品

根据宾客的性别、年龄、健康等不同状况介绍菜品，可遵循以下技巧，如图4-12所示。

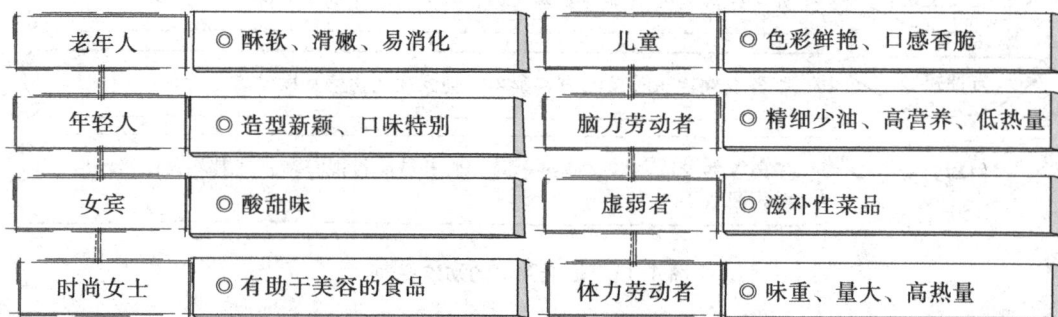

老年人	◎ 酥软、滑嫩、易消化	儿童	◎ 色彩鲜艳、口感香脆
年轻人	◎ 造型新颖、口味特别	脑力劳动者	◎ 精细少油、高营养、低热量
女宾	◎ 酸甜味	虚弱者	◎ 滋补性菜品
时尚女士	◎ 有助于美容的食品	体力劳动者	◎ 味重、量大、高热量

图4-12 不同就餐状况的菜品介绍技巧

（2）不同餐厅特色的介绍技巧

服务员向宾客介绍菜品时应结合本餐厅的经营策略，重点突出本餐厅的特色菜品。介绍特色菜品时，可将本餐厅特色菜品的相关图片摆放在宾客面前或指引给宾客看，引起宾客的注意。

（3）不同语境的介绍技巧

服务员在为宾客介绍菜品时，应注意根据语境，选择适宜的介绍语言，多采用启发式或建议式语言，而不能使用命令式或强制性语言；多用肯定式语言，少用否定式语言。具体如表4-2所示。

表4-2　不同语境的介绍技巧

序号	语境	介绍技巧
1	宾客拿不定主意	建议式语言，比如："先生/小姐，我们这里新推出一款特色菜，很受欢迎，您要不也尝一尝。"
2	宾客看好某道菜，恰好没有	应多用肯定式语言，少用否定式，此时可以说："抱歉先生，这道菜最后一份已经售出，不过这儿有几道菜也是本餐厅最近非常畅销的，您不妨尝一尝。"
3	宾客看好某道菜，而该菜的某些特点较突出	直爽式语言，如宾客点了馋嘴蛙这道菜，服务员应强调说："先生，我们餐厅的这道菜很辣，不过也是最畅销的。"

2. 菜品介绍重点内容

服务员在为宾客介绍菜品时，通常会结合菜单图片，同时针对某道菜品，重点介绍以下内容，具体如图4-13所示。

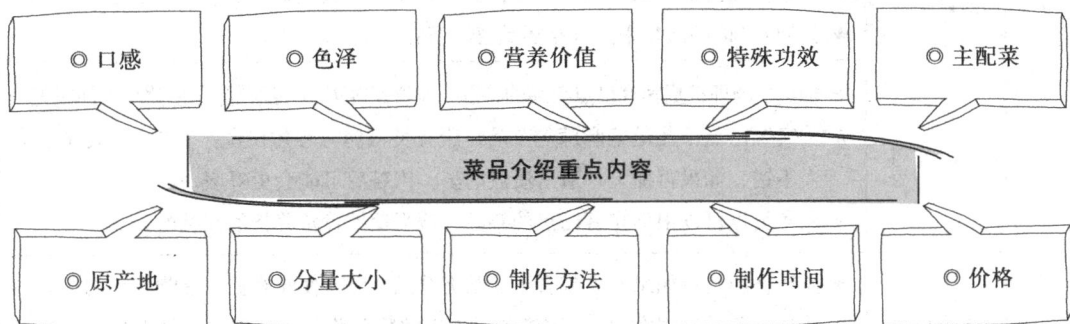

图4-13　菜品介绍重点内容

3. 菜品介绍注意事项

服务员在介绍菜品时应注意自己的言谈举止，避免因个人行为举止不当，给宾客留下不好的印象，具体注意事项，包括但不限于以下几点。

（1）当宾客询问菜品的相关问题时，服务员不能沉默不语，或者直接走开，或者说："不知道。"如果确实不知道，可以委婉地说："很抱歉，我说不好，请稍等，我去给您请主管来解答。"

（2）如果恰逢宾客所点的菜品菜单上没有或者已销售完毕，服务员应主动与后厨联系，尽量满足宾客的需要，或主动推荐在原料、口味上相似，价格接近的菜品，以激发宾客新的消费需求。

（3）服务员介绍菜品时，不能受个人主观偏好的限制，仅介绍自己喜欢的菜品，而不介绍自己不喜欢的菜品，这样很容易造成宾客漏点菜品。

三、接受点菜

接受点菜是整个餐饮服务的核心环节，服务员在这一过程中充当着双重角色：一是餐饮服务的提供者；二是餐饮产品的推销者。整个服务过程中，服务员的服务水平不仅会影响餐饮服务的质量和宾客的消费体验，而且对餐厅的经营效益也会带来很大的影响。因此，餐厅服务员应灵活使用推销菜品的技巧，遵守点菜规范步骤，做好点菜服务。

（一）推销菜品的语言技巧

服务员在接受宾客点菜时，可适时为其推销适宜菜品，以在增加宾客本次用餐的满意度的同时提升餐厅营业额。服务员推销菜品时常用的语言技巧有八种，如表4-3所示。

表4-3　推销菜品的语言技巧

序号	语言技巧	具体说明
1	选择问法	★ 用选择性的推销语言询问宾客，更容易使宾客做决定 ★ 如问："请问您是来点红茶还是普洱茶？"
2	加法技巧	★ 加法技巧即根据宾客已点菜品的特点，建议宾客再加一道菜品，使菜品更加完美 ★ 如宾客已点了几道偏麻辣的菜品，服务员可向宾客建议说："这几道菜味道确实不错，如果再配上一道清淡点的汤，用餐后可能会更舒服一些。" ★ 服务员也可以根据宾客已点的菜品，适当地推荐营养价值互补的菜品
3	减法技巧	★ 减法技巧是指如果缺失或者不点某类菜品，将会使宾客错失品尝特色的机会 ★ 比如服务员对宾客说："这道菜是本店的特色菜，所使用的鱼是生活在千岛湖一带的、非常罕见的淡水鱼，如果您错失品尝机会会很遗憾。"

（续表）

序号	语言技巧	具体说明
4	乘法技巧	★ 当宾客对菜品的价格产生质疑时，服务员可以通过向宾客解释菜品的制作材料和制作工艺来赢得宾客对菜价的认可 ★ 服务员在介绍菜品制作工艺时要尊重事实，不能因为宾客不懂而胡编乱造
5	除法技巧	★ 该方法主要用于向宾客推销高价菜时，也可称为菜价分摊法 ★ 点菜时，宾客通常会对高价位的菜品非常敏感，这时服务员可以将菜价分摊到就餐宾客的人数上，以转变宾客思维的方法使宾客接受菜价
6	借用他人口吻	★ 借用他人口吻是指将某道菜与他人联系起来，借用名人或者其他客人的口吻，来使宾客对菜品产生好感 ★ 比如，服务员对宾客说："这道菜曾被著名美食家××评价为世界上最绝美的菜肴。"或者说："刚才那几桌的客人均点了这道菜。"
7	亲近法	★ 这个方法多用于对熟悉宾客的推销 ★ 例如："您一直这么关照我们的生意，今晚我特意介绍一道好菜给您。"
8	赞誉法	★ 介绍菜品时使用赞语 ★ 如："这道菜是我们这里的招牌菜之一，您不妨试一试。"

（二）接受点菜的操作步骤

服务员在接受宾客点菜时，应遵循严格的操作步骤，如图 4-14 所示。

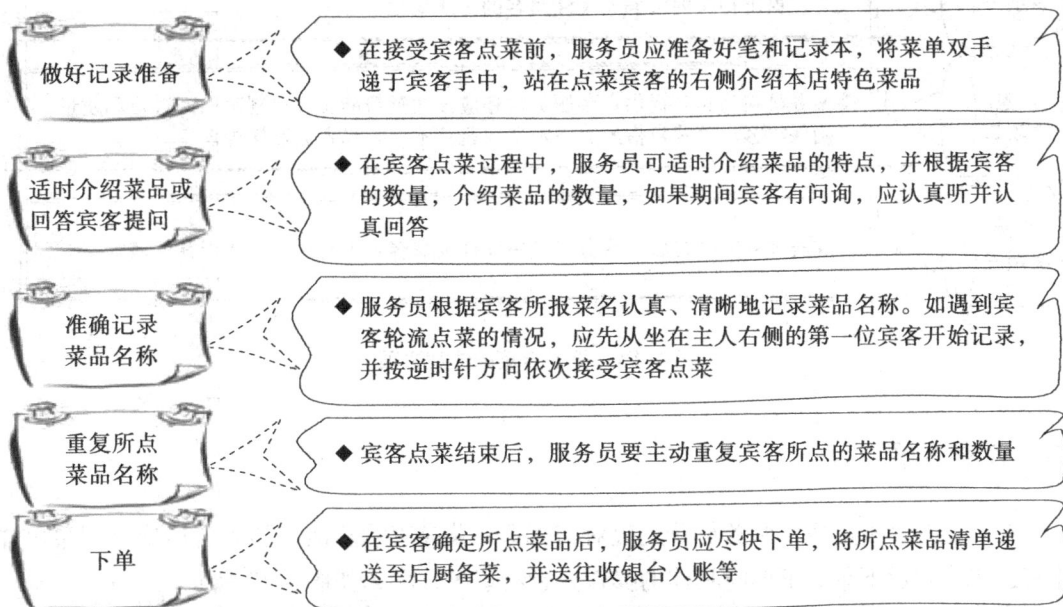

做好记录准备 ◆ 在接受宾客点菜前，服务员应准备好笔和记录本，将菜单双手递于宾客手中，站在点菜宾客的右侧介绍本店特色菜品

适时介绍菜品或回答宾客提问 ◆ 在宾客点菜过程中，服务员可适时介绍菜品的特点，并根据宾客的数量，介绍菜品的数量，如果期间宾客有问询，应认真听并认真回答

准确记录菜品名称 ◆ 服务员根据宾客所报菜名认真、清晰地记录菜品名称。如遇到宾客轮流点菜的情况，应先从坐在主人右侧的第一位宾客开始记录，并按逆时针方向依次接受宾客点菜

重复所点菜品名称 ◆ 宾客点菜结束后，服务员要主动重复宾客所点的菜品名称和数量

下单 ◆ 在宾客确定所点菜品后，服务员应尽快下单，将所点菜品清单递送至后厨备菜，并送往收银台入账等

图 4-14　接受点菜的操作步骤

（三）接受点菜的工作要求

服务员在接受点菜过程中，需做到以下几点，如图4-15所示。

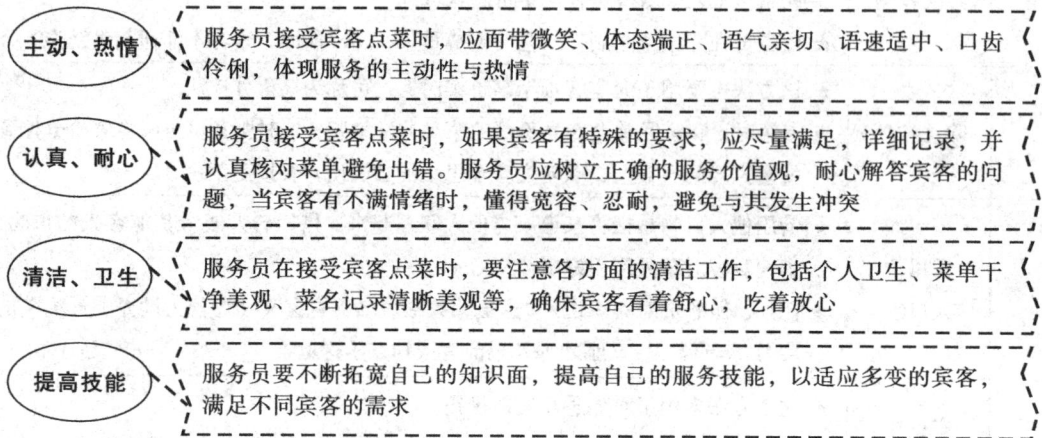

主动、热情	服务员接受宾客点菜时，应面带微笑、体态端正、语气亲切、语速适中、口齿伶俐，体现服务的主动性与热情
认真、耐心	服务员接受宾客点菜时，如果宾客有特殊的要求，应尽量满足，详细记录，并认真核对菜单避免出错。服务员应树立正确的服务价值观，耐心解答宾客的问题，当宾客有不满情绪时，懂得宽容、忍耐，避免与其发生冲突
清洁、卫生	服务员在接受宾客点菜时，要注意各方面的清洁工作，包括个人卫生、菜单干净美观、菜名记录清晰美观等，确保宾客看着舒心，吃着放心
提高技能	服务员要不断拓宽自己的知识面，提高自己的服务技能，以适应多变的宾客，满足不同宾客的需求

图4-15 接受点菜的工作要求

（四）接受点菜的注意事项

服务员在接受点菜过程中，需注意以下几点，如图4-16所示。

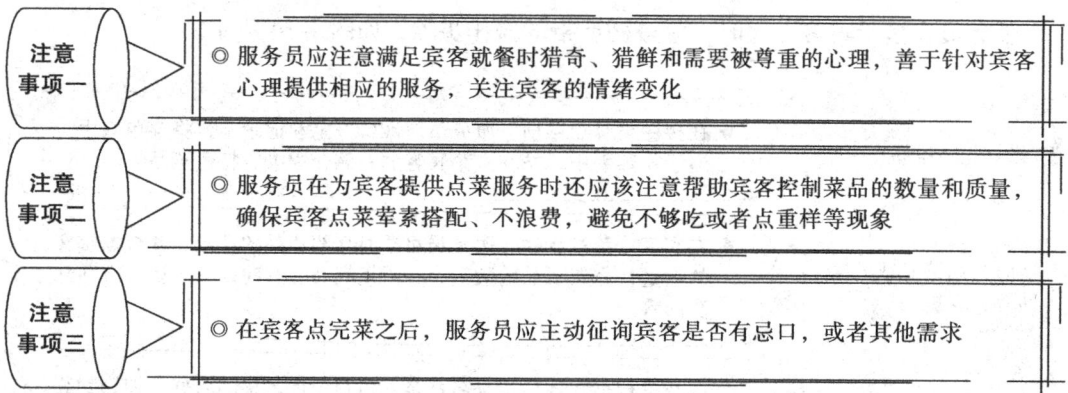

注意事项一	◎ 服务员应注意满足宾客就餐时猎奇、猎鲜和需要被尊重的心理，善于针对宾客心理提供相应的服务，关注宾客的情绪变化
注意事项二	◎ 服务员在为宾客提供点菜服务时还应该注意帮助宾客控制菜品的数量和质量，确保宾客点菜荤素搭配、不浪费，避免不够吃或者点重样等现象
注意事项三	◎ 在宾客点完菜之后，服务员应主动征询宾客是否有忌口，或者其他需求

图4-16 接受点菜的注意事项

四、致谢下单

在宾客菜品确定后，服务员首先应对宾客选用菜品表示感谢，随后应尽快整理菜单并礼貌退离、然后下单。下单时具体的操作要领有以下几种，如图4-17所示。

1	服务员在下单时，应确保字迹清晰、容易辨认，避免出错，在此基础上可采用餐厅通行的缩写、速写
2	下单时，服务员应将海鲜、点心等分单写，并写上菜名、桌号、日期及时间，以及菜品的规格和数量等
3	入厨单、味部单、点心单一般为三联，厨房、传菜部、收银台各一联
4	海鲜单一般为四联，海鲜部、厨房、传菜部、收银台各一联。海鲜单上的大体斤两可知会海鲜员，准确斤两由其确定，所称海鲜宜让宾客过目
5	如果不是马上上菜，要在下单时注明"叫"，马上上菜的注为"即"，加快上菜的注为"快"或者"加快"，以方便后厨根据需求情况调整出菜顺序。同时应注意，注明"叫"字的菜品要记得跟催"叫起"
6	检查所下菜单是否有其他特殊要求，如果有应及时与后厨说明

图 4-17 下单的操作要领

第三节 点酒水服务应知应会4件事

一、询问意向

酒水服务是餐饮服务中重要的内容。美酒佳酿不仅能给菜品增色，还有助于宾客间沟通感情、活跃气氛、增进友谊，提高餐厅的经济效益，创造美好的就餐氛围。

服务员在为宾客提供酒水服务之前，应询问宾客对酒水的意向。询问宾客酒水意向时应遵循先主后宾、先女后男、以建议为主、杜绝强求的原则。

（一）酒水意向询问技巧

（1）以建议的口吻询问酒水意向

服务员最好以建议的口吻来询问宾客酒水意向，如："先生，您要来点××酒、××酒，还是××酒。"此时，服务员最好不要把所有酒水一次性地说出来，因为宾客一听说这么多酒水，往往不容易记下来，而只说出三四种是最容易记的，因此在询问酒水意向时一次说三四种酒水是最明智的。具体的标准语言如图4-18所示。

图4-18　酒水意向询问的标准语言

（2）根据用餐人员特点及情景询问酒水意向

服务员可以观察宾客的年龄、性别情况，分析宾客之间的关系，结合当下时节特点，明确就餐性质是属于家庭聚餐、朋友聚餐还是商务用餐，以此来选择合适的酒水询问和推荐。

（3）根据季节询问酒水意向

根据宾客用餐期间所处的自然气候来询问酒水意向，比如用餐时间是在冬季，服务员可以开门见山地说："您好，几位，来点白酒吗，暖暖身子。"如果用餐是在夏季且天气炎热，服务员可以说："几位先生，要不要来点冰镇啤酒（或者饮料），凉快凉快。"

（4）根据就餐次数询问酒水意向

服务员也可以根据宾客就餐次数询问酒水意向，就餐次数决定了宾客是熟客还是生客，对于熟客服务员可直接上前问道："先生，您还是喝您上次点的那种酒水吗?"而当向生客询问酒水意向时，最好从中档开始。

（二）酒水意向询问注意事项

服务员在询问宾客酒水意向时，应注意以下细节，如图4-19所示。

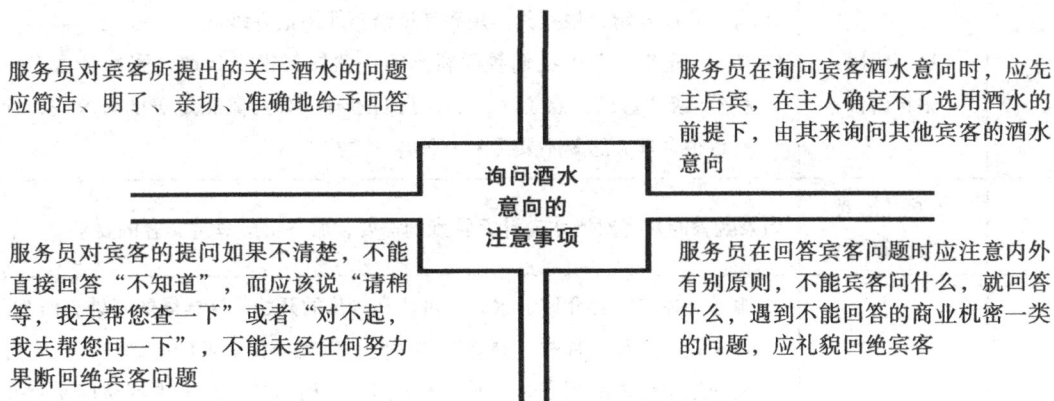

服务员对宾客所提出的关于酒水的问题应简洁、明了、亲切、准确地给予回答

服务员在询问宾客酒水意向时，应先主后宾，在主人确定不了选用酒水的前提下，由其来询问其他宾客的酒水意向

询问酒水意向的注意事项

服务员对宾客的提问如果不清楚，不能直接回答"不知道"，而应该说"请稍等，我去帮您查一下"或者"对不起，我去帮您问一下"，不能未经任何努力果断回绝宾客问题

服务员在回答宾客问题时应注意内外有别原则，不能宾客问什么，就回答什么，遇到不能回答的商业机密一类的问题，应礼貌回绝宾客

图4-19　询问酒水意向的注意事项

二、酒水介绍

服务员在向宾客介绍酒水时，只有事先了解宾客的偏好、宾客关系和用餐性质等，才能更有重点地介绍酒水，成功销售酒水。因此对于服务员来说，在为宾客介绍酒水时，除了要学会察言观色、认真分析，还要掌握一定的酒水介绍技巧或方法，从而把工作做得更出色。

（一）酒水介绍技巧

服务员在向宾客介绍酒水时，可以采用以下技巧，如表4-4所示。

表4-4　酒水介绍技巧

序号	技巧	具体说明
1	根据宾客宴请对象介绍酒水	◎ 商务客人：宴请的宾客是商务客人时，服务员应根据情况介绍与其身份相符的酒水 ◎ 政府客人：当宴请的宾客是政府官员时，服务员应根据具体情况，介绍适宜的酒水 ◎ 私人宴请：如果宾客宴请的是私人朋友，可视情况推销酒水，若宾客有特殊要求应尽量满足
2	根据宾客性别介绍酒水	◎ 对于男性宾客，以介绍白酒、啤酒优先，饮料其次 ◎ 对于女性宾客，以红酒、饮料为主，啤酒其次，白酒最后
3	恰当使用销售语言	◎ 遵守餐厅规定，根据具体用餐环境恰当使用销售语言 ◎ 如："先生，今天我们餐厅新出的一款饮料很受欢迎，您看是否来一杯？"或"您已经点了××酒，我们还有一种与其相媲美的××酒，价格也很合理，您要不要再来一瓶尝一尝？"
4	从宾客需要出发介绍酒水	如果就餐的宾客对酒水有什么特别的需要，服务员应尊重宾客的要求
5	从高价位的名牌酒水开始介绍	◎ 服务员在向宾客介绍酒水时，可从高价位的开始，这样做的好处有两个：首先是给宾客一种被"高看"的感觉，以此博得宾客的好感；其次，后续介绍中低档的酒水时，因酒水之间的价格落差，宾客更容易接受后推荐的酒水 ◎ 服务员介绍完一款高档酒后，宾客若爽快地接受了，这自然是最好的；如果宾客略有迟疑，服务员可再补充一下酒水的优点，倘若宾客没有接受也不用强求，转移介绍下一档的酒水
6	根据用餐的档次介绍酒水	不同的用餐档次使用不同的酒水，高档次的宴会应介绍高档次的酒水
7	根据用餐场地介绍酒水	用餐场地包括是国内还是国外、是什么地区、对酒水有什么要求、地区的风俗习惯怎样等，在介绍酒水时，这些都需要考虑进去

（二）酒水介绍注意事项

（1）服务员如果推着酒车向宾客介绍酒水，必须将酒水的商标、牌子等信息正对着就餐宾客，以确保宾客能看清楚酒水的牌子，同时也能展示出餐厅对酒水品牌的自信。

（2）含糊其词的回答会使宾客对餐厅所售酒水的价格、质量产生怀疑。因此，服务员在介绍酒水过程中，要注意不要使用"差不多""也许"这类的词。

（3）服务员向宾客介绍酒水前应熟练掌握酒水的相关知识，包括酒水的名称、度数、产地、香型、口感、价位、功效等，以便熟练准确地回答宾客提问。

（4）在遇到宾客拒绝点酒水时，服务员不能强买强卖，要识趣地、礼貌地走开，同时预祝宾客用餐愉快。

（5）慎重推荐高浓度酒水。饮用高浓度酒水不仅对身体损害大，而且还会发出难闻的气味，使宾客对菜品失去兴趣，甚至可能造成宾客醉后行为举止不雅，或拒绝付款等现象发生。

三、接受点酒

（一）接受点酒的操作流程

1. 填写酒水单

宾客确定酒水意向后，服务员应及时填写酒水单。服务员填写酒水单时，应注意以下事项，如图4-20所示。

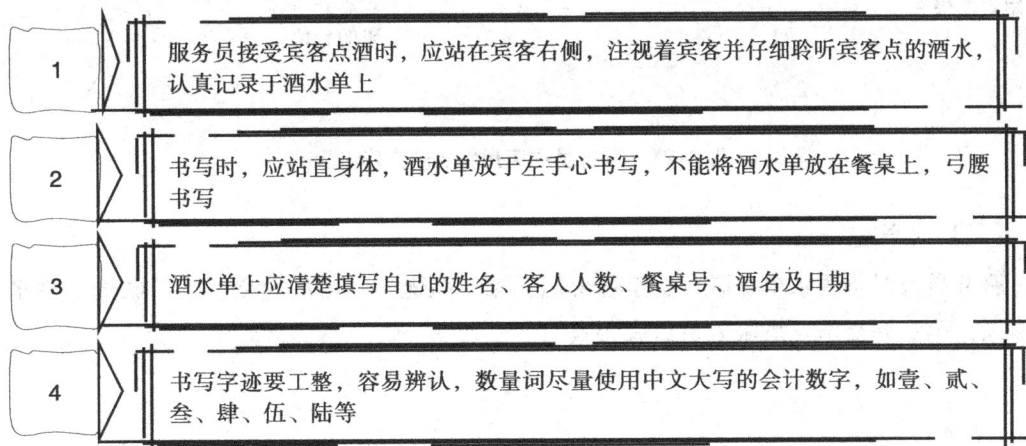

1	服务员接受宾客点酒时，应站在宾客右侧，注视着宾客并仔细聆听宾客点的酒水，认真记录于酒水单上
2	书写时，应站直身体，酒水单放于左手心书写，不能将酒水单放在餐桌上，弓腰书写
3	酒水单上应清楚填写自己的姓名、客人人数、餐桌号、酒名及日期
4	书写字迹要工整，容易辨认，数量词尽量使用中文大写的会计数字，如壹、贰、叁、肆、伍、陆等

图4-20 填写酒水单的注意事项

2. 复述酒水名称

服务员记录完毕后，进一步复述酒水的名称，宾客确认无误后下单。复述完毕后，在酒水单右上角注明下单时间，以便查询。

（二）接受点酒的注意事项

（1）服务员接受点酒时，应按规定程序进行，要先请坐在主位上的宾客点酒，再由主宾邀请其他宾客点酒，不能在未邀请主宾点酒的前提下，就私自请其他宾客点酒。

（2）宾客点酒水之后，服务员应大声重复酒水的名称、数量及度数，向宾客进行确认，并及时记录酒水的名称、数量及度数要求。

（3）服务员在记录酒水的名字及数量时，一定要字迹清晰，容易辨认，并标明点酒桌号，点酒日期等。

（4）服务员在宾客确定了酒水的名称及数量后，应进一步向宾客声明酒水的价格。

（5）如果宾客有特殊要求应注明。

四、致谢下单

（一）致谢

服务员向宾客确认所点酒水的信息无误后，应向宾客致谢，并预祝宾客用餐愉快，然后离开。服务员在离开时不能直接转身走开，正确的做法应该按图4-21所示步骤操作。

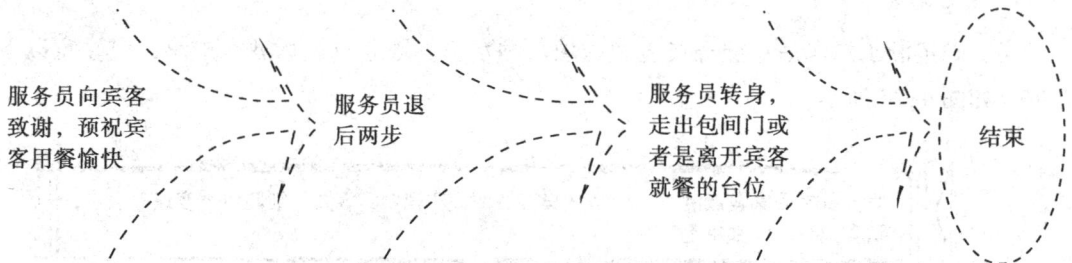

图4-21 服务员退离用餐台的正确步骤

（二）下单

服务员及时将酒水单各联分送至各部门：第一联送至收银员收款，第二联送至酒水员去取酒，第三联交给当班服务员留底备查。

第五章

上菜服务

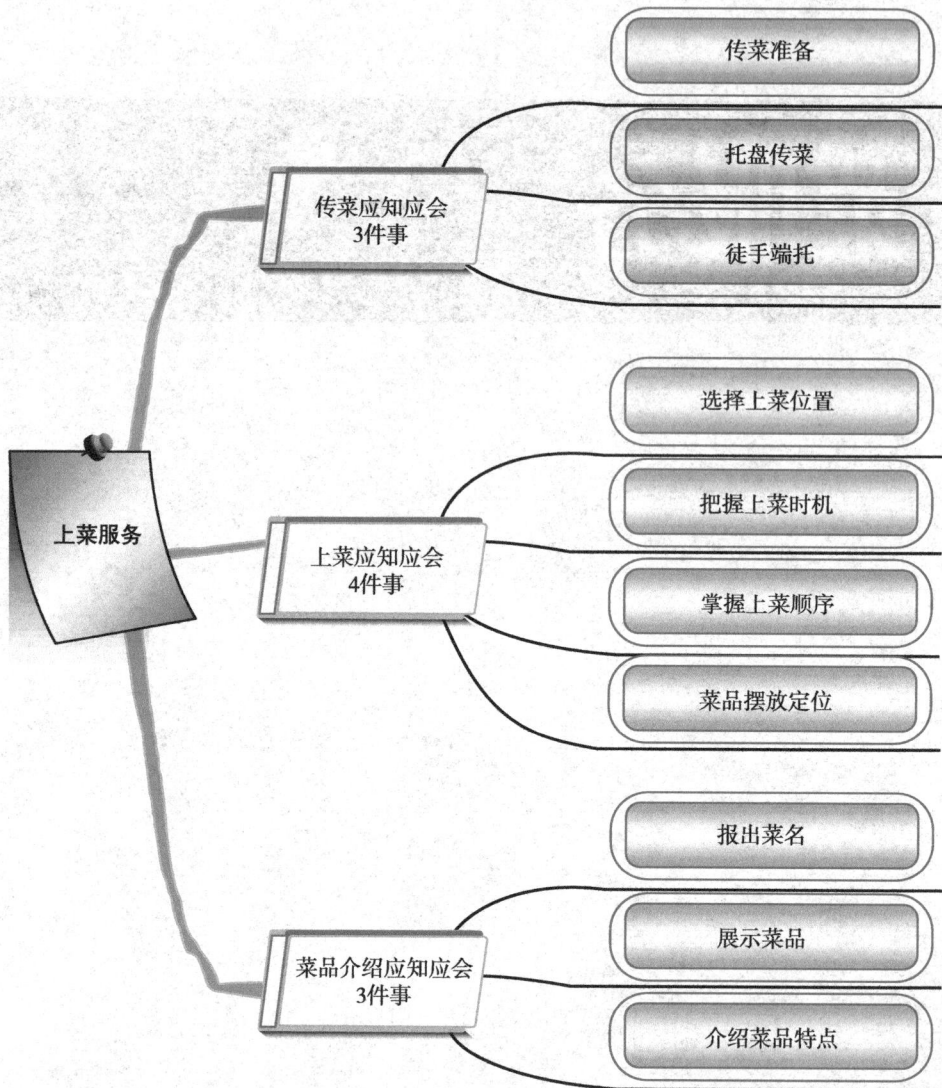

第一节　传菜应知应会**3**件事

一、传菜准备

负责传菜工作的餐厅服务员，传菜前需要做好以下准备工作，以便在宾客到来时能及时、有序、规范地传菜，为宾客提供良好的服务。

（一）卫生清洁

卫生清洁是传菜前的第一项准备工作，餐厅服务员必须保证传菜环境洁净，并注意个人卫生。具体传菜前卫生清洁工作的要求如图5-1所示。

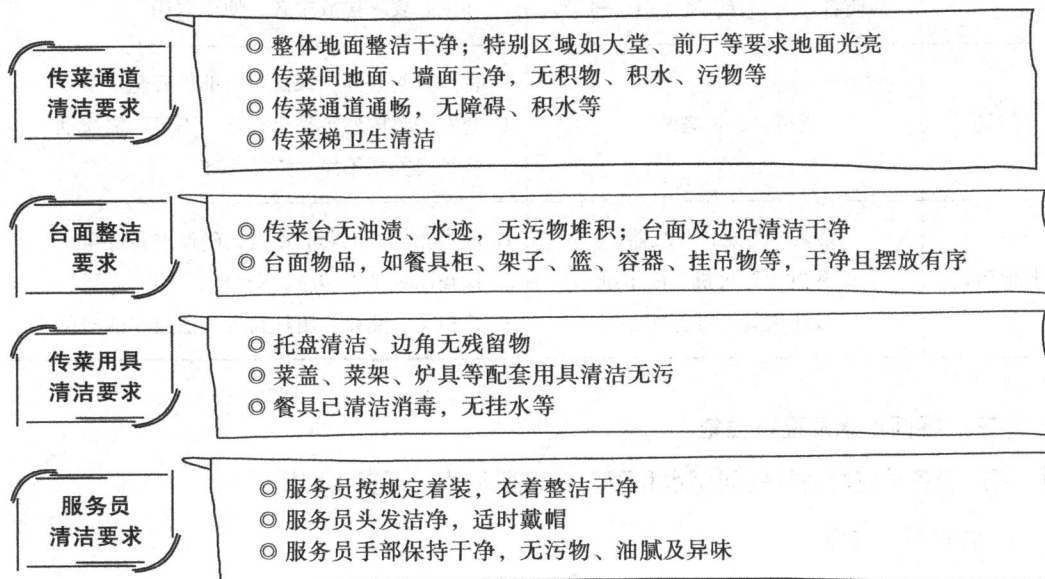

传菜通道清洁要求
◎ 整体地面整洁干净；特别区域如大堂、前厅等要求地面光亮
◎ 传菜间地面、墙面干净，无积物、积水、污物等
◎ 传菜通道通畅，无障碍、积水等
◎ 传菜梯卫生清洁

台面整洁要求
◎ 传菜台无油渍、水迹，无污物堆积；台面及边沿清洁干净
◎ 台面物品，如餐具柜、架子、篮、容器、挂吊物等，干净且摆放有序

传菜用具清洁要求
◎ 托盘清洁、边角无残留物
◎ 菜盖、菜架、炉具等配套用具清洁无污
◎ 餐具已清洁消毒，无挂水等

服务员清洁要求
◎ 服务员按规定着装，衣着整洁干净
◎ 服务员头发洁净，适时戴帽
◎ 服务员手部保持干净，无污物、油腻及异味

图5-1　传菜前卫生清洁要求

（二）用具准备

餐厅服务员应在卫生清洁的基础上准备并摆放好传菜用的物品，以便传菜时快速、方便取用。传菜前用具的准备步骤如表5-1所示。

表 5-1　传菜前用具准备

物品类型	具体物品及分类		准备步骤
托盘	长托盘、圆托盘		1. 按照传菜要求明确需要准备的托盘种类、数量 2. 从陈列架上取出适量的托盘，检查托盘是否干净、无损、齐全 3. 将符合要求的托盘整齐地置于传菜台右侧
餐具	中餐	碗、盘、蘸碟、筷子、勺、茶壶、水壶、水杯、酒壶、酒杯等	1. 从消毒柜中取出适量的餐具，配套不齐的及时补充 2. 查看餐具是否已消毒，是否内外洁净、无损；将不符合要求的餐具退回相关部门 3. 将符合要求的餐具按种类、大小分类摆放在台面上，要求摆放整齐，便于取用
	西餐	刀、叉、盘、汤匙	
炉具	酒精炉、烧烤炉等		1. 将炉具组装好，保证炉具部件齐全 2. 查看炉具内燃料是否充足，不足的需添加 3. 将炉具擦拭干净、摆放整齐
其他用具	菜盖、菜架、开瓶器、烟灰缸、打火机、面巾纸及店内其他服务用品		1. 取出相关、配套的用具，确保准备齐全 2. 检查用具是否洁净、安全、无损 3. 将相关、配套的用具和餐具摆放在适当位置

（三）餐间用水及配料准备

餐厅服务员应准备好餐间用水和配料，以便传菜时可直接取用。

1. 餐前用水准备

（1）开水准备

餐前，服务员应给烧水器加水并开启烧水器，确保餐厅有足够用的开水。烧水时应注意烧水安全。开水的贮存时间不可太长，以免水温不够，影响冲茶效果。

（2）准备饮料、酒水

餐前，服务员应准备好餐厅内的饮料、酒水，保证种类齐全。一般来说，冬季应准备适量热饮，夏季应准备适量冷饮。

2. 配料准备

配料可为菜品增色，提升餐厅的菜品品质。配料品种多样，如中餐中常用的酱油、醋、辣椒，或火锅底料、蘸料（如辣椒酱、韭菜花、海鲜酱、秘制酱料等），再如西餐中的胡椒、盐，特殊菜品中的酱料、配料、配汁、酱汁等。

根据菜谱，服务员一般应在开餐前 30 分钟完成配料的准备工作，其准备的具体规范如图 5-2 所示。

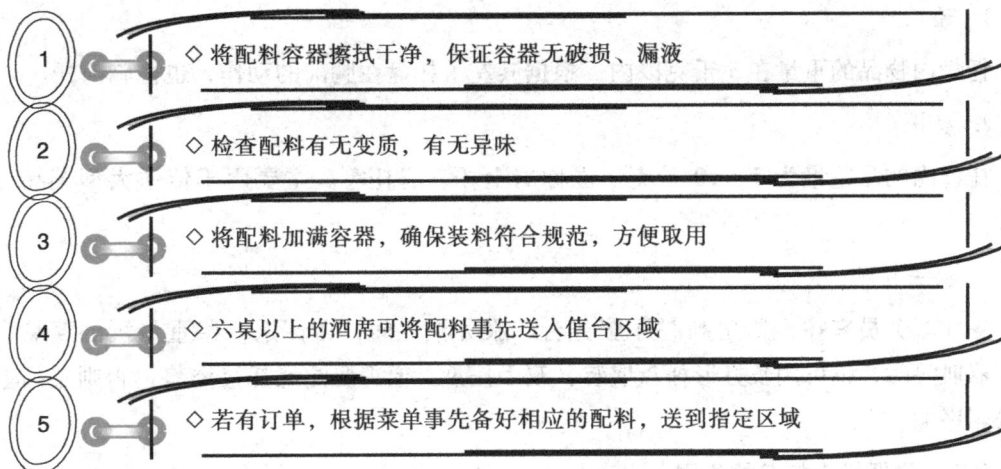

1	◇ 将配料容器擦拭干净，保证容器无破损、漏液
2	◇ 检查配料有无变质，有无异味
3	◇ 将配料加满容器，确保装料符合规范，方便取用
4	◇ 六桌以上的酒席可将配料事先送入值台区域
5	◇ 若有订单，根据菜单事先备好相应的配料，送到指定区域

图 5-2　配料准备规范

（四）掌握菜品及相关信息

对于负责传菜工作的餐厅服务员来说，传菜前就应当掌握当日所在餐厅的菜品及相关信息，为传菜工作做准备。具体需要掌握的菜品及相关信息如图 5-3 所示。

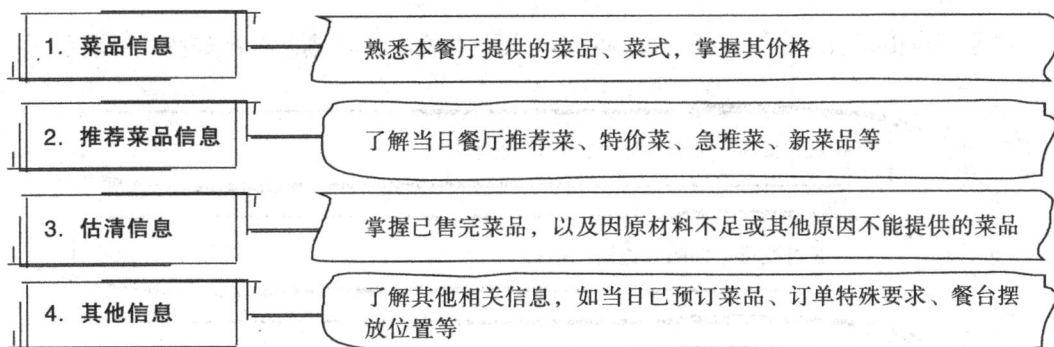

1. 菜品信息	熟悉本餐厅提供的菜品、菜式，掌握其价格
2. 推荐菜品信息	了解当日餐厅推荐菜、特价菜、急推菜、新菜品等
3. 估清信息	掌握已售完菜品，以及因原材料不足或其他原因不能提供的菜品
4. 其他信息	了解其他相关信息，如当日已预订菜品、订单特殊要求、餐台摆放位置等

图 5-3　服务员传菜前应掌握的信息

二、托盘传菜

使用托盘传菜既安全又卫生，餐厅服务员应当掌握托盘传菜的知识及技能。

（一）了解托盘传菜的不同方法

根据传送菜品的不同需要，托盘传菜有不同的传送方法，一般有轻托、重托、双手托盘三种。

1. 轻托

托盘内物品的重量在 5 千克以内，根据其左手托盘在胸前的动作，也称胸前托。

2. 重托

托盘内物品重量为 5~10 千克，也称肩上托、肩托等。主要用于传送大型菜品、盘碟等。

3. 双手托盘

餐厅服务员来往于厨房与餐厅服务台、服务柜之间，在传送一些重量沉的菜品、饮料、器皿等时，也可用长方形托盘盛装，双手托盘。但需要注意托盘姿势，否则菜品卫生将受到影响。

（二）掌握托盘传菜的步骤

1. 选择托盘

托盘种类多样，材料、大小、形状等各不相同。对于餐厅服务员来说，一般只有大、中型材质较结实的长方形、方形、椭圆形托盘适用于托送较重的酒水、菜品等，而其他托盘一般不用于传菜。

2. 剔除不合格托盘

服务员在传菜前应先检查托盘，剔除不可用的托盘。具体剔除标准如图 5-4 所示。

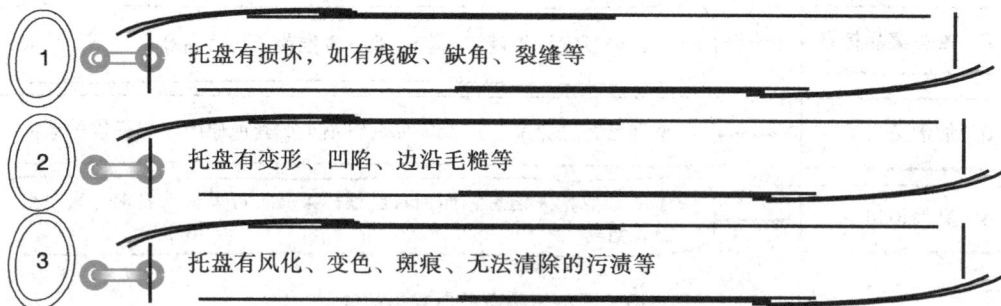

1	托盘有损坏，如有残破、缺角、裂缝等
2	托盘有变形、凹陷、边沿毛糙等
3	托盘有风化、变色、斑痕、无法清除的污渍等

图 5-4　托盘剔除标准

经检查，托盘不合格的，符合剔除标准的，则不能使用，做退回处理；托盘合格，无以上情况的，则可以使用。

3. 理盘

（1）检查托盘是否清洁，如有污物，将托盘洗净擦干，可按照先内后外，先边沿后底部的顺序将托盘擦拭干净。

（2）在盘内垫上消毒的垫布或湿毛巾，用以防滑、防烫及吸收不慎洒出的汤汁等。在做此项工作时，应注意图5-5所示的几点。

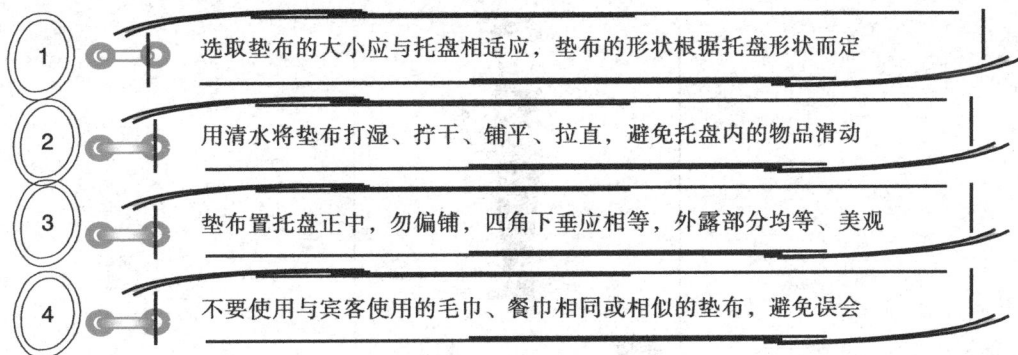

1	选取垫布的大小应与托盘相适应，垫布的形状根据托盘形状而定
2	用清水将垫布打湿、拧干、铺平、拉直，避免托盘内的物品滑动
3	垫布置托盘正中，勿偏铺，四角下垂应相等，外露部分均等、美观
4	不要使用与宾客使用的毛巾、餐巾相同或相似的垫布，避免误会

图5-5　托盘垫布注意事项

4. 装盘

装盘即按要求将菜品、饮料、酒水、容器等装入托盘中。装盘时，餐厅服务员应注意以下八点，如图5-6所示。

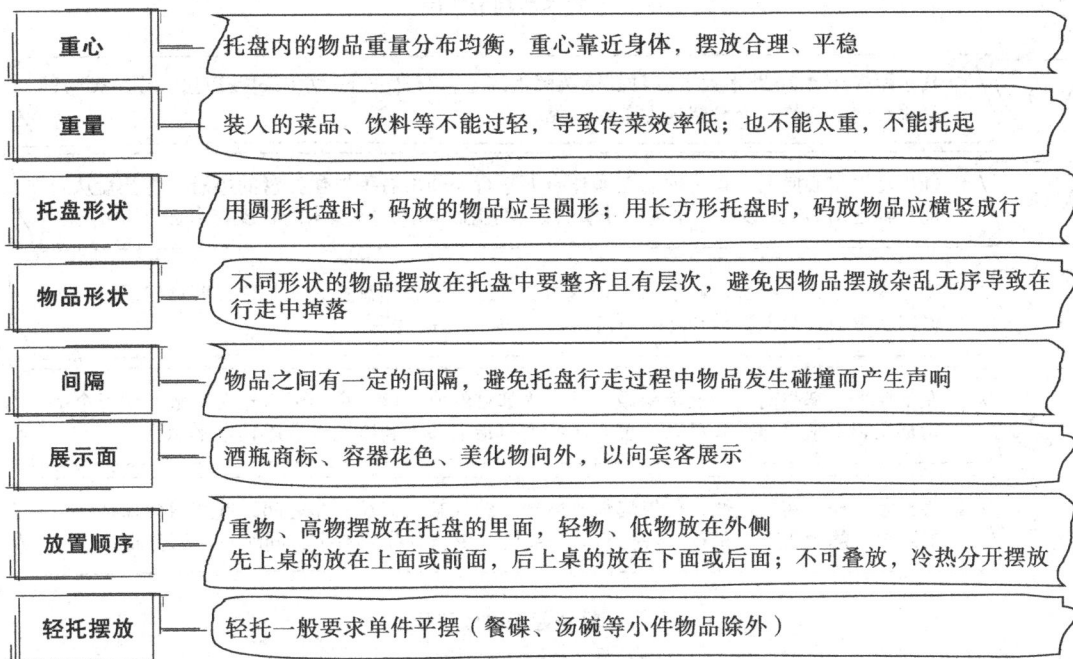

重心	托盘内的物品重量分布均衡，重心靠近身体，摆放合理、平稳
重量	装入的菜品、饮料等不能过轻，导致传菜效率低；也不能太重，不能托起
托盘形状	用圆形托盘时，码放的物品应呈圆形；用长方形托盘时，码放物品应横竖成行
物品形状	不同形状的物品摆放在托盘中要整齐且有层次，避免因物品摆放杂乱无序导致在行走中掉落
间隔	物品之间有一定的间隔，避免托盘行走过程中物品发生碰撞而产生声响
展示面	酒瓶商标、容器花色、美化物向外，以向宾客展示
放置顺序	重物、高物摆放在托盘的里面，轻物、低物放在外侧 先上桌的放在上面或前面，后上桌的放在下面或后面；不可叠放，冷热分开摆放
轻托摆放	轻托一般要求单件平摆（餐碟、汤碗等小件物品除外）

图5-6　装盘注意事项

5. 起托

轻托、重托、双手托盘的起托动作不同，分别如下所示。

（1）轻托起托

轻托起托动作图及步骤见图5-7。

（a）　轻托起托动作图

1	◎ 站于距操作台30厘米处（以身高来调整距离），双脚分开，左脚向前迈出一步，腰与臂呈垂直向下姿势，上身略向左前倾，站稳
2	◎ 伸出左手掌心向上，指尖向前与操作台面平行，伸出右手拉住托盘的边沿，将托盘从台面轻轻拖出2/3并移向左手掌及小臂处，使托盘保留约15厘米的长度在台面上
3	◎ 将左手放至托盘中心，右手扶住托盘边，协助左手将托盘托起，左臂大臂自然下垂，小臂向上弯曲，与大臂成90度，右臂自然下垂或弯曲背后
4	◎ 左掌伸平，掌心向上，五指稍微分开，手掌自然成凹形，掌心不与托盘接触，用五个手指指端和手掌根部托起托盘底，重心压在大拇指根部，利用五指掌握托盘平稳
5	◎ 将托盘平托于胸前左侧，位置略低于胸部，约为第二三粒衣扣之间，并与身体保持一定的距离，约为2厘米左右，待托实后，双脚并拢，并收回右手，同时身体回复直立状

（b）　轻托起托动作步骤

图5-7　轻托起托动作

（2）重托起托

重托起托动作图及步骤见图 5-8。

（a）　重托起托动作图

1. 拿盘	双手将托盘的 1/3 移至工作台外，用左手掌托住盘底，用右手协助左手将托盘托起至胸前
2. 站稳	上身前倾，双脚分开，呈外八字形，双腿屈膝下蹲呈骑马蹲裆式，上身略向左前方弯曲，左手臂呈轻托起托状
3. 端盘	左手端盘，五指伸开，掌心向上，用全掌托住盘底中央
4. 上肩	掌握好重心，可借助右手将托盘托起到胸前，左手手腕转动，将托盘稳托于肩上，均匀用力，左手指尖向后，勿将手指指尖向前伸或向左伸
5. 调整	调整托盘位置，使盘前端稍向外，不靠嘴，盘后不靠发，盘底不搁肩，托盘与头发保持 2~3 厘米的距离，托稳后右臂自然下垂，自然摆动或扶住托盘前端

（b）　重托起托动作步骤

图 5-8　重托起托动作

（3）双手托盘起托

双手托盘起托动作图及步骤见图 5-9。

（a） 双手托盘起托动作图

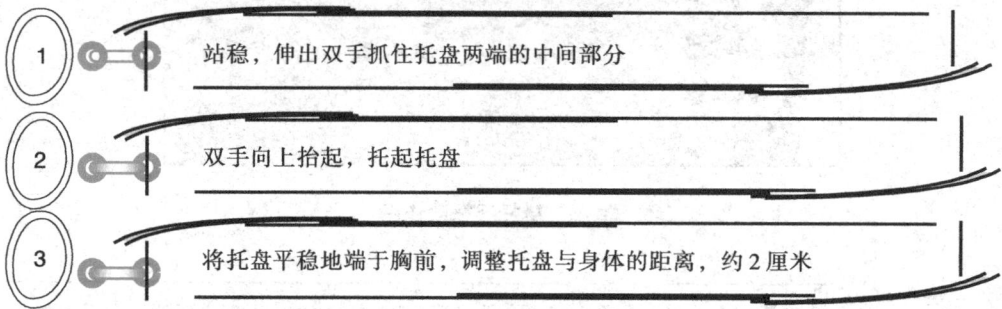

1　站稳，伸出双手抓住托盘两端的中间部分

2　双手向上抬起，托起托盘

3　将托盘平稳地端于胸前，调整托盘与身体的距离，约2厘米

（b） 双手托盘起托动作步骤

图5-9　双手托盘起托动作

6. 托盘行走

托盘行走分为七种步伐，用于传送不同的菜品及适应不同的传送环境，服务员应掌握并练习这七种托盘行走的步伐，熟练传送菜品。

七种步伐的特点、适用条件、练习方法如表5-2所示。

表5-2　托盘行走的七种步伐

名称	特点	适用条件	练习方法
常步	步距均匀，快慢适中，为平常行进的步伐	餐厅日常服务工作	盘内三瓶啤酒，常步托盘行走练习
快步	步距较大，步速较快但不能跑，可保证菜形不变，汤汁不洒	传送需要热吃、上菜慢会影响口感和风味的菜品，如锅包肉、松鼠鱼、拔丝菜等	盘内一份模拟炒菜，快步托盘行走练习
碎步	步距较小，步速较快，上身平稳，避免手臂过大幅度摆动	端送汤类菜品	盘内一份模拟汤菜，碎步托盘行走练习

（续表）

名称	特点	适用条件	练习方法
垫步	左脚侧一步，右脚跟一步，身体略向前倾放下物品	穿行狭窄的通道，行进中突然遇到障碍，靠近餐桌需减速或侧身通过时	盘内一份模拟炒菜，垫步托盘行走练习
跑楼梯步	上楼时要求身体向前倾，重心向前，步伐快而均匀，步步紧跟，利用惯性；下楼时身体后倾，重心后移，步速慢而稳	上、下楼梯时	盘内三瓶啤酒，跑楼梯步托盘行走练习
巧步	非常规步伐，灵活多变，快慢不一，掌握方向，步法多变	行走过程遇到意外、障碍，防止盘内菜品、汤汁洒出	盘内一份模拟汤菜，设置一定的突发障碍，巧步托盘行走练习
舞步	与现代舞步结合，上身平稳，与音乐节奏一致，步法欢快	增强服务艺术性，使服务多样化、增添美感	盘内一份模拟炒菜，放背景音乐，舞步托盘行走练习

7. 落台与卸盘

（1）落台

不同托盘方法落台的步骤如图5-10所示。

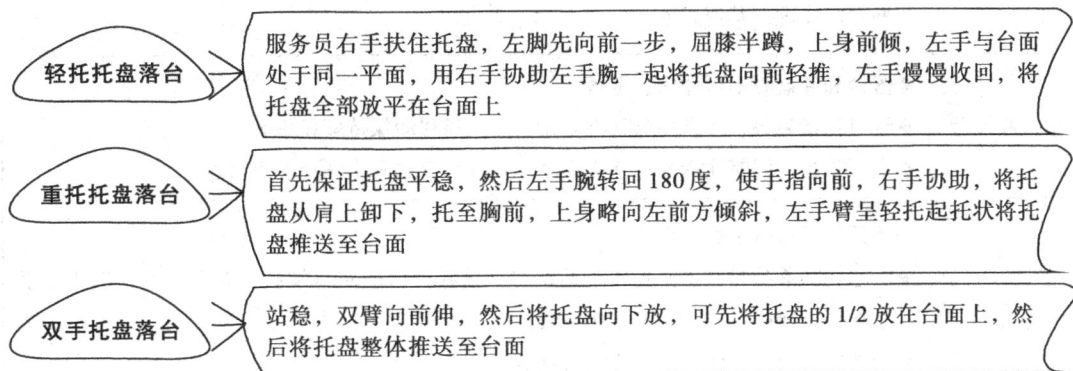

轻托托盘落台　服务员右手扶住托盘，左脚先向前一步，屈膝半蹲，上身前倾，左手与台面处于同一平面，用右手协助左手腕一起将托盘向前轻推，左手慢慢收回，将托盘全部放平在台面上

重托托盘落台　首先保证托盘平稳，然后左手腕转回180度，使手指向前，右手协助，将托盘从肩上卸下，托至胸前，上身略向左前方倾斜，左手臂呈轻托起托状将托盘推送至台面

双手托盘落台　站稳，双臂向前伸，然后将托盘向下放，可先将托盘的1/2放在台面上，然后将托盘整体推送至台面

图5-10　落台的步骤

（2）卸盘

托盘落台后服务员应将盘中的菜品、酒水、器皿等依次从托盘中拿出。此种卸盘方法较为安全、平稳，但要求台面有足够的落盘空间和放置盘中物品的空间。

此外，服务员也可采取不落盘的卸盘方法，即直接从托盘中卸下盘中的物品。该方法的要领是右手沿着托盘周围交替将托盘中物品依次从托盘中取出，左手不断移动，并根据重心的变化调节托盘平衡。

（三）明确托盘传菜注意事项

1. 规范托盘姿势及动作

托盘姿势及动作直接影响托盘传菜的安全、卫生、效率及美观等，因此服务员应注意托盘的姿势及动作。具体来说，可从以下几个方面注意托盘的姿势及动作，如表5-3所示。

表5-3 托盘传菜注意事项

应注意方面	注意事项
起托	◆起托前要站稳，身体平衡后再拿盘 ◆起托时要快慢得当，保持稳定，动作要协调 ◆起托后调整托盘的位置，高低适中，符合轻托、重托及双手托盘规范 ◆注意托盘内物品重量在力所能及范围内，托起后不再随意增加或减少物品重量
托盘行走	◆面部表情自然，见到宾客打招呼或微笑，头正、肩平、上身挺直 ◆自然目视前方，余光扫视周围，不可盯着托盘 ◆右臂放于背后或自然摆动，摆动幅度不宜过大 ◆步伐快慢得当、稳健，以菜汤、酒水不溢出为宜 ◆托盘行走中不与宾客抢道，与宾客相遇时侧身让道，左手托盘，右手力所能及地协助开门或进行其他服务
落台和卸盘	◆落台和卸盘时不可莽撞、重落 ◆调节托盘姿势，注意托盘重心变化，左手指移动保持端托平衡 ◆卸下物品的同时注意盘中其余物品，不可掉落或洒出汤汁、酒水等
其他	◆严禁将托盘越过宾客头顶 ◆除起托和落台时右手扶托外，禁止右手扶托，一般左手端托，右手下垂，避免右手遮挡行走视线，以及造成端托失误 ◆切勿用大拇指按住盘边，使托盘翻落 ◆始终让托盘与宾客保持一定距离，上菜时应站在宾客左右两侧后方10～20厘米处

2. 注意端托卫生

端托时要注意卫生，轻托、重托和双手托盘应注意的侧重点有所不同，如图5-11所示。

轻托	所托物品避开口、鼻，端托中需要讲话，应将托盘托至身体的左外侧，避开正前位
重托	不可将所托物品贴靠于自己的头颈部位，盘前端不能靠近嘴，盘后端不能靠着头发
双手托盘	保持托盘与身体的距离，不能将托盘置于口、鼻正下方，咳嗽、打喷嚏时应将头部转向后方

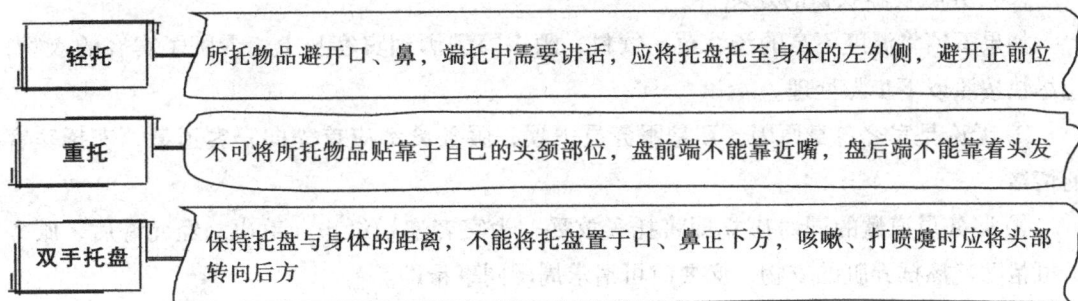

图5-11　端托卫生注意事项

3. 规范使用和管理托盘

规范使用和管理托盘既是托盘传菜安全的需要，也有利于维护餐厅的良好秩序及形象，为此，餐厅服务员应从以下三个方面注意托盘的使用和管理，如图5-12所示。

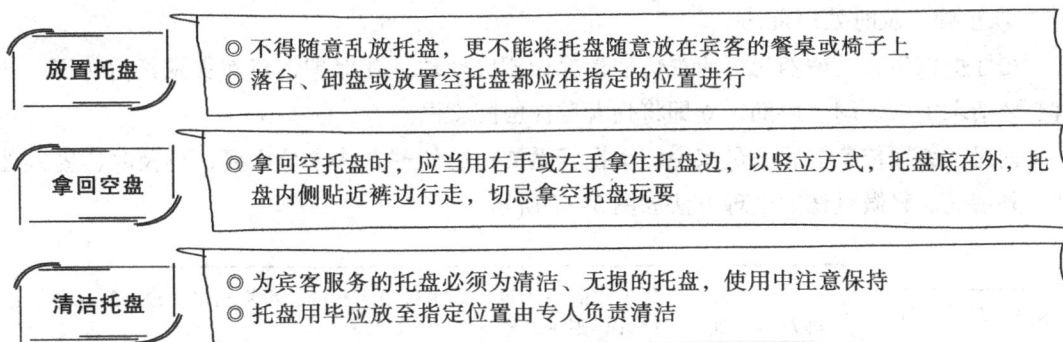

放置托盘	◎ 不得随意乱放托盘，更不能将托盘随意放在宾客的餐桌或椅子上 ◎ 落台、卸盘或放置空托盘都应在指定的位置进行
拿回空盘	◎ 拿回空托盘时，应当用右手或左手拿住托盘边，以竖立方式，托盘底在外，托盘内侧贴近裤边行走，切忌拿空托盘玩耍
清洁托盘	◎ 为宾客服务的托盘必须为清洁、无损的托盘，使用中注意保持 ◎ 托盘用毕应放至指定位置由专人负责清洁

图5-12　规范使用和管理托盘

4. 合理处理意外

在托盘传菜的过程中如出现失误、意外等情况，餐厅服务员应合理处理，将因此带来的损失降到最低。具体托盘传菜经常出现的几种意外情况及处理方法如下所示。

（1）物品掉落的处理

托盘掉落物品需要下蹲时，应保持头正、肩平，上身直立，两眼平视前方，双膝并拢，平稳下蹲后站起。整个过程注意托盘平衡，勿使托盘内其余物品也掉落。

（2）紧急护托的处理

遇到紧急情况，例如遇到即将撞上托盘的人，需要进行护托。具体方法是身体前倾，左手将托盘尽力靠近胸前，左手手臂向内护住托盘，右手向前将托盘包住，双脚向后方或侧后方撤离，避免意外发生。

（3）弄脏宾客衣物的处理

如果不慎将温度不高的汤、菜、饮料、酒水等溅洒到宾客身上，弄脏了宾客的衣物，应尽快按照以下步骤处理。

① 无论是宾客自身原因，还是服务员失误，服务员都应首先向宾客道歉，安抚宾客的情绪。

② 服务员道歉的同时应立即将托盘放妥，为宾客递送纸巾、毛巾。经允许后，服务员可帮助其擦拭弄脏的衣物，必要时可请求周围同事帮助。

③ 宾客情绪较为不稳定，要求赔偿或表示不能谅解时，服务员应再次向其道歉，表现出负责的态度，安抚宾客情绪，避免餐厅就餐环境受到影响，并联系餐厅主管，把宾客请至指定地点协商解决。

（4）人员受伤的处理

盘内较热的汤、菜洒出，或较重的物品跌落，造成人员的烫伤、砸伤等，应采取合理措施，减轻人员伤害及痛苦。

① 正确、及时处理烫伤

餐厅里发生人员烫伤时，应视烫伤情况做相应处理，并保护伤口勿受到其他伤害，如有必要请求主管、同事协助，立即将伤者送往医院就医。

而对于餐厅传菜的服务员来说，掌握轻微烫伤的处理方法十分必要，可及时、妥善处理意外情况。轻微烫伤的处理方法如图 5-13 所示。

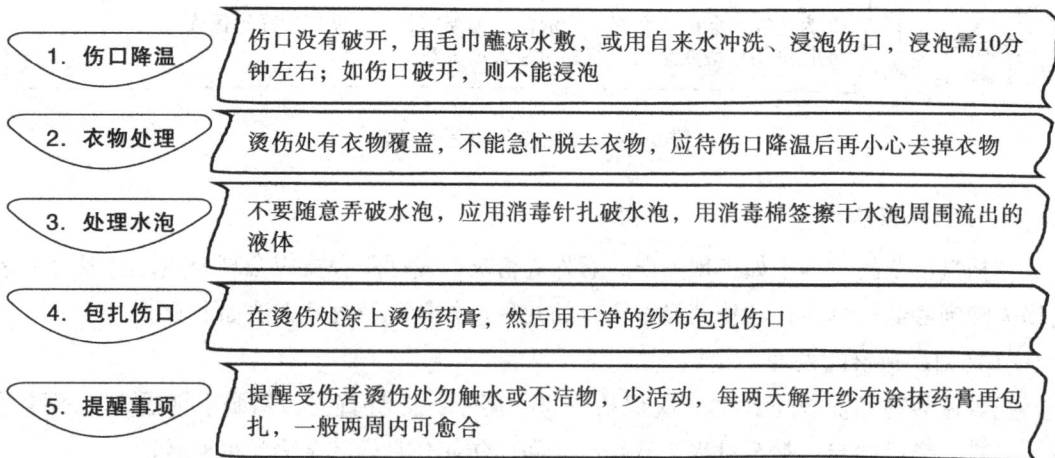

1. 伤口降温	伤口没有破开，用毛巾蘸凉水敷，或用自来水冲洗、浸泡伤口，浸泡需10分钟左右；如伤口破开，则不能浸泡
2. 衣物处理	烫伤处有衣物覆盖，不能急忙脱去衣物，应待伤口降温后再小心去掉衣物
3. 处理水泡	不要随意弄破水泡，应用消毒针扎破水泡，用消毒棉签擦干水泡周围流出的液体
4. 包扎伤口	在烫伤处涂上烫伤药膏，然后用干净的纱布包扎伤口
5. 提醒事项	提醒受伤者烫伤处勿触水或不洁物，少活动，每两天解开纱布涂抹药膏再包扎，一般两周内可愈合

图 5-13　轻微烫伤的处理方法

② 正确、及时处理撞伤、砸伤、扭伤、摔伤等

餐厅服务员在托盘传菜过程中，因物品坠落或撞击导致宾客撞伤、砸伤、扭伤、摔伤等，应对其伤处先冷敷，再涂上药膏，提醒宾客应避免或减少活动伤处。如伤情严重应立即送医院就诊。

三、徒手端托

除了用托盘为宾客端托菜品，餐厅席间服务中，服务人员有时也需要用手直接将菜品、汤品等端送至宾客面前，这种端托方法即为徒手端托。上菜时，如盛装菜品的容器托盘尺寸等于或大于托盘，通常采用徒手端托的方法。

（一）掌握徒手端托的方法

一般徒手端托的方法可分为单手端一个盘（碗）、单手端两个盘（碗）、单手端托三个盘（碗）、单手端四个及以上的盘（碗）、双手端托五种，具体各方法的操作要领如表5-4所示。

表5-4　徒手端托的操作要领

端托方法	操作要领
单手端一个盘（碗）	1. 用左手单手端盘（碗），右手做其他工作 2. 食指、中指、无名指勾托盘（碗）底边棱，拇指翘起稳压盘（碗）边
单手端两个盘（碗）	1. 用食指勾托盘（碗）底，拇指翘起稳压盘（碗）边，端起第一盘（碗） 2. 用无名指托住另一个，中指护在其边、食指压住使其平稳
单手端托三个盘（碗）	1. 左手食指和拇指自然平伸，将第一盘（碗）的边沿插入左手虎口（盘子或碗的重心落在虎口以外） 2. 将第一盘（碗）的边沿下部，压住第二盘的盘（碗）边，并将第二盘（碗）边沿紧靠掌心 3. 用中指托住第三盘（碗），将第二盘（碗）的边沿下部及食指根部压住第三盘（碗）的盘（碗）边。
单手端四个及以上的盘（碗）	1. 端三盘（碗）的基础上，靠腕力和手臂，将第四个或其余的盘（碗）交错搭靠，沿手臂逐渐重叠上去 2. 重叠时只可盘（碗）底搭盘（碗）边，切忌盘（碗）底角碰在饭菜上，污染菜品
双手端托	1. 所端之物在稍右前或稍左前方，置于第三四衣扣之间的位置 2. 食指、中指、无名指勾托盘（碗）底边棱，拇指翘起稳压盘（碗）边

（二）徒手端托注意事项

对于徒手端托来说，应注意以下几个方面的事项，如图5-14所示。

1	站立稳定后再端托,保持端起后手部可用力,所端物品稳定后再行走
2	端送物品应与口鼻保持一定距离,单手端托应将所端物品放在一侧,双手端托应将所端物品略向前伸,与胸前保持一定的距离
3	端送菜品过烫时不能直接用手与容器接触,以免烫伤
4	徒手端托行走的姿势要求与托盘基本相同,应注意保持正确的姿势
5	不可将手指放入菜品、汤品中

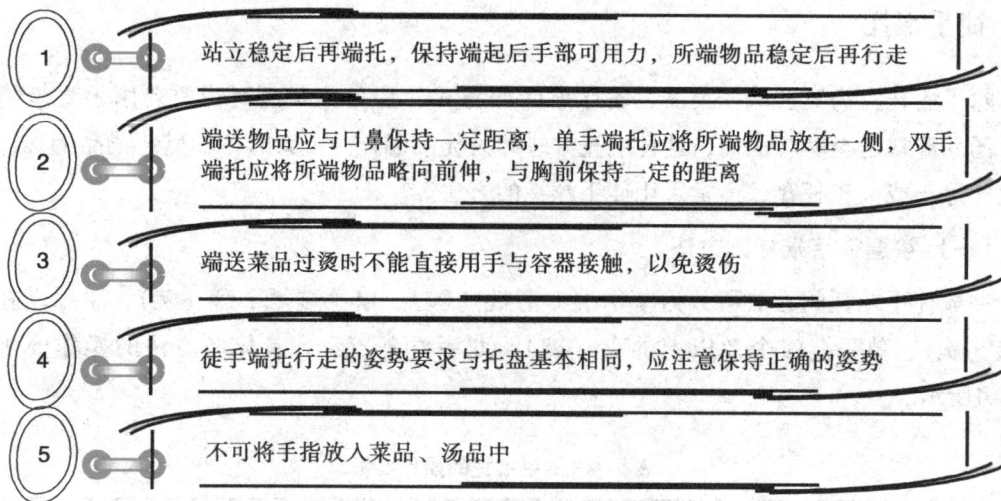

图 5-14　徒手端托注意事项

第二节　上菜应知应会4件事

一、选择上菜位置

服务员上菜时应首先选择合适的上菜位置,在固定的上菜位置端上每一道菜。具体来说,餐厅服务员应掌握以下内容。

(一)选择上菜位置的原则

服务员应充分考虑用餐礼仪、宾客习惯、宾客特点、宾客餐桌摆放等内容,选择好上菜位置。具体来说,在选择上菜位置时,服务员应遵循以下基本原则,如图 5-15 所示。

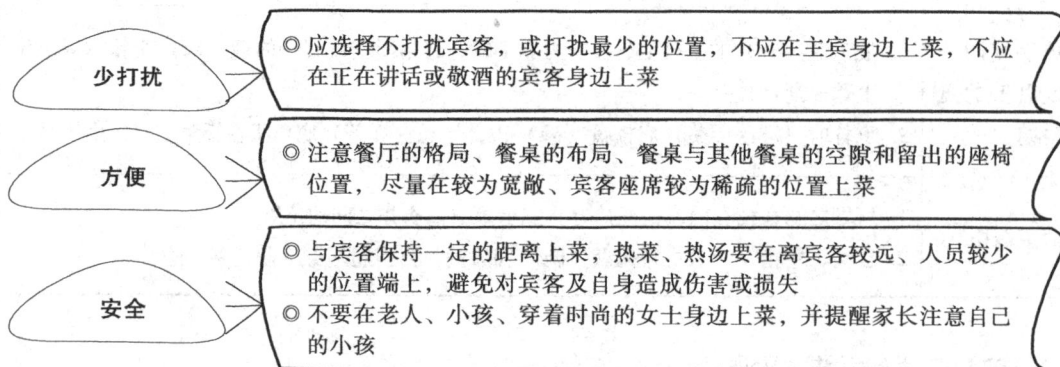

少打扰	◎ 应选择不打扰宾客,或打扰最少的位置,不应在主宾身边上菜,不应在正在讲话或敬酒的宾客身边上菜
方便	◎ 注意餐厅的格局、餐桌的布局、餐桌与其他餐桌的空隙和留出的座椅位置,尽量在较为宽敞、宾客座席较为稀疏的位置上菜
安全	◎ 与宾客保持一定的距离上菜,热菜、热汤要在离宾客较远、人员较少的位置端上,避免对宾客及自身造成伤害或损失 ◎ 不要在老人、小孩、穿着时尚的女士身边上菜,并提醒家长注意自己的小孩

图 5-15　选择上菜位置的基本原则

（二）选择上菜位置的方法

用餐人数不同，上菜的位置也有所不同。具体可参照图 5-16。

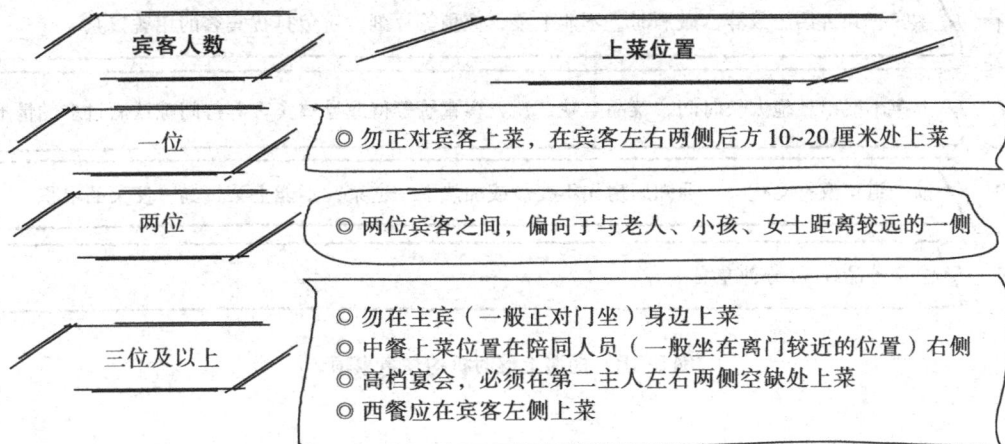

宾客人数	上菜位置
一位	◎ 勿正对宾客上菜，在宾客左右两侧后方 10~20 厘米处上菜
两位	◎ 两位宾客之间，偏向于与老人、小孩、女士距离较远的一侧
三位及以上	◎ 勿在主宾（一般正对门坐）身边上菜 ◎ 中餐上菜位置在陪同人员（一般坐在离门较近的位置）右侧 ◎ 高档宴会，必须在第二主人左右两侧空缺处上菜 ◎ 西餐应在宾客左侧上菜

图 5-16　选择上菜位置的方法

二、把握上菜时机

（一）把握上菜时机的技巧

服务员需要把握上菜的时机，将上菜的时间安排合理。具体来说，可根据上菜情形，参照图 5-17 所示的内容来进行安排。

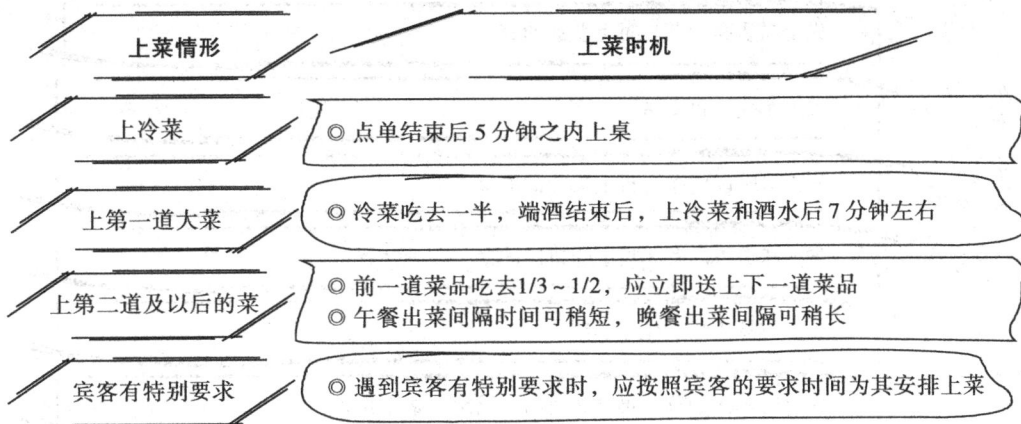

上菜情形	上菜时机
上冷菜	◎ 点单结束后 5 分钟之内上桌
上第一道大菜	◎ 冷菜吃去一半，端酒结束后，上冷菜和酒水后 7 分钟左右
上第二道及以后的菜	◎ 前一道菜品吃去 1/3 ~ 1/2，应立即送上下一道菜品 ◎ 午餐出菜间隔时间可稍短，晚餐出菜间隔可稍长
宾客有特别要求	◎ 遇到宾客有特别要求时，应按照宾客的要求时间为其安排上菜

图 5-17　把握上菜时机的技巧

（二）把握上菜时机的注意事项

把握上菜的时机，应注意以下事项，如图 5-18 所示。

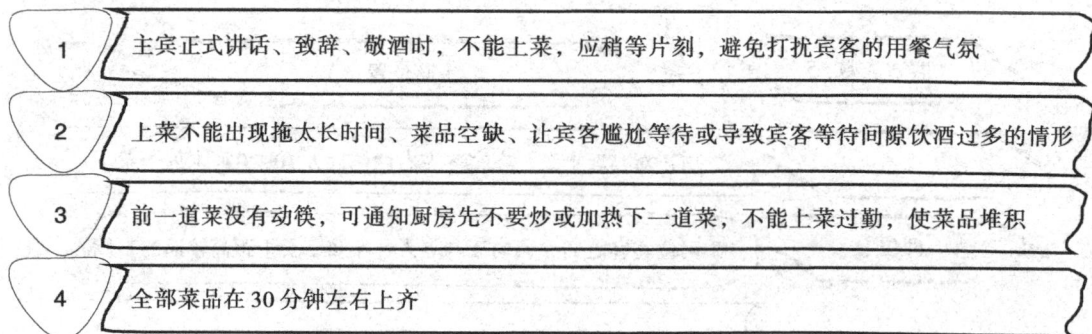

1	主宾正式讲话、致辞、敬酒时，不能上菜，应稍等片刻，避免打扰宾客的用餐气氛
2	上菜不能出现拖太长时间、菜品空缺、让宾客尴尬等待或导致宾客等待间隙饮酒过多的情形
3	前一道菜没有动筷，可通知厨房先不要炒或加热下一道菜，不能上菜过勤，使菜品堆积
4	全部菜品在 30 分钟左右上齐

图 5-18　把握上菜时机的注意事项

三、掌握上菜顺序

中餐和西餐都有固定的上菜顺序，服务员应按照合适的顺序为宾客上菜。

（一）掌握一般上菜顺序

中餐与西餐的上菜顺序不同，中餐各个菜系的上菜顺序也有所不同，但对于一般情况的上菜顺序，服务员应有所掌握。具体如图 5-19 所示。

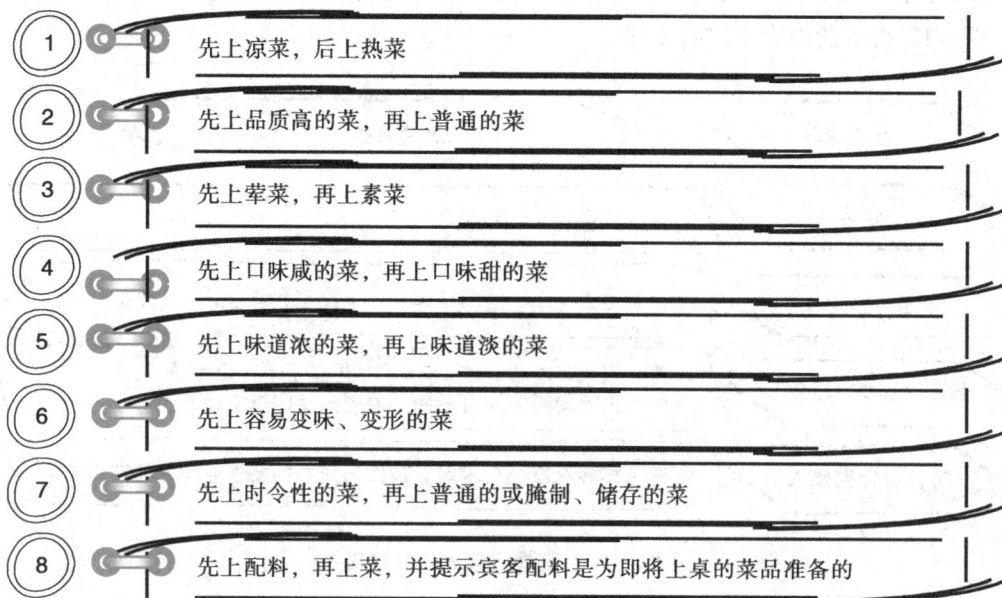

1	先上凉菜，后上热菜
2	先上品质高的菜，再上普通的菜
3	先上荤菜，再上素菜
4	先上口味咸的菜，再上口味甜的菜
5	先上味道浓的菜，再上味道淡的菜
6	先上容易变味、变形的菜
7	先上时令性的菜，再上普通的或腌制、储存的菜
8	先上配料，再上菜，并提示宾客配料是为即将上桌的菜品准备的

图 5-19　一般上菜顺序

（二）掌握中餐上菜顺序

1. 一般中餐

对于一般中餐来说，菜系种类繁多，各菜系特点、讲究不同，但也有应遵循的上菜基本顺序，服务员应熟练掌握，如图 5-20 所示。

1	2	3	4	5	6	7
茶水	凉菜、酒水	主菜	热炒	汤羹	主食	点心、水果

图 5-20　一般中餐上菜的基本顺序

一般中餐按顺序上菜的各菜品具体说明和举例如表 5-5 所示。

表 5-5　一般中餐按顺序上菜的菜品说明和举例

中餐菜品	说明	举例
茶水	先为宾客上茶水解渴，注意与菜品搭配	红茶、普洱茶、绿茶、菊花茶、金银花茶
凉菜、酒水	也称冷盘，用以开胃，出菜较快，同时上酒水	拼盘、凉拌生蔬
主菜	也称大件、大菜，店内最名贵、最有特色的菜	海参、鲍鱼、鹅肝、龙虾
热炒	炒制的菜品，一般多为肉类、禽类、蔬菜	宫保鸡丁、鱼香肉丝、糖醋鱼、红烧排骨
汤羹	汤类菜品	西湖牛肉羹、蛋花汤
主食	粮食类制品	米饭、面条、馒头、饼
点心、水果	餐后补充或解腻	绿豆糕、蓝莓奶酪、水果拼盘

2. 中餐宴会与中餐酒席

中餐宴会与中餐酒席应遵循一般中餐上菜的基本顺序，需要注意的是中餐宴会的凉菜是在开席前摆好，宾客入座后服务员即通知厨房出其他菜；而中餐酒席则是在宾客入座后开始端茶水、上菜。

（三）掌握西餐的上菜顺序

对于西餐来说，上菜顺序大体一致，服务员应熟练掌握，如图 5-21 所示。

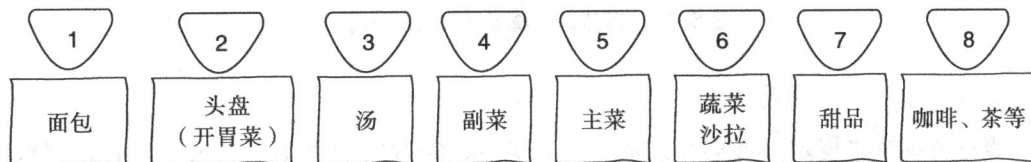

1	2	3	4	5	6	7	8
面包	头盘（开胃菜）	汤	副菜	主菜	蔬菜沙拉	甜品	咖啡、茶等

图 5-21　西餐的上菜顺序

西餐按顺序上菜的各菜品具体说明和举例如表5-6所示。

表5-6　西餐按顺序上菜的菜品说明和举例

西餐菜品	说明	举例
面包	宾客每人一份面包，可配以果酱、黄油等	全麦面包、白面包、俄罗斯面包
头盘	分为冷头盘和热头盘，口味以咸、酸为主，量少，精致	鱼子酱、鹅肝酱、熏鲑鱼、焗蜗牛
汤	分为清汤、奶油汤、蔬菜汤、冷汤等	海鲜汤、蔬菜汤、罗宋汤、德式冷汤
副菜	水产类和蛋类菜品	鞑靼汁、荷兰汁、白奶油汁、大主教汁
主菜	取肉类，用烤、煎、煮、焖等方式烹制，配以汁料	牛排、烤火鸡、鹅肉，配以咖喱汁、洋葱汁、黑胡椒汁
蔬菜沙拉	生蔬菜等配以沙拉酱	生菜、番茄、黄瓜等配以乳酪沙拉酱
甜品	分为软点、干点、湿点，热吃、冷吃及冷热皆可	冰淇淋、布丁、乳酪、馅饼
咖啡、茶等	可加入糖、淡奶油	卡布奇诺、摩卡、拿铁

四、菜品摆放定位

（一）了解菜品摆放定位的基本原则

菜品、容器种类多样，餐席的具体情况各不相同，因此菜品摆放定位的要求也不尽相同。一般来说，服务员应在遵照以下菜品摆放定位基本原则的基础上，灵活应对。

1. 尊重宾客，主宾为上

菜品的摆放定位应尊重宾客，以主宾为优先和优待，具体要求如图5-22所示。

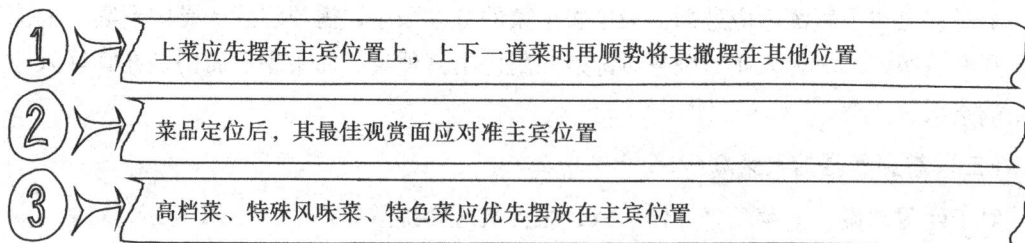

① 上菜应先摆在主宾位置上，上下一道菜时再顺势将其撤摆在其他位置

② 菜品定位后，其最佳观赏面应对准主宾位置

③ 高档菜、特殊风味菜、特色菜应优先摆放在主宾位置

图5-22　摆放定位尊重主宾的基本原则

2. 安全、卫生、美观

服务员应按照规定，将菜品摆放整齐、美观，符合安全和卫生的要求，具体要求如图5-23所示。

1	将热烫的菜品摆放在中心或离小孩较远的位置，避免烫伤
2	菜品应摆放稳妥、平衡，不可叠放、悬空等
3	及时撤下已用完的菜品，整理桌面，将菜品摆放在干净、整洁的桌面上，保持摆放美观

图 5-23 摆放定位安全、卫生、美观的基本原则

3. 方便

（1）菜品之间保持一定的距离，方便菜品摆放及转盘转动。

（2）菜品的其他辅助用具，如手套、剪刀、特殊餐具等，以及菜品配料，应先于菜品端上，置菜盘右侧，方便宾客取用。

4. 注意礼仪与习俗

特殊菜品的摆放定位应充分考虑相关礼仪及习俗，如鱼头要朝向主人，鸡头、鸭掌、鱼脊不能对着宾客等，以达到符合礼仪规范，尊重宾客的目的。

（二）掌握摆菜造型的技巧

根据菜品数量的不同，服务员可将菜品在餐桌上摆放成一定的形状。具体来说，服务员应熟练掌握图 5-24 所示的技巧，将不同数量的菜品摆放美观。

菜品数量	摆放造型技巧
一道	放在餐桌正中心位置
两道	将两道菜品平行摆放
三道	将三道菜品呈三角形，即品字形摆放
四道	将四道菜品摆放成正方形
五道	将五道菜品摆放成梅花形
六道及以上	以一道菜品为圆心，其他菜品围绕其摆放

图 5-24 不同数量的菜品摆放造型技巧

（三）掌握中心位置菜品的确定方法

凡是菜品数量为五道及以上的，都有一道菜品摆放在中心位置，服务员需明确可以摆放在中心位置的菜，再围绕这个中心摆放其他菜品。可摆放在中心位置的菜品一般有以下三种。

1. 大菜

大菜即最名贵、最有特色或品质最高的菜，一般菜品材料较为珍贵、造型美观，放在中心位置，方便桌上所有宾客观赏、取食。

2. 主凉菜

凉菜分为主凉菜和一般凉菜，主凉菜一般放在中心位置。主凉菜即冷菜拼盘、大型凉菜，食材按层次摆放在盘中，摆在中心供宾客观赏及逐层食用。

3. 砂锅、炖盆、火锅等

砂锅、炖盆、火锅，包括酒精炉、烤炉等，应摆在中心位置，可避免宾客不慎烫伤，也可增加热闹的用餐气氛。

（四）掌握菜品搭配摆放的技巧

服务员应掌握菜品合理搭配摆放的技巧，将不同菜品合理搭配、间隔开，使餐桌整体搭配协调、层叠有序、色彩相衬、美观大方。具体合理搭配摆放菜品的技巧如图5-25所示。

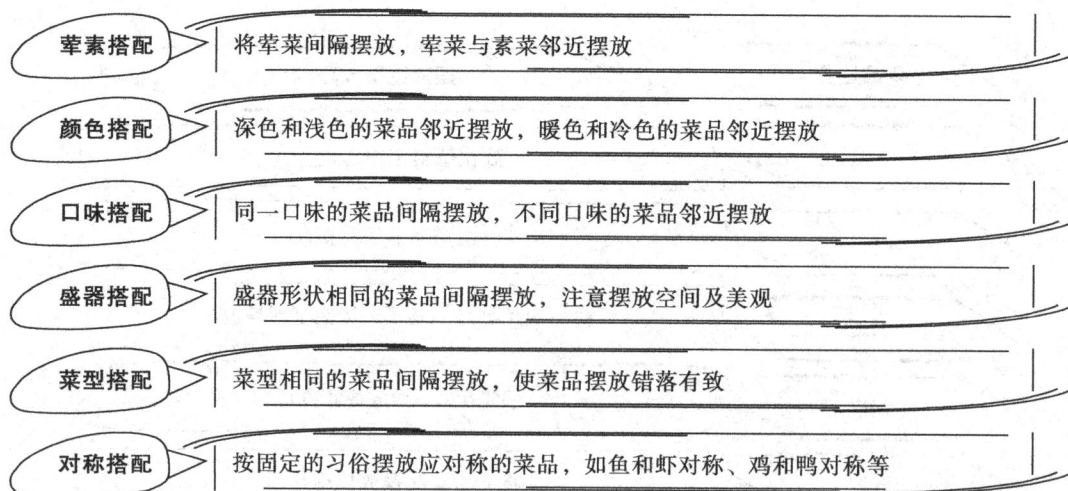

荤素搭配	将荤菜间隔摆放，荤菜与素菜邻近摆放
颜色搭配	深色和浅色的菜品邻近摆放，暖色和冷色的菜品邻近摆放
口味搭配	同一口味的菜品间隔摆放，不同口味的菜品邻近摆放
盛器搭配	盛器形状相同的菜品间隔摆放，注意摆放空间及美观
菜型搭配	菜型相同的菜品间隔摆放，使菜品摆放错落有致
对称搭配	按固定的习俗摆放应对称的菜品，如鱼和虾对称、鸡和鸭对称等

图5-25　合理搭配摆放菜品的技巧

第三节　菜品介绍应知应会 **3** 件事

一、报出菜名

为宾客上菜后，服务员应报出菜品名称，一方面满足宾客对菜品名称的知悉需求，从而核对与所点菜单是否符合；另一方面通过报出菜名、介绍菜品可增加用餐气氛，提升餐厅档次。具体来说，餐厅服务员需做好以下工作，方能准确、快速、清晰地报出菜品名称。

（一）了解菜名的分类

掌握菜名的分类，有助于服务员分类记忆菜品名称。常见的菜名类别具体如表5-7所示。

表5-7　菜名分类表

菜名类别	特点	举例
写实型	名称能体现菜品的食材原料、烹调方法、食用方法，在菜名中出现最多，西餐多采取此种名称	拔丝苹果、腰果鸡丁、夏果百合、蟹黄时蔬、烤鸭、焗蜗牛、烤火鸡
寓意型	菜名无法体现菜品的食材原料、烹调方法、食用方法，而是更突出其象形、典故，多见于地方特色菜	佛跳墙、蚂蚁上树、麻婆豆腐、东坡肘子、夫妻肺片、西湖醋鱼、叫花鸡、贵妃鸡
仿真型	多为素菜荤名	素鸡、烧鹅脖、赛螃蟹

（二）掌握报菜名的要求

1. 把握好报菜名的时机

报菜名应该是在妥当将菜品放置在主宾面前之后。如果餐桌上有转盘，应先将转盘转动，向宾客展示一圈，直至最终转至主宾面前后再报菜名。

需要注意的是，菜品上桌后，如果宾客自行发问，或有宾客向桌上其他宾客介绍该菜菜品时，不能打断宾客讲话，应在需要时回答问题，或适时补充，灵活应对，令宾客满意。

2. 规范做出介绍菜品的动作

服务员展示菜品后，应将菜品放置于主宾面前，然后后退一步，站好，打手势，报菜名。介绍菜品的手势为左手放到背后，大拇指根部与腰际齐平，掌心向外；右手五指并拢，掌心向上约45度，指向餐桌上的菜品。

服务员介绍菜品时，应注意以下事项。

（1）右手靠近并指示菜品时，不可与菜品过近。

（2）不可对着菜品讲话。

（3）报菜名时应使用礼貌用语，例如："这道菜是本店的特色菜×××，其特点是……各位贵宾请品尝。"

（4）介绍菜品要尽可能全面，应清晰地报出菜品的准确名称，流畅、生动地介绍其特点和典故，如实地介绍其制作方法等。

（5）语速、语音适中，自然大方，介绍特色菜菜名要更加富有感情。

二、展示菜品

一般来说，有转盘则将菜品置于转盘上，顺时针方向转一圈，使宾客都能观赏到，最终转至主宾位置；无转盘则将菜品置于最宜主宾观赏并可使餐桌上尽可能多的宾客观赏到的位置，面对着主宾。具体来说，对于不同的菜品，展示方法也有所不同，如表5-8所示。

表5-8 不同菜品的展示方法

菜品分类	展示方法
造型美观、独特的菜品	◎ 先向全体宾客展示并介绍，最终将最佳观赏面对着主宾 ◎ 包括凉菜拼盘造型、雕刻菜等，例如孔雀开屏造型菜，最终开屏面面向主宾
需现场演示制作的菜品	◎ 将菜品端上桌面或展示台，现场向宾客展示制作过程 ◎ 如锅巴菜，端上菜后立即将汤汁浇在锅巴上，使之发出响声，烘托气氛
需现场开盖、拆开包装的菜品	◎ 展示整体造型后现场开盖，并向宾客展示 ◎ 如原盅炖品展示后当场开盖、泥封菜展示后在工作台打破泥包后上桌
需要撤下分菜的菜品	◎ 先在餐桌上展示给宾客观赏，再撤下分菜
易变形、需要热吃的菜品	◎ 略加展示即请宾客享用，展示时间不可过长，避免影响菜品风味
珍贵、独特的菜品	◎ 展示并介绍完菜品后，介绍和演示食用方法、注意事项等

三、介绍菜品特点

（一）分清不同类型菜品的介绍重点

对于不同类型的菜品，对其介绍的侧重点不同，具体如图5-26所示。

写实型菜名菜品介绍	◎ 报出菜名后宾客可基本知晓菜品的特点 ◎ 分为原料写实、烹调写实、食用方法写实等 ◎ 可介绍菜品名称不能体现的特点，如原料写实型菜名的菜品，可介绍其烹调方法、食用方法、营养价值等
寓意型菜名菜品介绍	◎ 正确报出菜名后，介绍菜品名称的由来、典故、寓意、传说等 ◎ 可介绍菜品的特点、口味、原材料及烹调方法、食用方法等
仿真型菜名菜品介绍	◎ 多为素菜荤名，需介绍原材料，并加以引导和说明，避免造成宾客误会 ◎ 可介绍菜品的原材料、烹调方法、食用方法、营养价值等

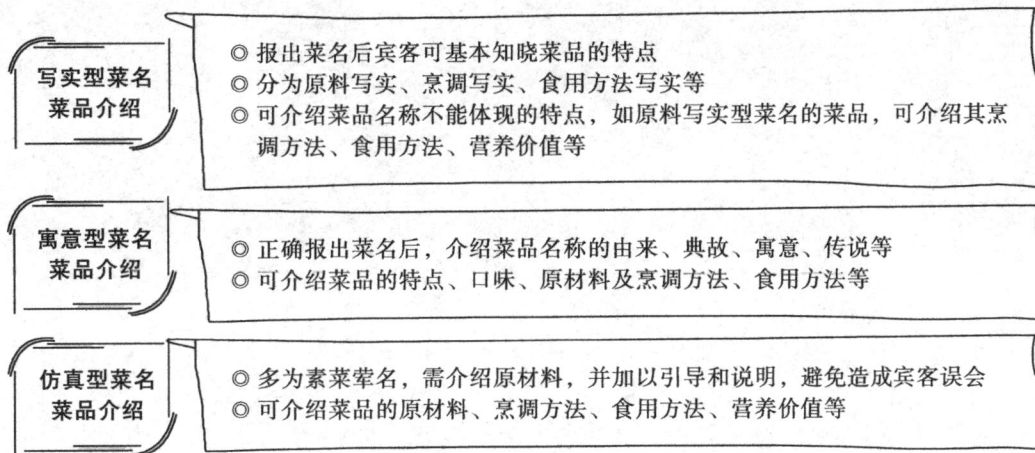

图 5-26 不同类型菜品的介绍重点

（二）介绍菜品的注意事项

（1）把握时间，介绍菜品的时间不宜过长，一般不超过 5 分钟；易变形的菜品，需要尽快介绍，避免因介绍时间过长而耽误食用的最佳时机。

（2）尽可能使用文明用语，避免不文明、不当用语，影响宾客食欲；介绍典故、故事生动有趣，充分调动宾客兴趣，通过语言介绍为菜品增色。

（3）根据情况把握介绍菜品的详细程度，例如珍贵高档的菜品、特色菜、招牌菜的介绍应较为详细，常见的菜品可简单介绍；宾客兴趣高，则详细介绍菜品，宾客对介绍兴趣不大，则简单介绍。

（4）需要分菜的菜品，介绍完特点后，需向宾客说明将提供分菜服务，服务员为宾客分好后再请宾客品尝。

（5）适时灵活应对，将用餐气氛调动起来，例如介绍菜品"如意春卷"，可加入祝福语："今天是立春，借这道'如意春卷'，祝各位贵宾在新的一年里心想事成，万事如意！"

（6）耐心、热情、细致地回答宾客对菜品提出的问题，如果不能回答，也不能拒绝宾客，可以说："这个问题我怕回答不准确，需要我的主管来帮我一下，请稍等，我请他过来为您介绍，好吗？"

第六章

分菜服务

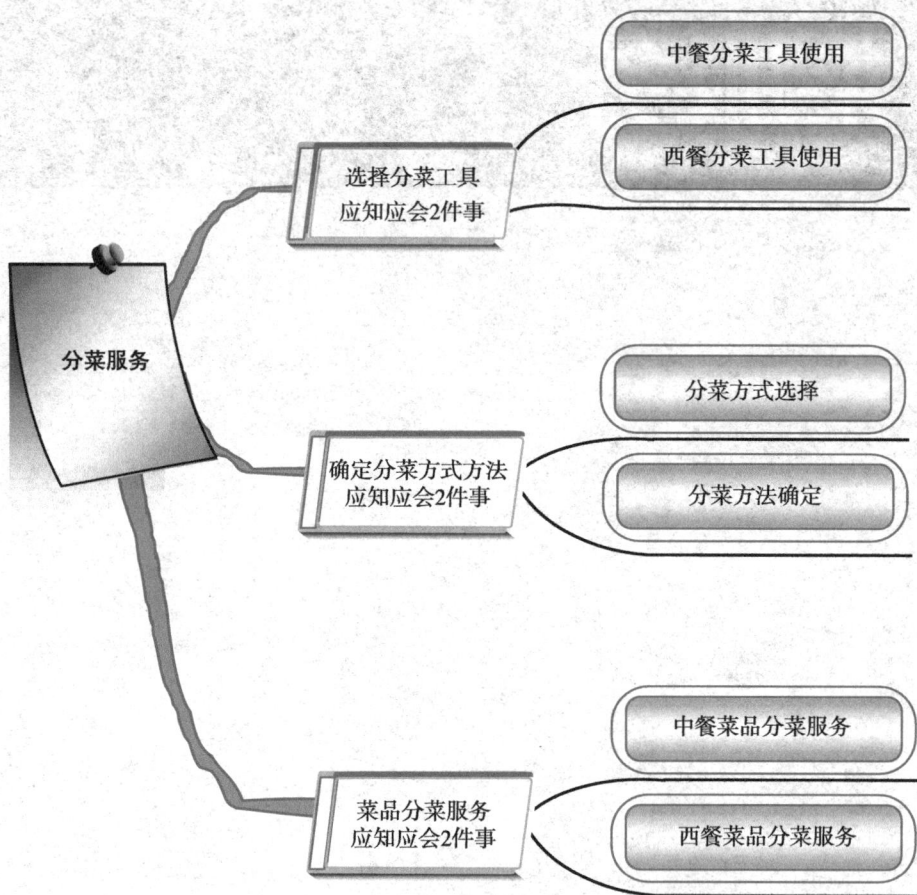

第一节 选择分菜工具应知应会2件事

一、中餐分菜工具使用

中餐分菜的工具一般比较简单，常用的有服务叉（分菜叉）、服务勺（分菜勺）、公用勺、公用筷、长把勺等。

（一）服务叉和服务勺的使用方法

一般来说，鱼禽类菜品用服务刀或叉分。餐厅服务员在使用服务叉或勺分菜时，经常采取的方法有指握法、指夹法和右勺左叉法，其动作要领如图6-1、图6-2、图6-3所示。

右手握住叉、勺把的后部，勺心向上，叉的底部向勺心，在夹菜品和点心时，右手食指插在勺把和叉把之间，与拇指配合捏住叉把，其余三指控制勺把，无名指和小指起稳定作用，中指支撑勺把中部

图6-1 指握法动作要领

将一对叉勺握于右手，正面向上，叉子在上，服务勺在下，使中指及小指在下方而无名指在上方夹住服务勺。将食指伸进叉勺之间，用食指与拇指尖握住叉子，使之固定

图6-2 指夹法动作要领

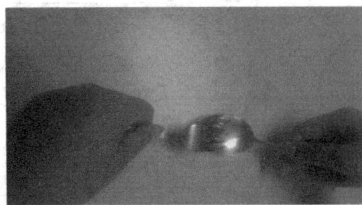

右手握勺，左手握叉，适用于体积较大的食物

图6-3 右勺左叉法动作要领

（二）公用勺和公用筷的使用方法

炒菜一般用一把公用勺和一双公用筷进行分菜。分菜时，餐厅服务员应右手持公用筷，左手持公用勺，左右手相互配合将菜品分到宾客的餐碟中，如图6-4所示。

图6-4　公用勺和公用筷的使用方法

（三）长把汤勺的使用方法

一般用长把汤勺来分汤和羹。如果汤中有原料时需用公用筷配合长把汤勺进行操作，如图6-5所示。

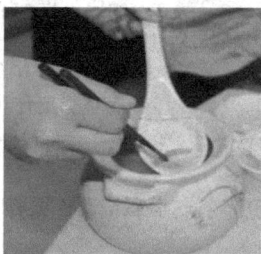

图6-5　长把汤勺的使用方法

二、西餐分菜工具使用

西餐分菜工具主要有俄式和法式两种，各自的使用方法也有所不同。

（一）西餐分菜工具

西餐分菜主要工具如图6-6所示。

俄式分菜工具

● 主要有叉和勺

西餐分菜主要工具

法式分菜工具

● 主要有服务车、分割切板、刀、叉、分调味汁的叉和勺等

图6-6　西餐分菜主要工具

（二）西餐分菜工具的使用

1. 俄式分菜工具的使用方法

俄式分菜技术要求较高，餐厅服务员持餐叉、餐勺进行分菜的正确姿势为：勺在下，叉在上，右手的食指插在叉和勺之间并与拇指配合捏住叉把，其余三指控制勺把，五指并拢。

2. 法式分菜工具的使用方法

法式分菜侧重于切割技巧，在分主料、配料及配汁时，各分菜工具的使用方法不同，具体如图6-7所示。

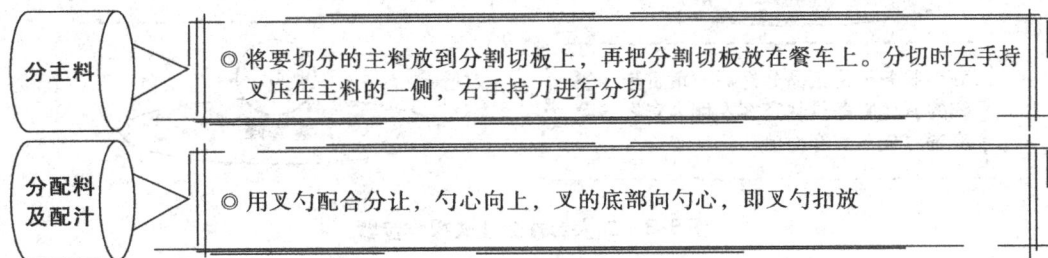

| 分主料 | ◎ 将要切分的主料放到分割切板上，再把分割切板放在餐车上。分切时左手持叉压住主料的一侧，右手持刀进行分切 |
| 分配料及配汁 | ◎ 用叉勺配合分让，勺心向上，叉的底部向勺心，即叉勺扣放 |

图6-7　法式分菜工具的使用方法

第二节　确定分菜方式方法应知应会**2**件事

一、分菜方式选择

分菜有三种方式，即餐台分菜、分菜台分菜和厨房分菜。其中餐台分菜及分菜台分菜为餐厅服务员必须掌握的分菜方式。

（一）餐台分菜

餐台分菜，又名桌上分让式，即餐厅服务员在每位宾客的餐位旁，将菜品分派到宾客各自餐碟中的分菜方式。具体根据分菜人员的数量，餐台分菜又可分为一人独立分让式和二人合作分让式。

1. 一人独立分让式

一人独立分让式即由一名餐厅服务员独立操作为宾客分菜，其操作要领为餐厅服务员站在宾客的左侧，右脚在前，左脚在后，身体微微前倾，左手托盘，右手拿分菜用的叉、勺，将菜品分让给宾客。分菜时，应面带微笑，并礼貌地说："请慢用。"

2. 二人合作分让式

二人合作分让式即由两名餐厅服务员配合操作为宾客分菜，其操作步骤如图6-8所示。

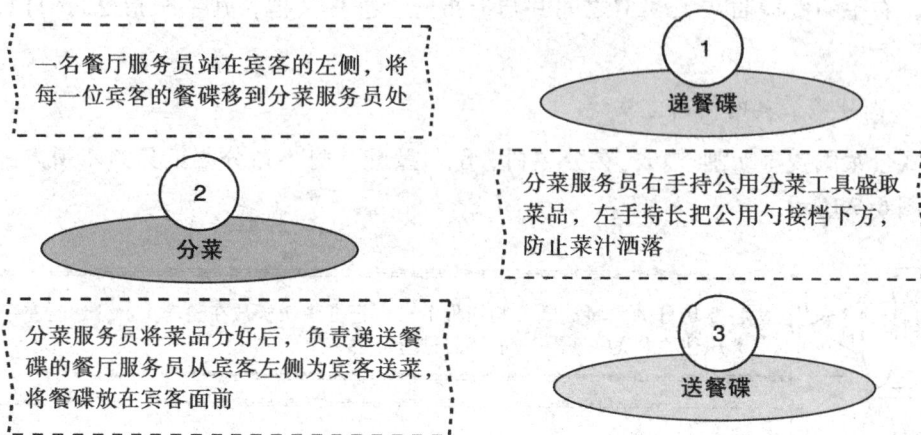

一名餐厅服务员站在宾客的左侧，将每一位宾客的餐碟移到分菜服务员处

1 递餐碟

分菜服务员右手持公用分菜工具盛取菜品，左手持长把公用勺接档下方，防止菜汁洒落

2 分菜

分菜服务员将菜品分好后，负责递送餐碟的餐厅服务员从宾客左侧为宾客送菜，将餐碟放在宾客面前

3 送餐碟

图6-8　二人合作分让式操作步骤

（二）分菜台分菜

分菜台分菜又名旁桌分让式，即餐厅服务员在分菜台上将菜品分到每位宾客的餐碟中，然后送到宾客面前的分菜方式。分菜台分菜的具体操作步骤如图6-9所示。

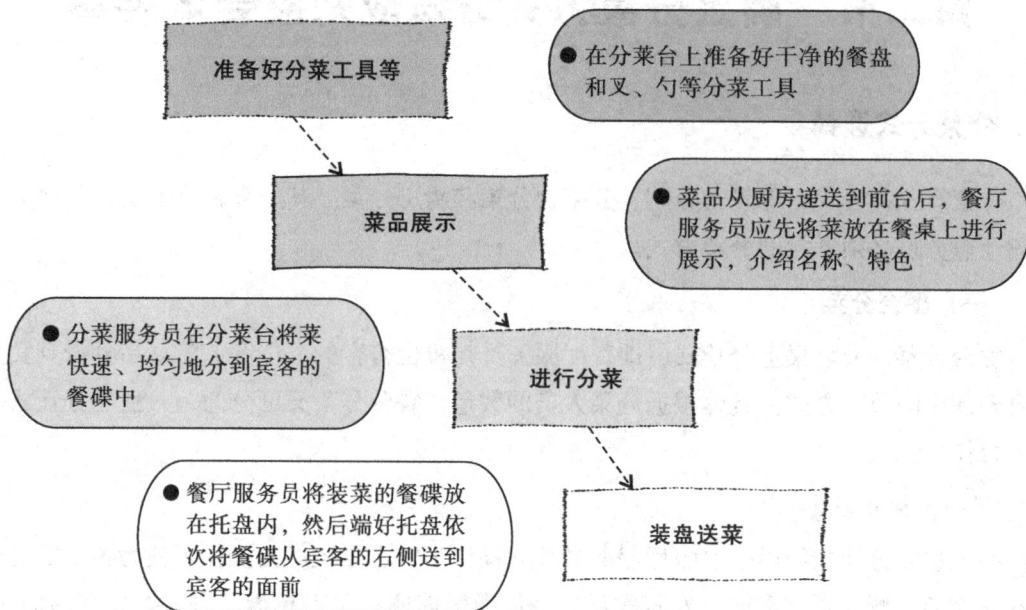

准备好分菜工具等 → ● 在分菜台上准备好干净的餐盘和叉、勺等分菜工具

菜品展示 → ● 菜品从厨房递送到前台后，餐厅服务员应先将菜放在餐桌上进行展示，介绍名称、特色

● 分菜服务员在分菜台将菜快速、均匀地分到宾客的餐碟中 ← **进行分菜**

● 餐厅服务员将装菜的餐碟放在托盘内，然后端好托盘依次将餐碟从宾客的右侧送到宾客的面前 → **装盘送菜**

图6-9　分菜台分菜步骤

餐厅服务员应根据菜品的种类、服务的类型、宾客的喜好及需求等，选择合适的分菜方式。如一般炒菜可采用一人独立分让式，而海鲜等高档菜品可采取二人合作分让式或分菜台分菜，以通过服务彰显菜品本身的高贵档次。

二、分菜方法确定

根据分菜所借助的工具，分菜方法可分为叉、勺分菜，转台分菜和服务台分菜三种。餐厅服务员在选择、确定分菜方法时，应充分考虑菜品的特点。

（一）分菜方法

餐厅服务员需掌握叉、勺分菜，转台分菜和服务台分菜这三种分菜方法。具体各种分菜方法的动作要领如图6-10所示。

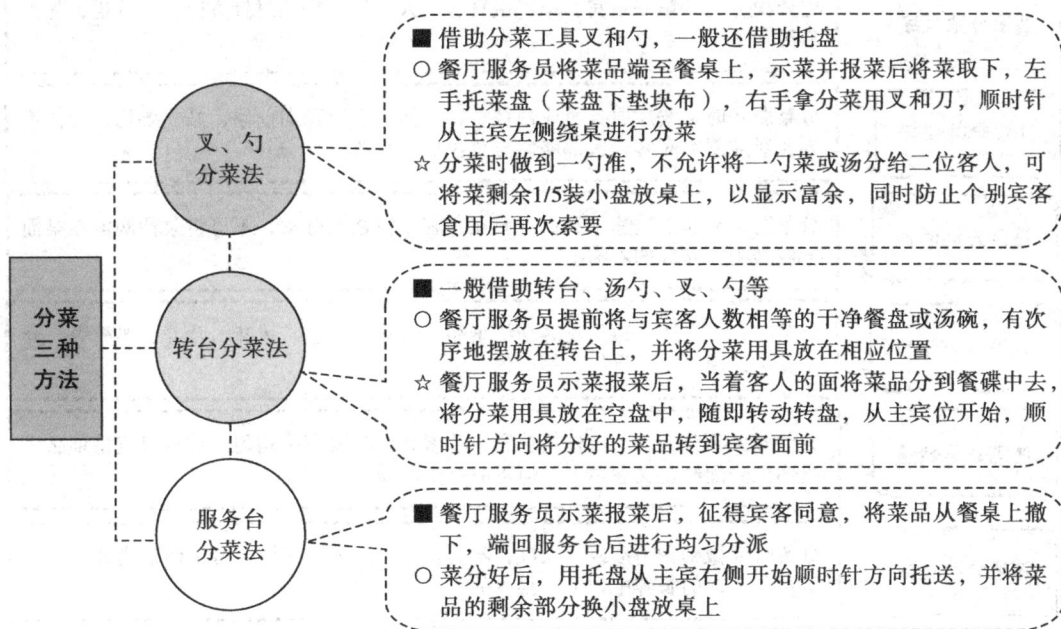

叉、勺分菜法
- ■ 借助分菜工具叉和勺，一般还借助托盘
- ○ 餐厅服务员将菜品端至餐桌上，示菜并报菜后将菜取下，左手托菜盘（菜盘下垫块布），右手拿分菜用叉和刀，顺时针从主宾左侧绕桌进行分菜
- ☆ 分菜时做到一勺准，不允许将一勺菜或汤分给二位客人，可将菜剩余1/5装小盘放桌上，以显示富余，同时防止个别宾客食用后再次索要

转台分菜法
- ■ 一般借助转台、汤勺、叉、勺等
- ○ 餐厅服务员提前将与宾客人数相等的干净餐盘或汤碗，有次序地摆放在转台上，并将分菜用具放在相应位置
- ☆ 餐厅服务员示菜报菜后，当着客人的面将菜品分到餐碟中去，将分菜用具放在空盘中，随即转动转台，从主宾位开始，顺时针方向将分好的菜品转到宾客面前

服务台分菜法
- ■ 餐厅服务员示菜报菜后，征得宾客同意，将菜品从餐桌上撤下，端回服务台后进行均匀分派
- ○ 菜分好后，用托盘从主宾右侧开始顺时针方向托送，并将菜品的剩余部分换小盘放桌上

图6-10 分菜三种方法

（二）分菜方法的确定

一般来说，分菜方法的选择、确定有一定的技巧，具体如图6-11所示。

叉、勺分菜法	转台分菜法	服务台分菜法
适用于分一般炒菜	适用于分汤菜	适用于分汤及一些难分派的菜品或高档名贵菜品

图6-11 分菜方法的确定技巧

第三节 菜品分菜服务应知应会2件事

一、中餐菜品分菜服务

在中餐厅，餐厅服务员的工作之一就是分菜服务。分菜服务既能体现餐厅服务员的工作态度及工作技能，又能反映出餐厅的整体服务水平。

（一）中餐菜品分菜服务要点

餐厅服务员在提供中餐菜品分菜服务时，应注意以下九个要点，具体如图6-12所示。

注意分菜顺序	先依次分送给第一主宾、第二主宾、主人，然后按顺时针方向依次分送，先女后男
注意分菜姿势	分菜服务时，餐厅服务员应站在宾客左侧，上身稍向前倾，站立要稳，身体不要碰触或斜靠宾客，头部略斜与菜盘成一直线
注意分菜动作	分菜时，动作要迅速、利落，要在宾客动筷之前分菜，不可将菜汁滴落在桌面上或溅洒在宾客的衣物上
注意分菜语言	分菜时，可以边分边向宾客介绍菜品的名称、特色、风味、营养、典故等，介绍完可以附上"请慢用"等话语
注意分菜数量	分菜要做到分让均等，包括色彩、荤素和汁菜要搭配均匀，分菜时应将菜品优质部位分配给主宾和主人，但不应过于明显
注意分菜次数	分菜时要做到一勺准或一叉准，不要将一勺（叉）菜同时分给两位宾客，更不可从分得多的餐碟中匀给分得少的
注意分菜剩余	第一次分完后，盘中宜余下1/10～1/5的菜品，将其换放于一小盘中放到餐桌上，以示菜品的宽裕，并方便二次分派
注意分菜卫生	分菜时要注意手法卫生，并提请宾客使用公用筷和公用勺
注意跟上佐料	带佐料的菜，分菜时要跟上佐料，并略加说明

图6-12 中餐菜品分菜服务要点

（二）中餐菜品分菜服务技能

中餐菜品分菜在餐厅服务中是一项带有技术性的重要工作，餐厅服务员要想熟练地掌握它，就必须对各种菜品的烹制方法、菜品烹制完成后的质地及特点等有充分的了解，通过不断地实践练习，方能在宾客面前娴熟自如地进行操作。具体来说，餐厅服务员应掌握整形菜的分菜服务技能及特殊菜品的分菜服务技能。

1. 整形菜分菜服务技能

整形菜是指整形烹制并整形上碟的菜品，其在加工、烹调、装盘等过程中，保持了原料的整体性和独立性，给人以完整及自然美的感觉。整形菜在中餐宴请中往往以大菜、头菜等形式出现。具体来说，餐厅服务员应掌握以下四种常见整形菜的分菜服务技能。

（1）整鸡（鸭）分菜服务技能

餐厅服务员应掌握整鸡（鸭）分菜服务的操作程序，具体如图6-13所示。

1	将整鸡（鸭）放置在转台边沿，顺时针绕台转一周向宾客进行展示，注意鸡不献头、鸭不献掌、鱼不献脊
2	示菜后将整鸡（鸭）撤下，放在工作台上，准备好分菜工具
3	按鸡（鸭）类菜品的自身结构来进行分割，尽量保持其形状完整和均匀。一般分割方法为左手持餐勺压住颈脖，右手握餐刀，从颈脖部切至尾部（从尾部闪过，不拆分尾部），而后横切成若干等份
4	将切好的鸡（鸭）分装餐碟，按宾主次序进行分派，注意一般头尾不分派，由宾客自行取用

图 6-13　整鸡（鸭）分菜服务的操作程序

（2）烤乳猪分菜服务技能

分烤乳猪前可将整只乳猪放于特制的盘内，揭开盖在上面的红绸，请宾客欣赏，而后用片刀将皮片去，片下后原样覆好，打上菱形花刀后，端上桌；之后片肉，方法一样。餐厅服务员左手拿餐碟，右手持餐叉和餐勺，按切片顺序逐一将乳猪及配料放于餐碟内，分送给宾客。

（3）整鱼分菜服务技能

分鱼服务是餐厅服务员应掌握的服务技能之一。餐厅服务员要想做好分鱼服务，首先应掌握所分鱼的品种及其烹调方法，然后根据其不同的食用方法准备不同的分鱼工具，进行不同的分割装碟操作。

常用的分鱼用具有鱼刀、鱼叉、鱼勺等。餐厅服务员应根据鱼的品种及食用方法进行准备，具体可参照图 6-14 所示的内容。

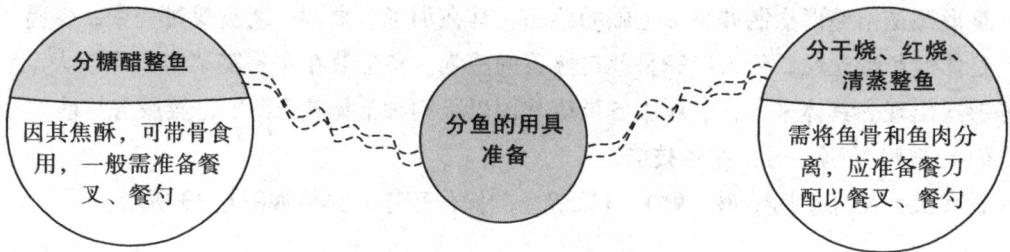

图 6-14　分鱼的用具准备

下面介绍三种常见鱼的分派服务程序，供读者参考学习，如图 6-15 所示。

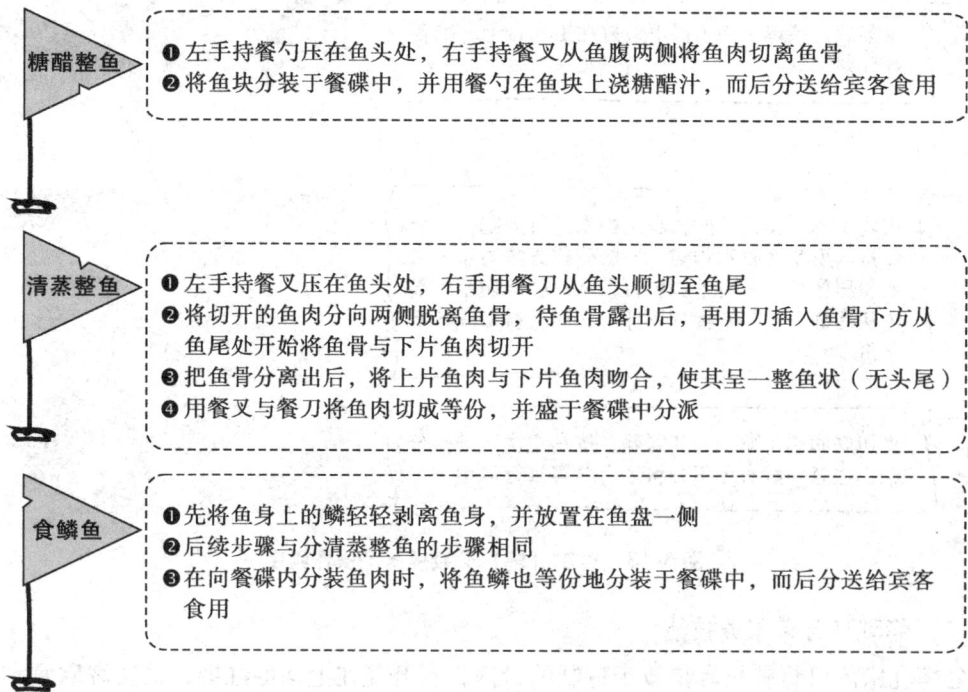

图 6-15　三种常见鱼的分派服务程序

2. 特殊菜品分菜服务技能

（1）汤类菜品的分让用具和方法

汤类菜品的分让用具和方法如图6-16所示。

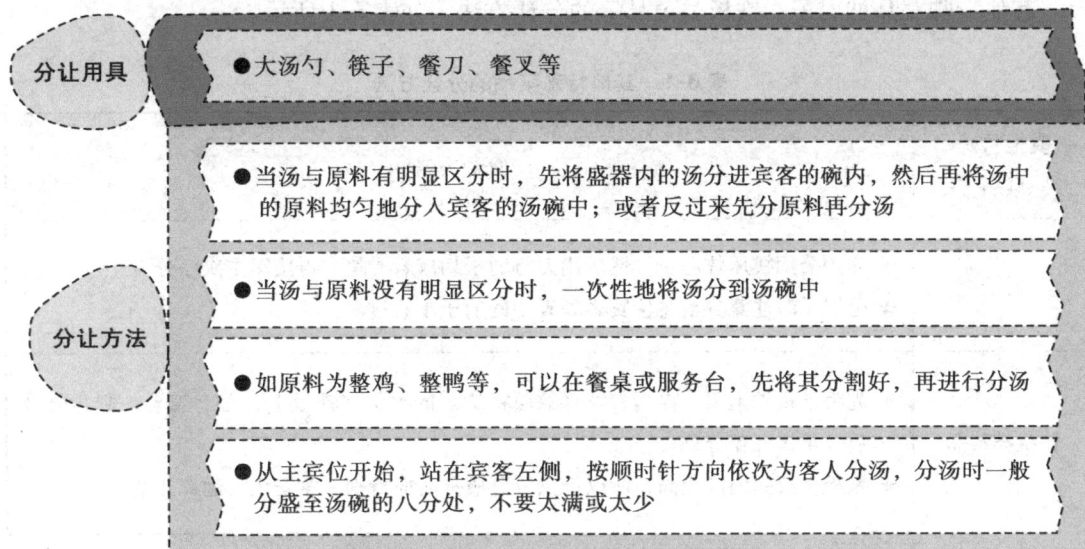

分让用具	●大汤勺、筷子、餐刀、餐叉等
分让方法	●当汤与原料有明显区分时，先将盛器内的汤分进宾客的碗内，然后再将汤中的原料均匀地分入宾客的汤碗中；或者反过来先分原料再分汤
	●当汤与原料没有明显区分时，一次性地将汤分到汤碗中
	●如原料为整鸡、整鸭等，可以在餐桌或服务台，先将其分割好，再进行分汤
	●从主宾位开始，站在宾客左侧，按顺时针方向依次为客人分汤，分汤时一般分盛至汤碗的八分处，不要太满或太少

图6-16　汤类菜品的分让用具和方法

（2）造型菜品的分让方法

餐厅服务员应将造型菜品均匀地分给每位宾客；如果造型较大，可先分一半，再分另一半；具有代表意义的造型一般应分给主宾或者保留下来；不可食用的部分待分完后撤下。

（3）卷食菜品的分让方法

一般情况下由宾客自己取拿卷食。如果老人或儿童较多时，餐厅服务员应视情况给予帮助，提供分菜服务。卷食菜品的分让方法为服务员先将餐碟摆放于菜品的周围，放好铺卷的外层；然后逐一将被卷物放于铺卷外层上；最后逐一卷上送到老人或儿童面前。

（4）拔丝类菜品的分让方法

拔丝类菜品的分让有两种方法，如图6-17所示。

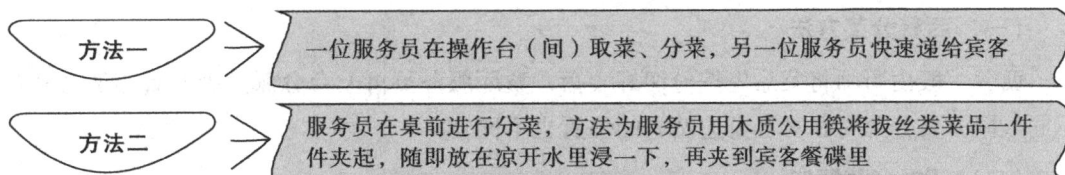

方法一	一位服务员在操作台（间）取菜、分菜，另一位服务员快速递给宾客
方法二	服务员在桌前进行分菜，方法为服务员用木质公用筷将拔丝类菜品一件件夹起，随即放在凉开水里浸一下，再夹到宾客餐碟里

图6-17　拔丝类菜品的两种分让方法

服务员在分让拔丝类菜品时动作应迅速，达到"即上、即拔、即浸、即食"要求，以防糖胶变硬，影响菜品的口感。

（5）其他特殊菜品的分让方法

其他特殊菜品如肘子、铁板类菜品等的分让方法，如表6-1所示。

表6-1　其他特殊菜品的分让方法

其他特殊菜品	分让方法
肘子	★ 先用公用筷压住肘子，然后用刀将肘子切成若干块，再按宾主次序分派 ★ 分肘子时注意分给每位宾客餐碟中的肘子不宜过多
铁板类菜品	★ 先将铁板端上桌，再当着宾客的面将烧好的菜倒在铁板上，盖上盖子，焖几分钟后，再揭开盖分菜 ★ 铁板类菜品温度很高，所以提供分菜服务时应特别注意安全，远离儿童
冬瓜盅	★ 首先用汤勺将火腿茸轻轻刮入汤内，然后再用汤勺轻轻刮下冬瓜盅内壁的瓜肉，搅动几下后，就可将盅内的菜品均匀地分给宾客 ★ 如果瓜身较高，可分两次分派，即第一次用公用勺将上段冬瓜肉和盅内配料、汤汁均匀分派给宾客；第二次先用餐叉叉住瓜皮，后用餐刀横削去上部瓜皮后再进行分让，一般分四刀削完
蛋煎制品	★ 先用公用筷压住蛋饼，然后用餐刀或公用勺将蛋饼切成若干块，再按宾主次序分派

二、西餐菜品分菜服务

西餐厅的服务员提供分菜服务时，应掌握以下知识及技能。

（一）西餐分菜方法

西餐一般由厨师将菜品先按份切好装盘，餐厅服务员再上台分派。因西餐服务方式的不同，服务员分菜时在宾客身边站立的位置也不同。

（二）西餐分菜顺序

西餐分菜的顺序为先主宾后主人后其他宾客、先女后男。

（三）西餐分菜要求

餐厅服务员在分西餐时，应满足以下五点要求，具体如图 6-18 所示。

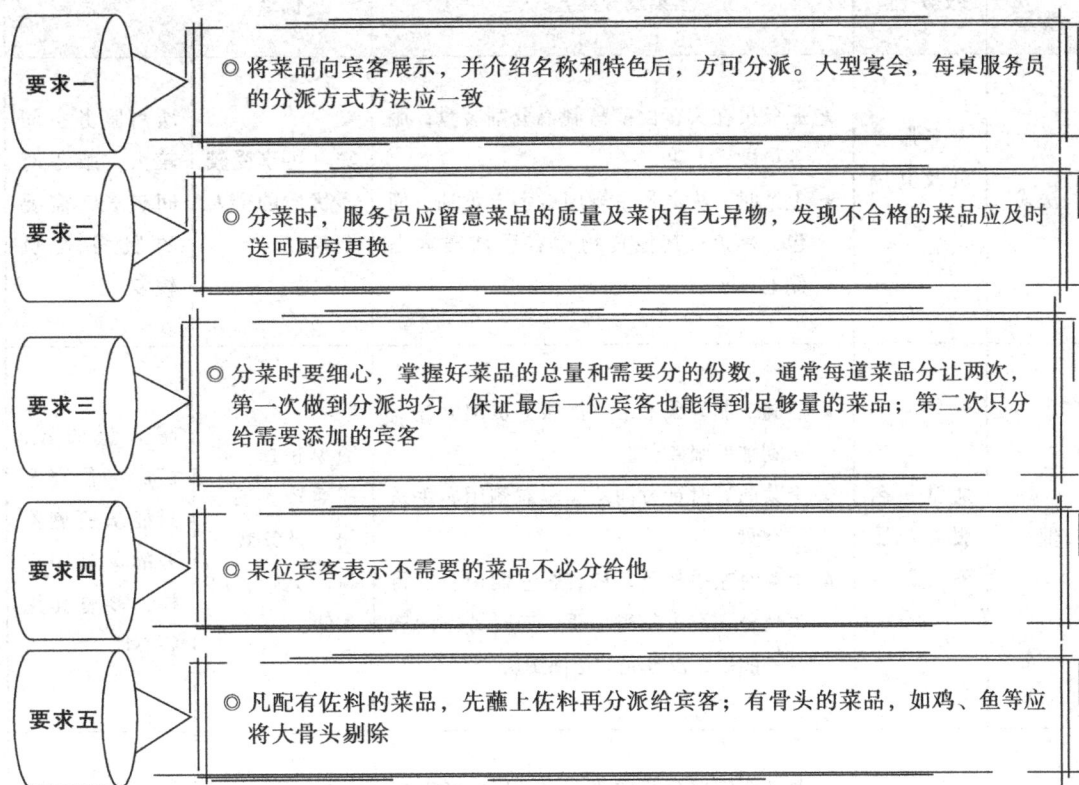

要求一	◎ 将菜品向宾客展示，并介绍名称和特色后，方可分派。大型宴会，每桌服务员的分派方式方法应一致
要求二	◎ 分菜时，服务员应留意菜品的质量及菜内有无异物，发现不合格的菜品应及时送回厨房更换
要求三	◎ 分菜时要细心，掌握好菜品的总量和需要分的份数，通常每道菜品分让两次，第一次做到分派均匀，保证最后一位宾客也能得到足够量的菜品；第二次只分给需要添加的宾客
要求四	◎ 某位宾客表示不需要的菜品不必分给他
要求五	◎ 凡配有佐料的菜品，先蘸上佐料再分派给宾客；有骨头的菜品，如鸡、鱼等应将大骨头剔除

图 6-18　西餐分菜的要求

（四）四种典型西餐的分菜服务

西餐是西式餐饮的统称，习惯上是指欧洲国家和地区，以及北美洲、南美洲和大洋洲的广大区域的餐饮。随着时代的发展，东西方文化在不断地撞击、渗透与交融，我国人民逐渐了解到西餐中各个菜式的不同特点，并开始区别对待，而且一些高级饭店也能提供法式、俄式、美式、英式等不同类型的餐饮服务。

餐厅服务员在提供西餐分菜服务时，应根据西餐的具体类型及特点，选择合适的上菜及分菜方式。具体如表 6-2 所示。

表 6-2　西餐上菜及分菜服务方式

西餐类型	服务特点	上菜及分菜方式	优点	缺点
法式	一名服务员及其助手服务一桌	★ 服务员在宾客面前烹制或分割装盘，服务员助手上菜 ★ 上菜时，从宾客左侧用右手上黄油、面包、色拉；其他食物用右手从宾客右侧上	宾客可享受较多优质的个人服务	所需服务空间较大，服务时间较长，需要的服务人员较多
俄式	通常一名服务员服务一桌	★ 后厨烹制好菜品后，由服务员用大托盘送到辅助服务台上 ★ 上菜前顺时针方向从宾客右侧用右手送上空盘 ★ 上菜时左手托菜，从宾客左侧用右手将菜品分到宾客的餐盘里，逆时针方向绕台一圈后，没分完的送回厨房	简单快捷，不需要较大的空间，服务效率高，人力成本低	需大量餐盘，最后一位宾客只能从所剩不多的菜品中选择，影响其用餐心情
美式	一名服务员服务数张餐桌	★ 菜品在厨房分装完毕，服务员用托盘托送上桌 ★ 大多数菜品盛在主菜盘中，从宾客左侧送菜 ★ 上饮料酒水、撤盘位置均在宾客的右侧	简单快捷，餐具成本低，人力成本低，空间利用率高	服务员服务的宾客数量较多，会出现照顾不周的情况
英式	家庭式服务	★ 服务员先将热空盘放在主人面前，再将盛装好菜品的大餐盘放在主人面前 ★ 主人分餐装盘后，服务员端送给每位宾客，各种调料与配菜摆在桌上，由宾客自取或互相传递	用餐气氛活跃、温馨	用餐节奏慢，餐桌利用率低

（续表）

西餐类型	服务特点	上菜及分菜方式	优点	缺点
自助式	一名服务员服务数张餐桌	★ 服务员将菜品按一定的顺序和类别全部摆放在餐台上，宾客自己动手选择自己喜欢的菜品，然后端到餐桌上享用 ★ 服务员的主要工作是餐前布置以及餐中撤掉用过的餐具和酒杯、补充餐台上的菜肴等	用餐气氛活跃，宾客感觉自由、自主	容易浪费，高峰期会出现服务员人手紧张现象

第七章

酒水服务

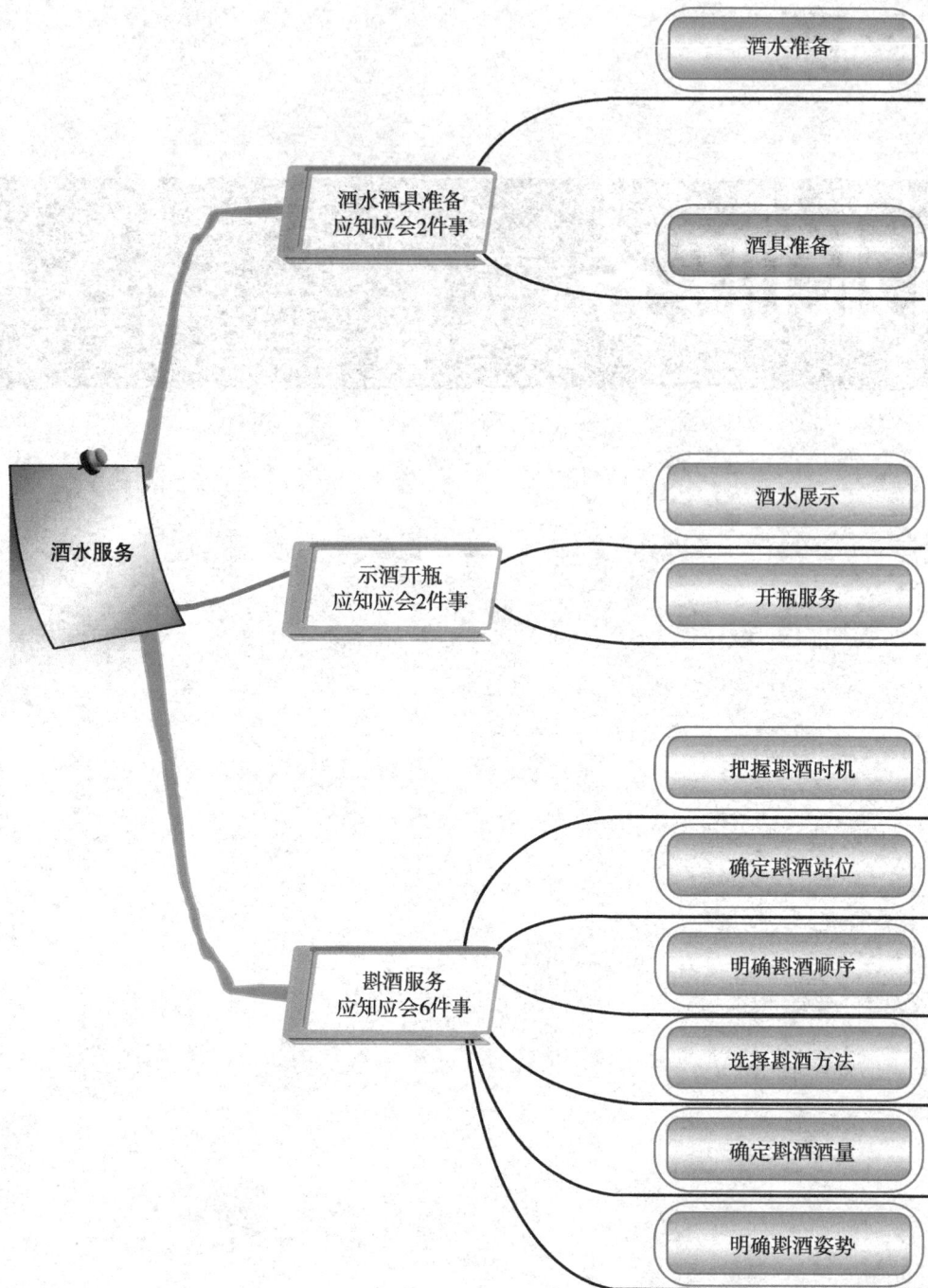

酒水服务

酒水酒具准备
应知应会2件事
- 酒水准备
- 酒具准备

示酒开瓶
应知应会2件事
- 酒水展示
- 开瓶服务

斟酒服务
应知应会6件事
- 把握斟酒时机
- 确定斟酒站位
- 明确斟酒顺序
- 选择斟酒方法
- 确定斟酒酒量
- 明确斟酒姿势

第一节　酒水酒具准备应知应会2件事

一、酒水准备

在宾客到来之前，或者在宾客点酒之前，餐厅服务员应做好酒水准备工作，确保酒水能及时供应给宾客，减少宾客等待的时间。

（一）做好酒水库存准备

酒水一般包括白酒、黄酒、红酒、啤酒等几个大类。餐厅服务员应根据宾客的酒水需求，快速准确地为宾客拿取酒水。为此，餐厅服务员除应准确掌握各种酒水的名称、外观、放置位置等外，还应做好酒水的库存准备工作。具体来说，餐厅服务员可按照图7-1中的步骤进行酒水库存准备工作。

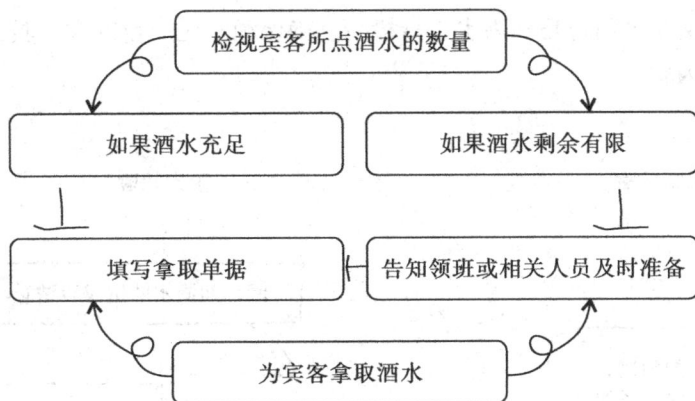

图7-1　酒水库存准备工作

（二）检查酒水的品质

酒水在存储与放置过程中不可能完全保证品质的优良。为了不影响酒水的品质和餐厅的形象，在酒水上桌前，餐厅服务员应再三检查酒水，确保酒瓶清洁、酒水质佳后，再为宾客服务。具体来说，餐馆服务员应做好酒水清洁与检验这两项工作。

1. 做好酒水的清洁工作

酒水在长期放置的过程中，不可避免地会有灰尘等污物附着于酒水包装或瓶身上，这时，不能直接送到宾客面前，必须进行清洁工作。餐厅服务员可以按照图7-2的步骤进行清洁。

用干毛巾擦拭

找到并拿到宾客所点酒水

毛巾蘸酒精擦拭

检视酒水的包装是否完好，是否有污物附着

如有污物应根据包装材料和污物的不同选用适当擦拭方法

如果擦拭后，包装或瓶身湿润，应用干毛巾擦干

用湿毛巾擦拭

清洁工作完成后，再为宾客服务

毛巾蘸醋擦拭

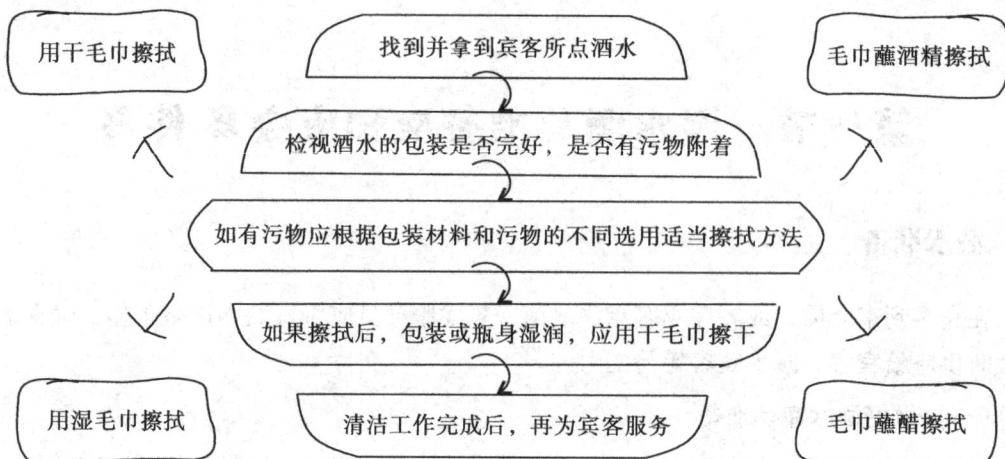

图7-2　酒水清洁的步骤

2. 做好酒水检验工作

酒水的检验主要是对酒水质量的检验。在宾客确定要哪一款酒水以后，餐厅服务员可以从视觉与嗅觉两个方面对目标酒水进行检验，确保酒水无质量问题。具体操作步骤可以参照图7-3中的内容。

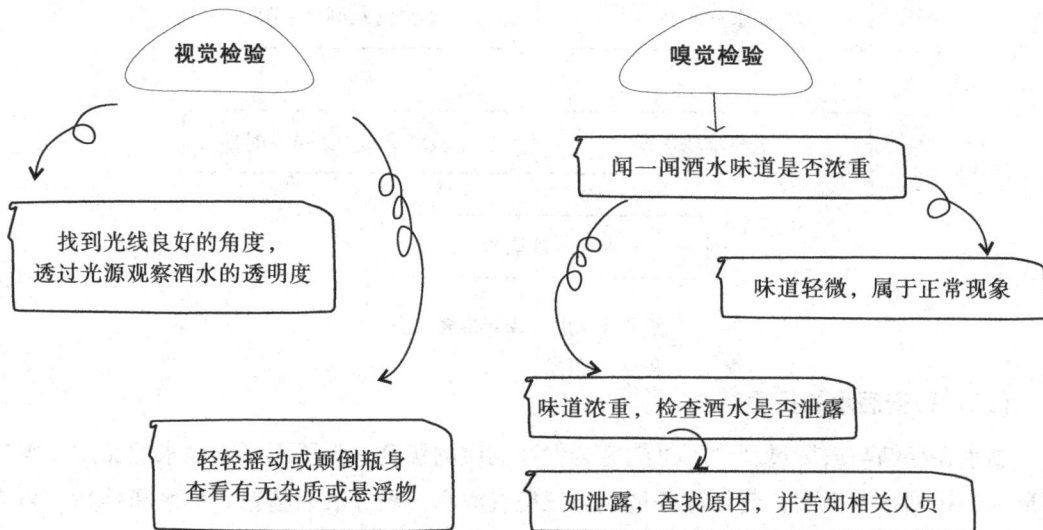

视觉检验

嗅觉检验

找到光线良好的角度，透过光源观察酒水的透明度

闻一闻酒水味道是否浓重

味道轻微，属于正常现象

轻轻摇动或颠倒瓶身查看有无杂质或悬浮物

味道浓重，检查酒水是否泄露

如泄露，查找原因，并告知相关人员

图7-3　酒水质量的检验步骤

（三）调节酒水的温度

每一种酒水随着品种和浓度的不同，其适饮温度也不同，具体可参照图7-4所示。

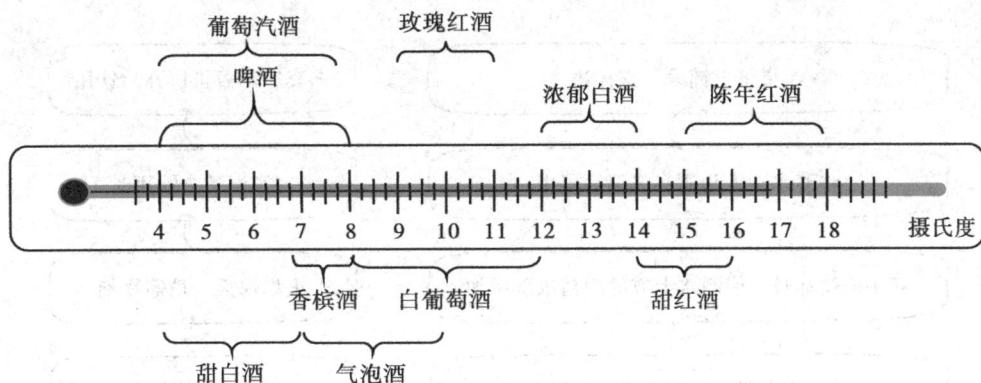

图7-4 常见酒水的适饮温度

为使不同品种的酒水温度适宜，餐厅服务员应对其进行温热或冰镇处理，从而使酒水的味道更佳，更好地满足宾客需求，加深宾客对服务的印象，从而对餐厅产生好感。

1. 温酒

适量饮用温酒可以暖胃活血，易于酒精扩散。餐厅服务员应根据实际情况选择适当的方法对酒水进行温热。常见的温酒方法如下所示。

（1）水浴法（水烫法）

水浴法一般是针对白酒和黄酒而言的，因为它们的酒精浓度高一些，饮用温热的酒水利于体内酒精的消散。水浴法需要用到的器具主要有子壶和母壶。具体实施步骤如图7-5所示。

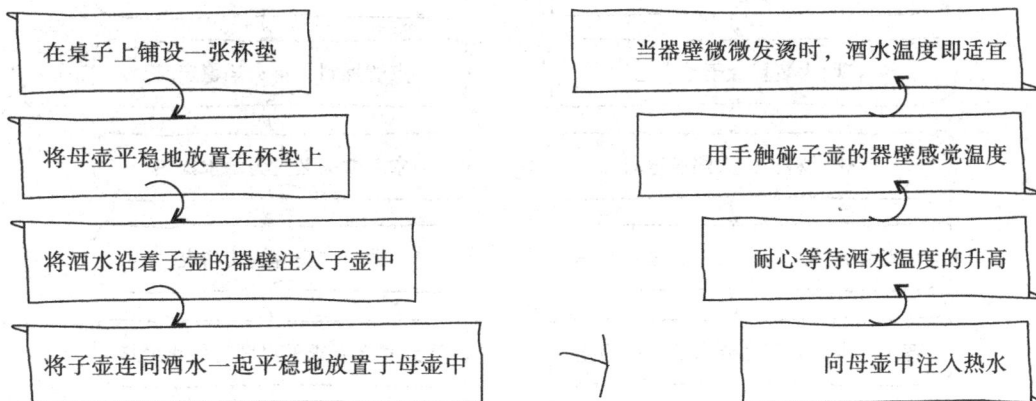

图7-5 水浴法（水烫法）的步骤

水浴法节能环保，既可以随用随取，又可以有效地延长温酒的时间。

（2）点燃法

将酒温热的方法还有点燃法，该方法是利用酒精的挥发性，将挥发出来的酒精点燃，以达到温酒的目的。点燃法需要用到的器具主要有温酒器和火柴。具体实施步骤如图7-6所示。

```
┌─────────────────────────────┐        ┌─────────────────────────────┐
│     在桌子上铺设一张杯垫      │        │    向宾客示意可以开始饮用    │
└─────────────────────────────┘        └─────────────────────────────┘
              ↓                                       ↑
┌─────────────────────────────┐        ┌─────────────────────────────┐
│   将酒水注入到酒杯或温酒器中  │        │      待酒温适合饮用时        │
└─────────────────────────────┘        └─────────────────────────────┘
              ↓                                       ↑
┌─────────────────────────────┐        ┌─────────────────────────────┐
│ 双手捂住杯身，使酒水上方的   │        │     火焰熄灭，稍等片刻       │
│ 酒精浓度增加                 │        └─────────────────────────────┘
└─────────────────────────────┘                       ↑
              ↓                         ┌─────────────────────────────┐
┌─────────────────────────────┐    →   │        等待火焰熄灭          │
│ 用燃着的火柴在杯口或器口     │        └─────────────────────────────┘
│ 缓慢划过                     │
└─────────────────────────────┘
```

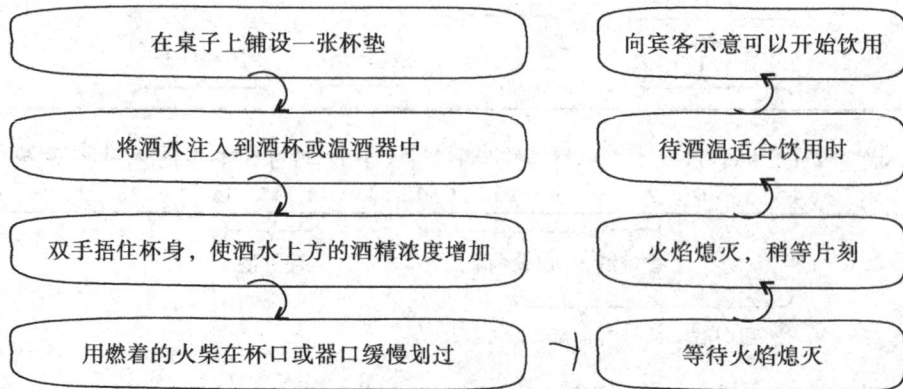

图 7-6　点燃法的步骤

（3）加热法

加热法比较直接，就是将装有酒水的器具直接放置在明火上进行升温，这种方法效果比较明显，但是操作起来比较复杂，餐厅服务员应该予以注意。加热法所需要的器具主要有酒杯、燃料和火柴，加热方式有拿酒式和定酒式，具体如图7-7所示。

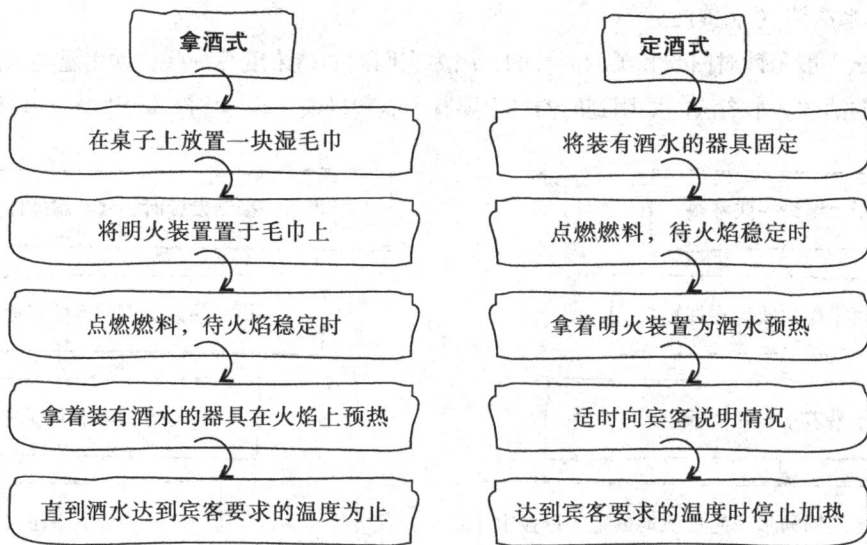

```
┌──────────────┐                        ┌──────────────┐
│    拿酒式     │                        │    定酒式     │
└──────────────┘                        └──────────────┘
       ↓                                        ↓
┌─────────────────────────────┐        ┌─────────────────────────────┐
│   在桌子上放置一块湿毛巾      │        │    将装有酒水的器具固定      │
└─────────────────────────────┘        └─────────────────────────────┘
       ↓                                        ↓
┌─────────────────────────────┐        ┌─────────────────────────────┐
│    将明火装置置于毛巾上      │        │   点燃燃料，待火焰稳定时     │
└─────────────────────────────┘        └─────────────────────────────┘
       ↓                                        ↓
┌─────────────────────────────┐        ┌─────────────────────────────┐
│  点燃燃料，待火焰稳定时      │        │   拿着明火装置为酒水预热     │
└─────────────────────────────┘        └─────────────────────────────┘
       ↓                                        ↓
┌─────────────────────────────┐        ┌─────────────────────────────┐
│ 拿着装有酒水的器具在火焰上预热│        │    适时向宾客说明情况        │
└─────────────────────────────┘        └─────────────────────────────┘
       ↓                                        ↓
┌─────────────────────────────┐        ┌─────────────────────────────┐
│ 直到酒水达到宾客要求的温度为止│        │ 达到宾客要求的温度时停止加热 │
└─────────────────────────────┘        └─────────────────────────────┘
```

图 7-7　加热法的步骤

（4）注入法

注入法比较简单，主要是将热饮或热酒注入冷酒或将冷酒注入热饮或热酒，从而实现升温。该方法所需要的器具主要是酒杯。具体实施步骤如图7-8所示。

取出两只酒杯，一杯装热饮，一杯装冷酒 → 取出两只酒杯，一杯装热酒，一杯装冷酒

将热饮缓缓倒入冷酒中 → 将热酒缓缓倒入冷酒中

轻轻晃动冷酒杯，检验酒水温度 → 轻轻晃动冷酒杯，如检验酒水温度已达要求

温度达到宾客要求即止 → 将酒递与宾客，请宾客品尝

将酒递与宾客，请宾客品尝

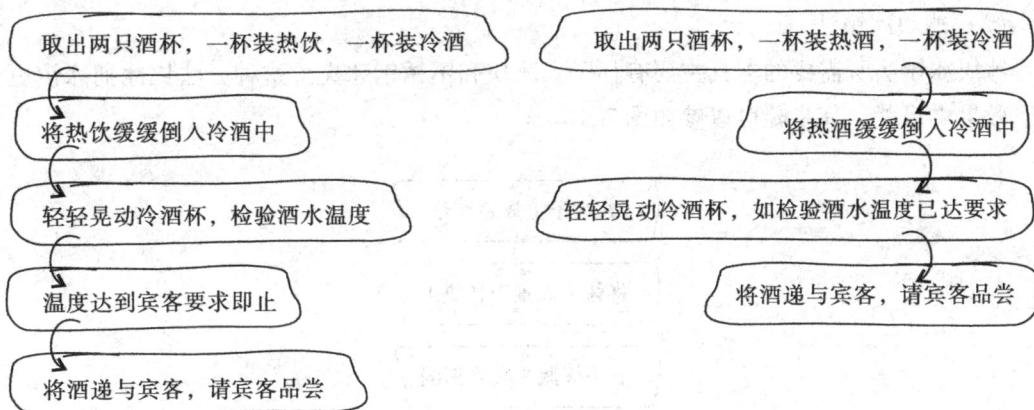

图 7-8　注入法的步骤

除此之外，陈年红酒一般都是冷藏的，而适宜饮用的温度较冷藏的温度高一些，所以可以利用室温来对陈年红酒进行回温。

2. 冰镇

冰镇一般是对红酒和啤酒来说的。饮用冰镇的酒水可以让宾客神清气爽、消解疲劳，而且冰镇过的酒水口感会更好，利于酒水的品味。可见，冰镇对酒水的影响很重要，餐厅服务员应掌握酒水冰镇的方法。一般冰镇降温的方法主要有以下几种。

（1）冰桶冰镇法

冰桶冰镇法所需要的器具主要有冰桶和冰块。餐厅服务员可以参照图 7-9 中的相关步骤进行现场演示，可以使宾客看得见、摸得着、感受得到。

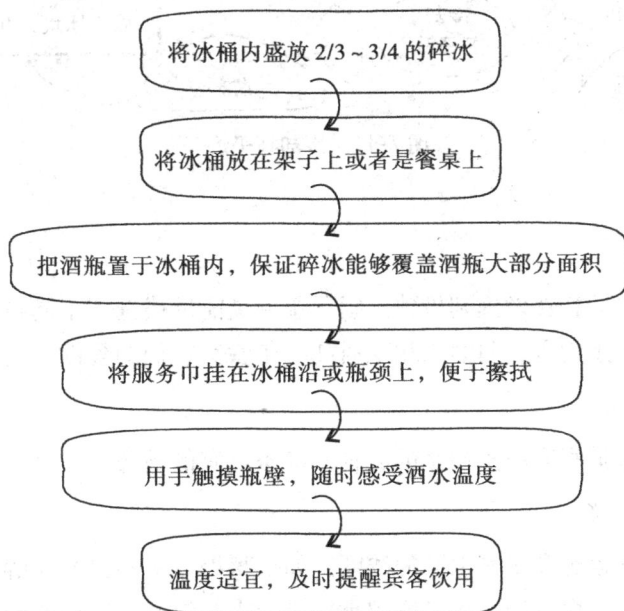

将冰桶内盛放 2/3～3/4 的碎冰

将冰桶放在架子上或者是餐桌上

把酒瓶置于冰桶内，保证碎冰能够覆盖酒瓶大部分面积

将服务巾挂在冰桶沿或瓶颈上，便于擦拭

用手触摸瓶壁，随时感受酒水温度

温度适宜，及时提醒宾客饮用

图 7-9　冰桶冰镇法的步骤

（2）冰块冰镇法

冰块冰镇法所需要的器具主要有杯子、冰块和不锈钢冰夹。这种方法比冰桶冰镇更迅速、效果更显著。其步骤可以参照图7-10。

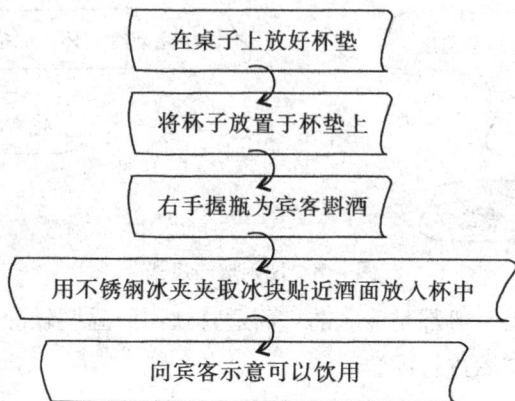

在桌子上放好杯垫

将杯子放置于杯垫上

右手握瓶为宾客斟酒

用不锈钢冰夹夹取冰块贴近酒面放入杯中

向宾客示意可以饮用

图7-10　冰块冰镇法的步骤

（3）冷却杯子法

冷却杯子法主要是通过降低杯子的温度，待酒水倒进杯中后，起到为酒水降温的效果。餐厅服务员可以参照图7-11中的方法对杯子进行冷却。

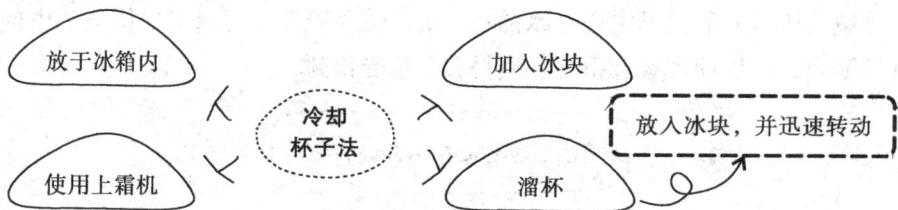

放于冰箱内　　加入冰块

冷却杯子法

使用上霜机　　溜杯　　放入冰块，并迅速转动

图7-11　冷却杯子法

二、酒具准备

为了能够使酒水的特性发挥到极致，餐厅服务员需准确选用不同材质与形状的盛酒器具，让酒水看起来美观大方，与酒水相互衬托，刺激宾客们的食欲，提升餐厅服务档次。

（一）酒杯的准备

餐厅服务员应根据宾客所点酒水的品种，准备适宜的酒杯。

1. 白酒酒杯的准备

白酒的酒精浓度远远高于其他酒的浓度，如果喝得过多不仅容易醉，喝酒时间还会缩短，比较伤身。所以，白酒酒杯要求体积小、容量小。而且，酒杯的颜色最好是无色透明的，有利于其他宾客观察酒量的多少，体现敬酒人的诚意。因此餐厅服务员要为宾客着想，准备合适的白酒酒杯。图7-12为几种常见的白酒酒杯，供参考。

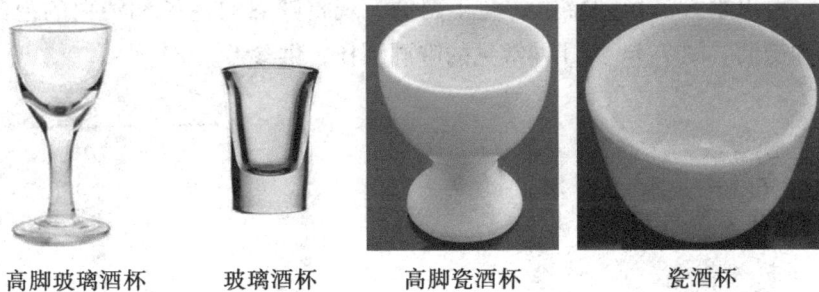

| 高脚玻璃酒杯 | 玻璃酒杯 | 高脚瓷酒杯 | 瓷酒杯 |

图 7-12　常见的白酒酒杯

2. 黄酒酒杯的准备

瓷杯的热传导效果差，能够有效保持酒杯内的酒水温度，用瓷杯盛放温热过的黄酒，保温效果较好。因此如果宾客饮用的是热黄酒，餐厅服务员应为宾客准备瓷杯。

如果黄酒不需要温热，则可以准备玻璃杯。此时准备的玻璃杯要求杯壁不要太薄，避免推杯换盏时的磕碰致使杯子破裂，影响气氛或使宾客受伤；如果杯子是带足的，则足不要过长；杯底要厚，保证酒杯的重心在下方，从而有利于酒水和酒杯的稳定放置。

3. 葡萄酒酒杯的准备

准备葡萄酒的酒杯时应选用大腹U形高脚玻璃杯，这样可以保持酒水的香味持久，利于观察酒水的颜色、光泽，增加饮酒的氛围。葡萄酒的种类很多，致使葡萄酒酒杯的种类也繁多，餐厅服务员要认识并为宾客端上正确的酒杯。葡萄酒酒杯的选择具体可参照图7-13。

| 白葡萄酒杯 | 勃艮第红葡萄酒杯 | 波尔多红葡萄酒杯 | 香槟酒杯 | 白兰地酒杯 |

图 7-13　葡萄酒酒杯的选择

4. 啤酒酒杯的准备

准备啤酒酒杯时的要求是杯壁要厚、容积要大、杯口要窄，容量在 200～300 毫升之间。这样，可以给人沉稳的感觉，便于斟酒、观察啤酒的色泽和洁白的泡沫，也便于闻香、尝味和敬酒。图 7-14 为几种常见的啤酒酒杯，供参考。

图 7-14　常见的啤酒酒杯

餐厅服务员无论准备的是什么样的杯子，都应该保证杯子的清洁卫生，无水迹、无油渍、无指纹、无异味。

（二）分酒器的准备

分酒器是方便宾客倒酒的器具，不用端着沉重的瓶子为他人斟酒，既美观大方，又轻便省力。在准备分酒器时，应选用耐用、精致的器具，一般有器皿分酒器和分酒机两类。

1. 器皿分酒器的准备

器皿分酒器需要人工倒取酒液，可以充分体现餐厅服务员的热情与周到。器皿根据材质分类有玻璃和陶瓷两种。具体如图 7-15 所示。

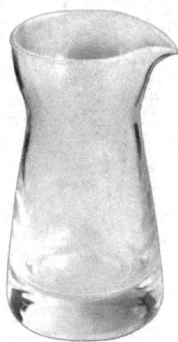 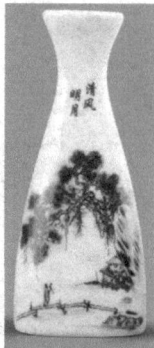 

玻璃分酒器　　　　　　　　　陶瓷分酒器

图 7-15　器皿分酒器

（1）玻璃分酒器准备

玻璃分酒器无色透明，能够清晰地看见内部酒液剩下多少，且不会吸附酒水的味道，便于清洗。如果宾客注重酒的颜色与光泽，餐厅服务员应该为宾客选用玻璃分酒器。

（2）陶瓷分酒器准备

如果宾客身上文人气息比较重，餐厅服务员可以为宾客准备陶瓷分酒器，因为它不仅保温效果好，而且具有古典文化特征，上面大多绘有花鸟鱼虫、诗词歌赋等怡情养性的图画或文字。

2. 分酒机的准备

（1）分酒机的优点

分酒机具有电子制冷、定量分杯、保质保鲜、酒水展示等优点，具体如图7-16所示。

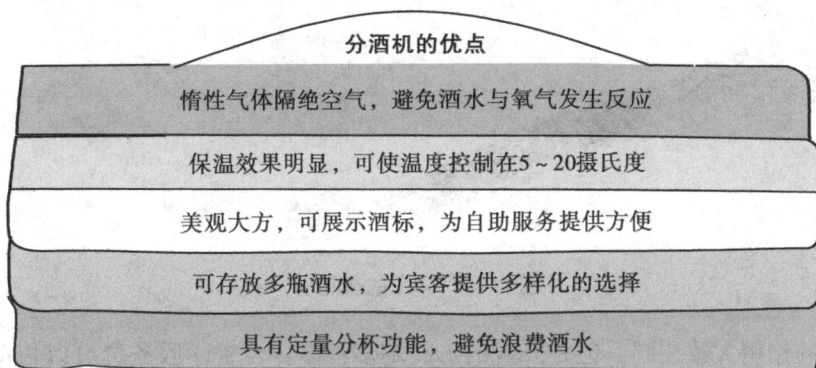

分酒机的优点

惰性气体隔绝空气，避免酒水与氧气发生反应

保温效果明显，可使温度控制在5~20摄氏度

美观大方，可展示酒标，为自助服务提供方便

可存放多瓶酒水，为宾客提供多样化的选择

具有定量分杯功能，避免浪费酒水

图7-16 分酒机的优点

（2）分酒机的准备

如果宾客众多，如公司年会、生日宴会、婚礼宴会等，餐厅服务员应为其准备分酒机，这样既省去人工斟酒的麻烦，也为宾客们畅所欲言提供了空间。图7-17所示的是几种常见分酒机的样式。

图7-17 分酒机的样式

（三） 开瓶器的准备

开瓶器主要是为葡萄酒和啤酒这类瓶塞结构复杂或很难开启的酒水准备的。对于白酒、黄酒等酒水，只需撕下热缩胶帽，徒手旋转瓶盖，并不需要特别准备开瓶器。

1. 啤酒开瓶器的准备

啤酒，由于其内部有充足的气体，使得内部气压比外部气压高很多，啤酒的盖子只有封牢才能抵得过内部压强。所以开瓶时，应该选用瓶起子，利用杠杆原理以很小的力开启瓶盖。图7-18所示的是几种常见的瓶起子。

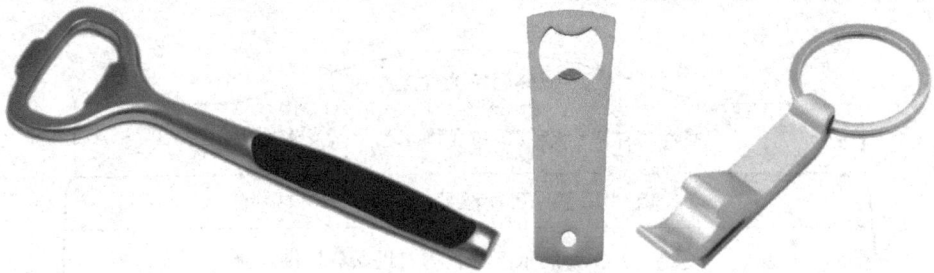

图7-18 常见的瓶起子

瓶起子的作用大致相同，但是外观的形式却多种多样，餐厅服务员可以根据宾客的个人气质和特点提供符合其身份、气质的瓶起子，以体现服务的细致与周到。

2. 葡萄酒开瓶器的准备

葡萄酒，是内部发酵、一次成型的酒水，同时酒瓶内部产生气压，所以它的瓶塞必须严密且不透风。开启葡萄酒时，需要选用葡萄酒开瓶器。图7-19所示的是几种常见的葡萄酒开瓶器。

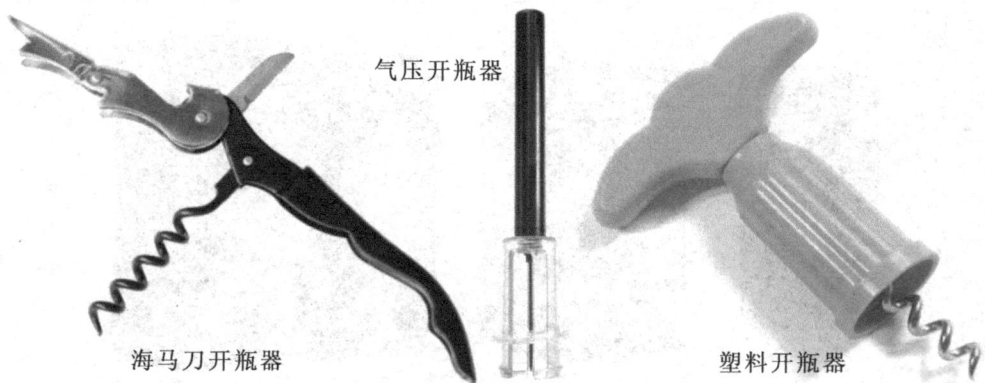

气压开瓶器

海马刀开瓶器

塑料开瓶器

图7-19 常见的葡萄酒开瓶器

第二节　示酒开瓶应知应会2件事

当餐厅服务员将酒水送到宾客餐桌时，在宾客应允下，餐厅服务员可以为宾客展示酒水、进行开瓶工作。

一、酒水展示

酒水展示即示瓶，指向宾客展示所点的酒水。这样做有两个目的，一是对宾客表示尊重，与宾客核对酒水信息，确定所点酒水无误；二是征询宾客开瓶及斟酒时间，以免出错。

示瓶一般包括托盘式示瓶、酒篮式示瓶及冰桶式示瓶三种。餐厅服务员应予以掌握。

（一）托盘式示瓶

1. 托盘式示瓶的要求

托盘式示瓶的对象主要是普通酒水。餐厅服务员在进行托盘式示瓶时，应符合以下要求。

（1）一般站在点酒宾客右前方为宾客示瓶。

（2）双脚应该岔开，与肩同宽，右脚稍向前迈小半步。

（3）将服务巾挂在左手小臂上，做好随时清理和擦拭准备。

（4）在托盘内放置一块方巾，防止酒水和酒具滑落，同时也是酒水和酒具的装饰物。

（5）将托盘内酒水及酒具以高在内、低在外的原则进行摆放。

（6）向宾客展示酒水时，将酒水的标签向着宾客。

2. 托盘式示瓶的步骤

托盘式示瓶的步骤如图7-20所示。

❶ 在左手小臂上放置一条干净的毛巾或服务巾

❷ 托盘上放置宾客所点酒水，酒水按照内高外低的顺序排列

❸ 左手手掌撑开，托起托盘

❹ 走到宾客的右侧，右手五指并拢，指向酒瓶，为宾客进行酒水展示

❺ 与宾客核对酒水信息，包括酒名、产区、年份、品种和特征

❻ 待宾客点头示意没有问题后，将酒水放于餐桌或服务台上

❼ 调整酒水位置，使标签向着宾客摆放，结束示瓶工作

图7-20　托盘式示瓶的步骤

3. 托盘式示瓶的话术

宾客已经点好酒水，餐厅服务员在托盘式示瓶的过程中一定要重新与宾客确认一下酒水信息，可以参照图7-21所示。

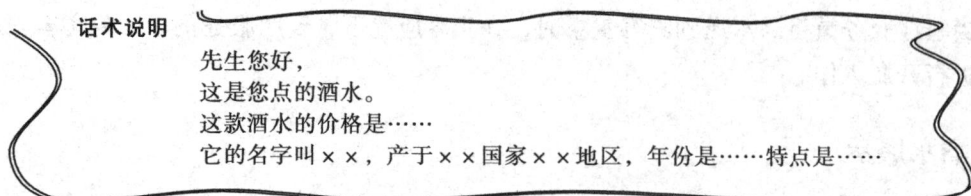

话术说明

先生您好，
这是您点的酒水。
这款酒水的价格是……
它的名字叫××，产于××国家××地区，年份是……特点是……

图7-21　托盘式示瓶的话术

（二）酒篮式示瓶

1. 酒篮式示瓶的要求

酒篮式示瓶一般对象为葡萄酒。餐厅服务员在进行酒篮式示瓶时，应符合以下要求。

（1）将酒瓶放在垫有毛巾的酒篮里，保持酒水温度。

（2）将有标签的一面向上放置。

（3）在宾客查看酒水信息时，餐厅服务员应该调整酒篮角度，保证宾客能够看得清楚。

2. 酒篮式示瓶的步骤

酒篮式示瓶相对来说比较简单，餐厅服务人员可以参照图7-22中的步骤进行操作。

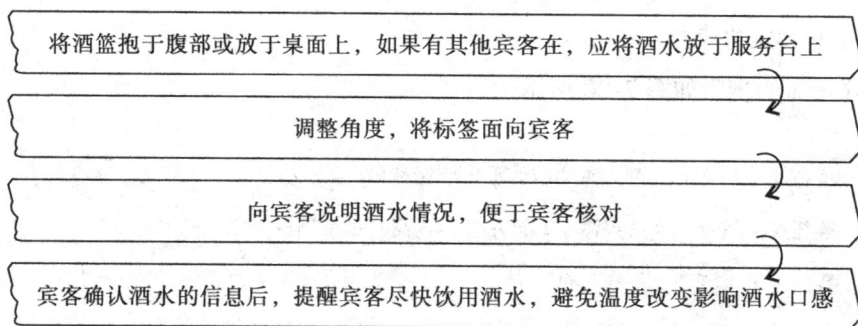

将酒篮抱于腹部或放于桌面上，如果有其他宾客在，应将酒水放于服务台上

调整角度，将标签面向宾客

向宾客说明酒水情况，便于宾客核对

宾客确认酒水的信息后，提醒宾客尽快饮用酒水，避免温度改变影响酒水口感

图7-22　酒篮式示瓶的步骤

3. 酒篮式示瓶的话术

酒篮式示瓶的话术可参照图7-23所示。

话术说明

先生您好，
这是您点的酒水。
这款酒水的价格是……名字叫××，产于××国家××地区，
是××年份的××酒，它的特点是……
这款酒的最佳饮用温度为18~20摄氏度。您是否需要现在开瓶？

图 7-23 酒篮式示瓶的话术

（三） 冰桶式示瓶

1. 冰桶式示瓶的要求

冰桶式示瓶主要是针对白葡萄酒这类最佳饮用温度较低的酒水。具体示瓶要求如下。

（1） 冰桶内的冰水混合物要到达酒瓶肩部位置，以保证合适的酒水温度。

（2） 将有标签的一面向外放置。

（3） 在宾客观看酒水信息时，餐厅服务员应进行相应说明，保证与宾客所点的酒水
一致。

2. 冰桶式示瓶的步骤

餐厅服务员可以参照图 7-24 中的步骤，正确进行冰桶式示瓶。

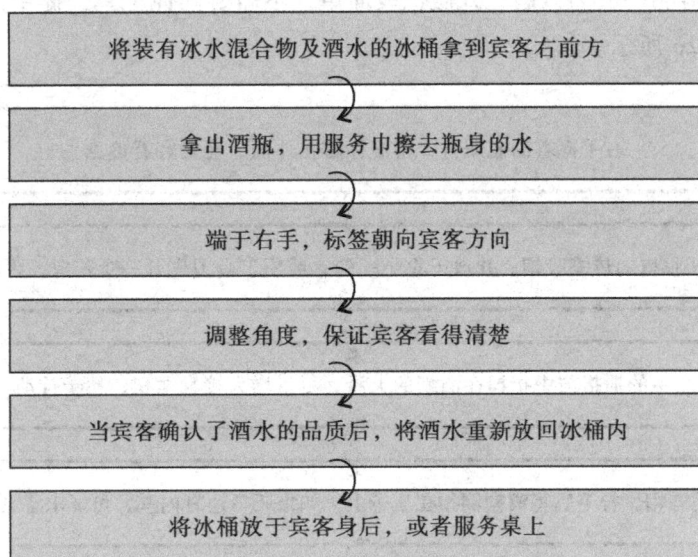

将装有冰水混合物及酒水的冰桶拿到宾客右前方

拿出酒瓶，用服务巾擦去瓶身的水

端于右手，标签朝向宾客方向

调整角度，保证宾客看得清楚

当宾客确认了酒水的品质后，将酒水重新放回冰桶内

将冰桶放于宾客身后，或者服务桌上

图 7-24 冰桶式示瓶的步骤

3. 冰桶式示瓶的话术

冰桶式示瓶的话术可参照图7-25所示。

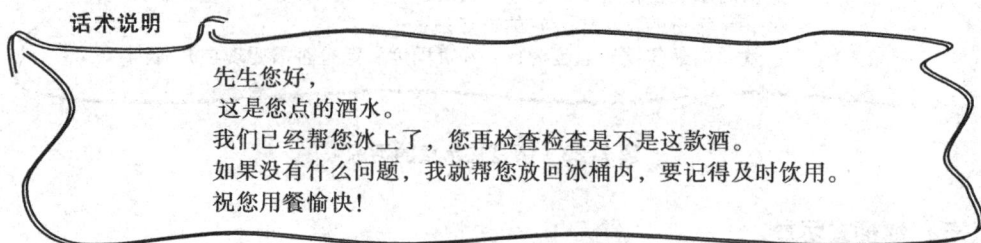

话术说明

先生您好，
这是您点的酒水。
我们已经帮您冰上了，您再检查检查是不是这款酒。
如果没有什么问题，我就帮您放回冰桶内，要记得及时饮用。
祝您用餐愉快！

图7-25　冰桶式示瓶的话术

二、开瓶服务

示瓶之后，餐厅服务员即可为宾客开瓶。不同种类的酒水，各自的封口方式也不同，因此开瓶方式也不同。

（一）四种不同封口方式的开瓶服务

1. 旋转瓶盖开瓶服务

使用旋转瓶盖的一般为白酒，开瓶比较简单，不需要其他工具，徒手开瓶即可，具体操作步骤如图7-26所示。

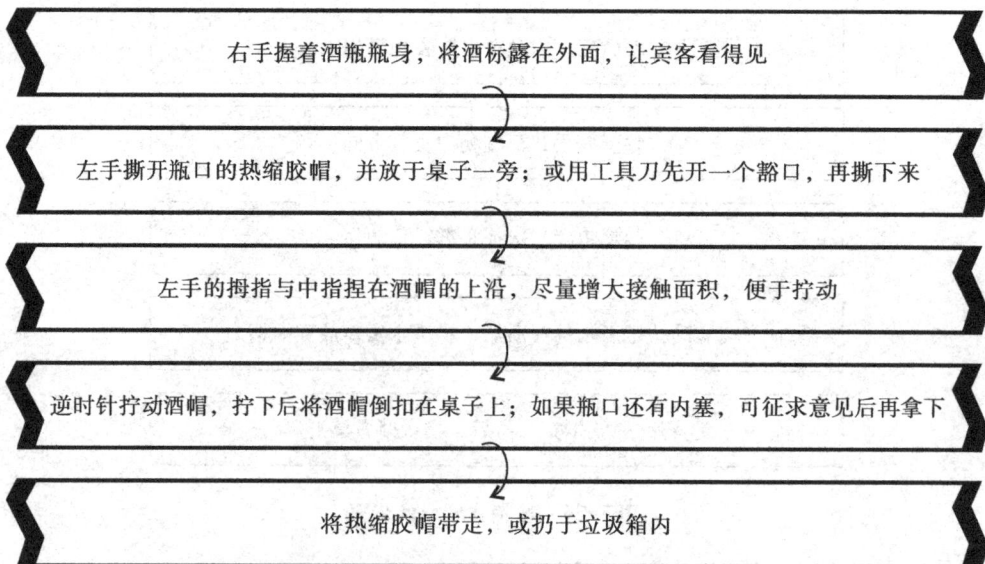

右手握着酒瓶瓶身，将酒标露在外面，让宾客看得见

左手撕开瓶口的热缩胶帽，并放于桌子一旁；或用工具刀先开一个豁口，再撕下来

左手的拇指与中指捏在酒帽的上沿，尽量增大接触面积，便于拧动

逆时针拧动酒帽，拧下后将酒帽倒扣在桌子上；如果瓶口还有内塞，可征求意见后再拿下

将热缩胶帽带走，或扔于垃圾箱内

图7-26　旋转瓶盖开瓶服务步骤

2. 皇冠瓶盖开瓶服务

使用皇冠瓶盖的酒很常见，几乎国内所有的瓶装啤酒都是此种盖子，因为瓶盖外观像倒置的皇冠，故叫作皇冠瓶盖。开这种瓶盖时，可以参照图7-27中的步骤进行。

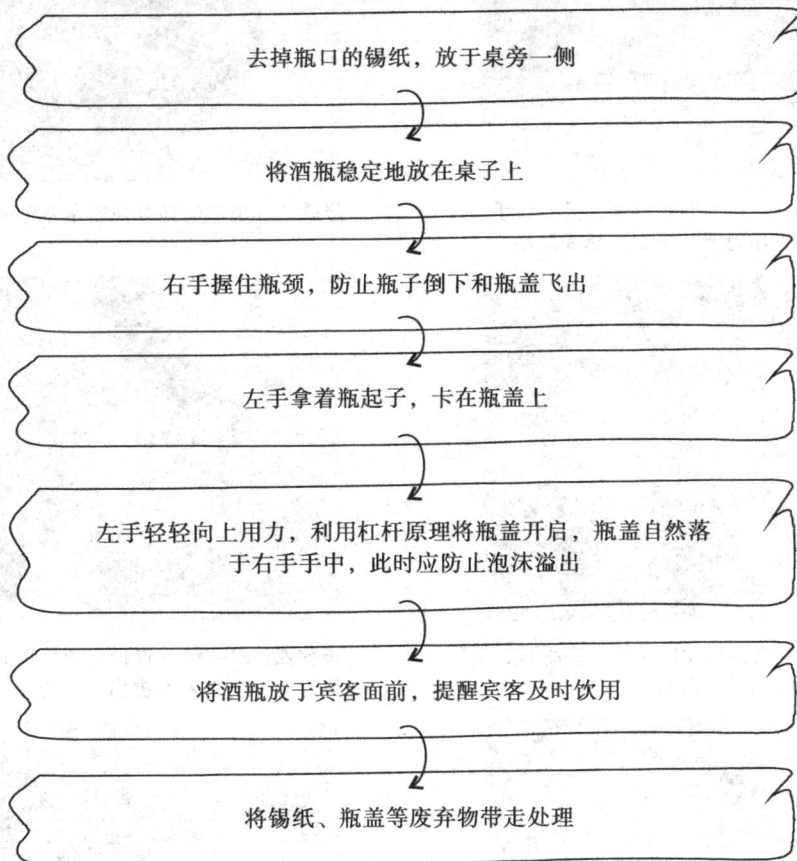

去掉瓶口的锡纸，放于桌旁一侧

将酒瓶稳定地放在桌子上

右手握住瓶颈，防止瓶子倒下和瓶盖飞出

左手拿着瓶起子，卡在瓶盖上

左手轻轻向上用力，利用杠杆原理将瓶盖开启，瓶盖自然落
于右手手中，此时应防止泡沫溢出

将酒瓶放于宾客面前，提醒宾客及时饮用

将锡纸、瓶盖等废弃物带走处理

图7-27 皇冠瓶盖开瓶服务步骤

3. 软木塞开瓶服务

软木塞柔软且弹性大，能够有效地封口，且不易使酒液外漏，因此葡萄酒封口会使用软木塞。开瓶器不同所以开瓶的方法也不同，下面介绍几种常见开瓶器的开瓶方法。

（1）海马刀开瓶器开瓶方法

海马刀开瓶器开瓶步骤如图7-28所示。

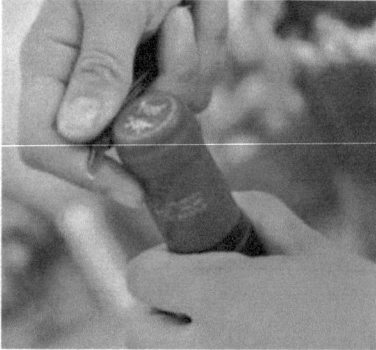

步骤一：一只手握住瓶颈，另一只手拿着锯齿小刀逆时针割开热缩胶帽

步骤二：用螺丝钻抵住软木塞中心位置

步骤三：保持螺丝钻与软木塞垂直，将螺丝钻钻进软木塞中

步骤四：将一级支点抵住瓶口，向上拉刀柄，将软木塞提出一段距离

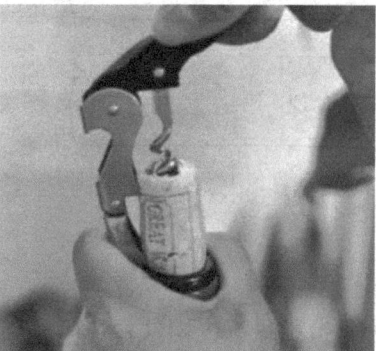

步骤五：将二级支点抵住瓶口，向上拉刀柄，将软木塞再提出一段距离后用手拔出

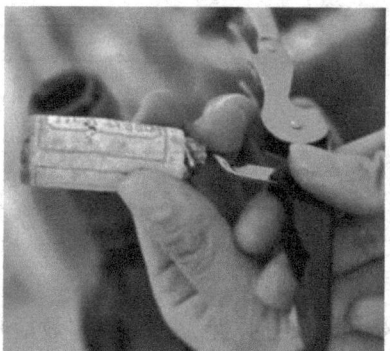

步骤六：退下软木塞，放于骨碟中，请宾客检视

图 7-28 海马刀开瓶器开瓶步骤

（2）气压开瓶器开瓶方法

气压开瓶器是利用大气压强将软木塞从内部推出来的一种开瓶器具。因其操作方便、

省时省力，特别适合女士使用。使用步骤如图7-29所示。

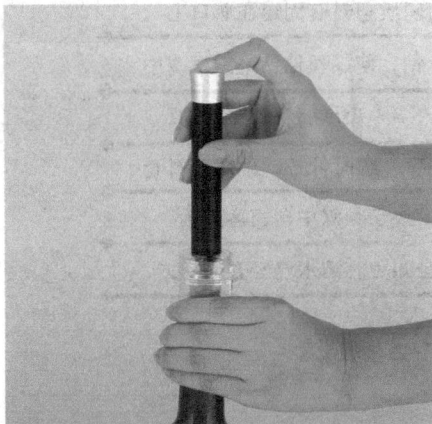

步骤一：将开瓶器的针头垂直缓慢地插入软木塞中

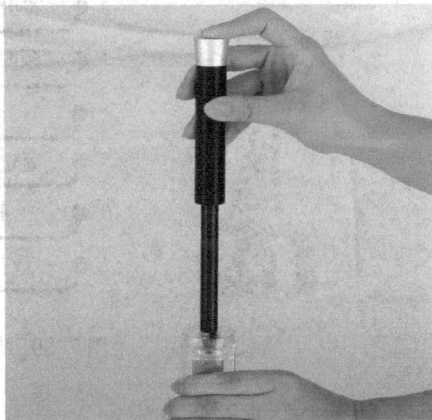

步骤二：上下拉动气管大约七次，向瓶内注入空气，直至软木塞滑出

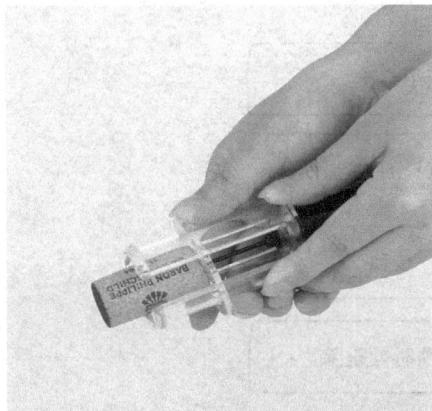

步骤三：向前推动退塞滑片，将软木塞从针头上退下来

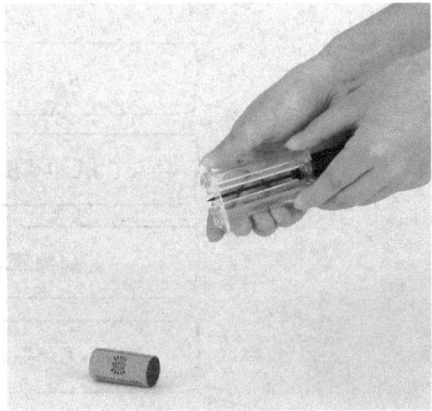

步骤四：将退下来的软木塞放于骨碟中，请宾客检视

图7-29 气压开瓶器开瓶步骤

在使用气压开瓶器时要注意：气压开瓶器不能用来开香槟类的酒水；充气的过程要缓慢进行，不能太快。

（3）塑料开瓶器开瓶方法

塑料开瓶器结构简单，价格便宜，容易上手。它的操作步骤可以参照图7-30所示。

1 　将瓶口的锡箔纸去掉

2 　将开瓶器下端的硬质塑料套固定在瓶口上

3 　顺时针旋转螺丝钻，使螺丝钻钻进软木塞中

4 　当螺丝钻钻入一定深度时，停止转动

5 　固定螺丝钻的把手，顺时针拧动硬质塑料套

6 　拔出软木塞，放于骨碟中向宾客展示

7 　收拾残留物，告知宾客酒水已经开启完毕

图 7-30　塑料开瓶器开瓶步骤

（4）气泡类酒水开瓶方法

由于香槟类起泡酒与红酒和白酒的封口不同，香槟瓶口的软木塞会露出一部分，所以，徒手便可以完成开瓶服务，具体操作步骤可参照图 7-31 中内容。

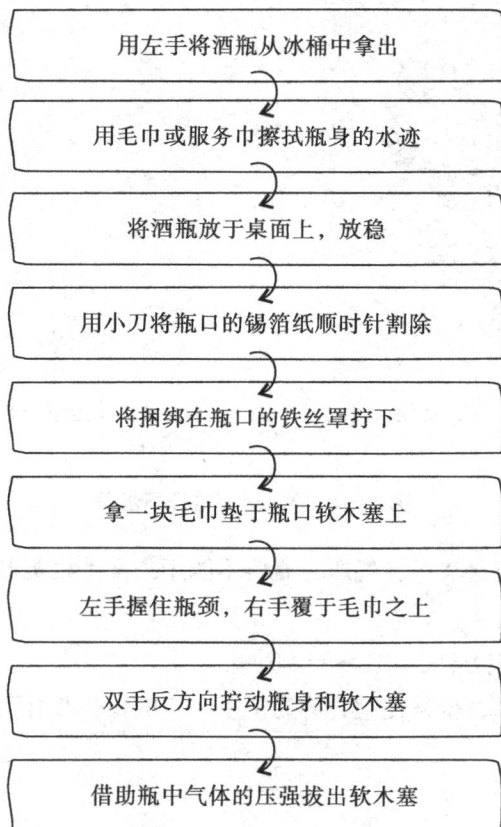

用左手将酒瓶从冰桶中拿出

用毛巾或服务巾擦拭瓶身的水迹

将酒瓶放于桌面上，放稳

用小刀将瓶口的锡箔纸顺时针割除

将捆绑在瓶口的铁丝罩拧下

拿一块毛巾垫于瓶口软木塞上

左手握住瓶颈，右手覆于毛巾之上

双手反方向拧动瓶身和软木塞

借助瓶中气体的压强拔出软木塞

图 7-31　气泡类酒水开瓶步骤

4. 易拉罐拉环开瓶服务

在宾客允许的情况下可以为宾客拉下拉环，一般宾客自己就可以拉开。

（二）葡萄酒开瓶后的特殊事项

葡萄酒因其特殊性，开瓶后往往不宜立即饮用，还需经过醒酒、过酒等处理，使其味道更佳，颜色更透亮。

1. 醒酒

对于一些陈年葡萄酒来说，由于单宁和色素会在漫长的岁月中形成沉淀物，既不美观，又有苦涩的气息。所以，它们需要与空气接触，使酒的芳香散发开来、酒味更加均衡。这个过程就是醒酒。

醒酒就是将酒液换到醒酒器中，醒酒器一般都是大腹、窄颈、阔口的容器，酒液注入其中可使酒液大面积接触空气，加速单宁软化，充分释放封闭的香气。图7-32为常见的醒酒器。

图7-32 常见的醒酒器

餐厅服务员应掌握一些加速醒酒的小技巧，具体如图7-33所示。

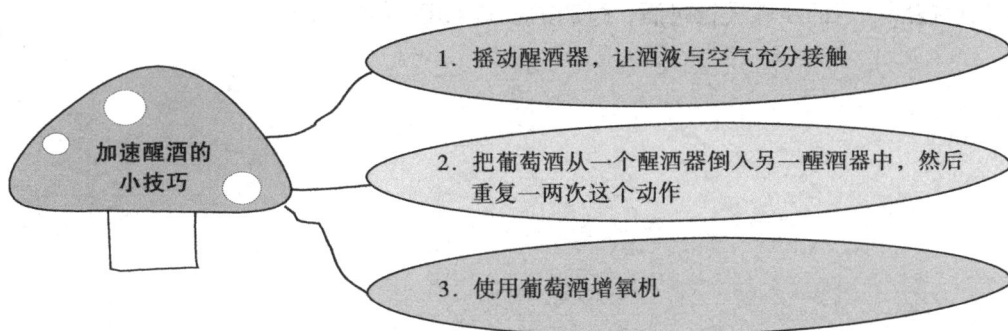

加速醒酒的小技巧

1. 摇动醒酒器，让酒液与空气充分接触

2. 把葡萄酒从一个醒酒器倒入另一醒酒器中，然后重复一两次这个动作

3. 使用葡萄酒增氧机

图7-33 加速醒酒的小技巧

2. 过酒

过酒，是在将葡萄酒倒入醒酒器时，把酒水中的沉淀与酒液分离开来的过程。过酒可让酒液看起来更加澄明有光泽，充分体现酒水的品质，进而增加宾客们对酒水的喜爱。

（1）过酒的要求

① 过酒前，应将酒瓶直立半小时左右，保证沉淀物沉淀在瓶底。

② 过酒时，应该保证瓶颈下的蜡烛火焰稳定而持续，因为摇曳的烛光会影响对酒液的观察。

③ 向醒酒器内倒酒时，应该保持目光、瓶颈与瓶颈下光源垂直成一条直线，易于观察瓶中沉淀是否流入过酒器中。

④ 光源与醒酒器之间的距离在 15 厘米左右，过近，烛火的温度会影响酒水的温度；过远，不利于对酒水中沉淀的观察。

（2）过酒的步骤

为了过酒后的酒液质量更好，在过酒时，一般会用图 7-34 中所示物品。

| 醒酒器 | 火柴 | 蜡烛 | 烛台 |

图 7-34　过酒需用的物品

然后按照一定的步骤进行过酒，过酒的步骤如图 7-35 所示。

将烛台放置于宾客前方偏右的位置

将蜡烛放入烛台中并点燃

右手拿起酒瓶，注意将标签露出来向着宾客

左手握住醒酒器的瓶颈，注意将醒酒器的"大肚"朝向宾客

倾倒酒液，并透过烛光观察瓶颈处有无沉淀

倒出大部分清澈的酒液后，看见有沉淀经过，立即停止倾倒

将酒瓶放在远离宾客的地方，向宾客展示醒酒器及醒酒器中的酒液

将醒酒器放于宾客面前，请宾客观察

提醒宾客醒酒的时间，必要时，待时间到了再次提醒

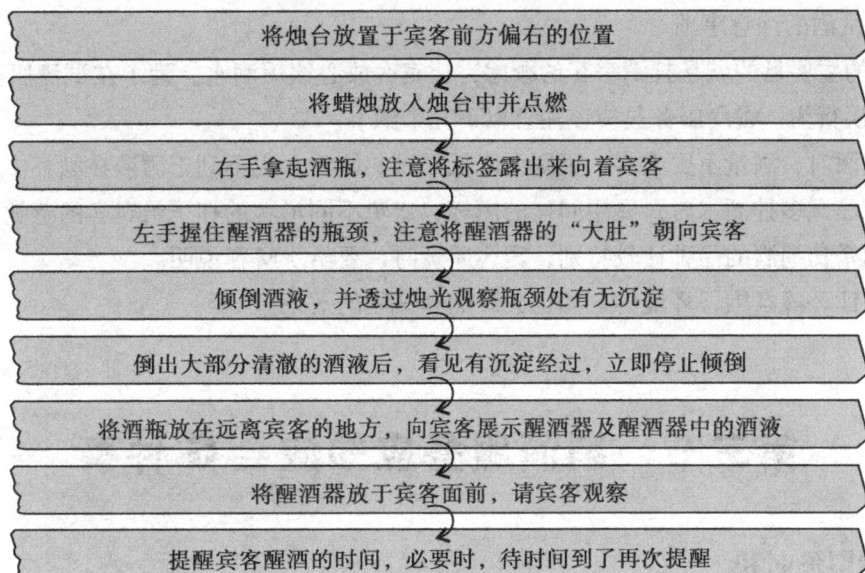

图 7-35　过酒的步骤

3. 试酒

一般葡萄酒从酿造、储存，到最后的上桌，要经过比较长的时间，有的甚至要经过几十年甚至上百年。在餐厅，假如宾客点了一瓶价格不菲的葡萄酒，就必须通过试酒这个环节来保证葡萄酒是好酒且没有变质。一般试酒服务的对象应该是点酒的宾客，如果点酒的宾客是位女士，可以请在座的男士代为试酒。

（1）试酒的步骤

餐厅服务员提供试酒服务的步骤可参照图 7-36。

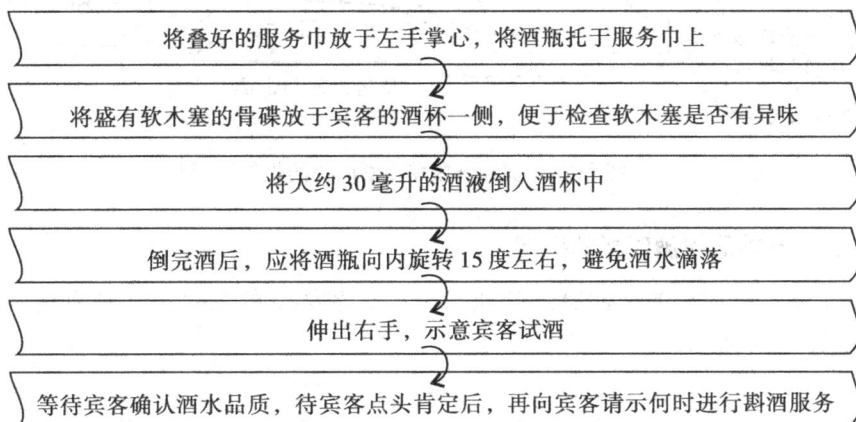

将叠好的服务巾放于左手掌心，将酒瓶托于服务巾上

将盛有软木塞的骨碟放于宾客的酒杯一侧，便于检查软木塞是否有异味

将大约 30 毫升的酒液倒入酒杯中

倒完酒后，应将酒瓶向内旋转 15 度左右，避免酒水滴落

伸出右手，示意宾客试酒

等待宾客确认酒水品质，待宾客点头肯定后，再向宾客请示何时进行斟酒服务

图 7-36　试酒的步骤

（2）试酒的注意事项

试酒的主要目的就是打消宾客的顾虑，让宾客放心饮用酒水。为了在试酒服务过程中不出现错误行为，餐厅服务员应该注意以下几个细节。

① 试酒时，酒量不要太多，否则会降低品试的能力，也不利于酒液在酒杯中回荡。

② 在品试多种酒水时，要用同样的酒杯，避免不同形状的杯子给宾客的感觉不同。

③ 如果葡萄酒的品种比较特别，宾客质疑时，要给予解释说明。

④ 保证环境氛围，环境的好坏也会影响到试酒的效果。

第三节　斟酒服务应知应会6件事

一、把握斟酒时机

斟酒是餐厅服务员必须掌握的一项基本技能，不仅要做好，还应该让宾客满意。餐厅服务员要善于把握斟酒时机，在最佳的时机进行斟酒会让宾客眼前一亮，加深印象，还能体现餐厅服务员的职业素养。

（一）宴会开始前斟酒时机的把握

餐厅服务员应把握宴会开始前斟酒的时机，具体内容可参考图7-37。

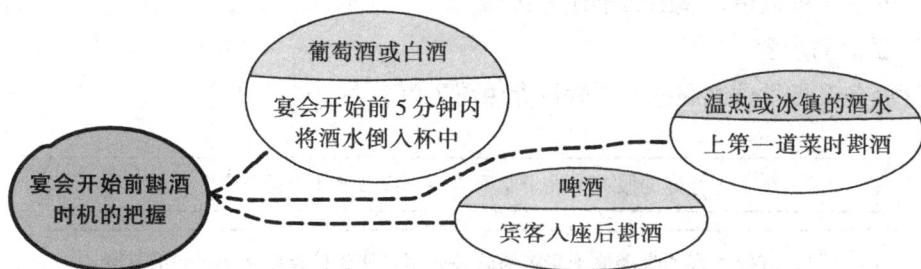

图7-37　宴会开始前斟酒时机的把握

（二）宴会开始后斟酒时机的把握

宴会开始后斟酒时机的把握要点是随时留意宾客杯中的酒量，及时为宾客斟酒、续杯。具体如图7-38所示。

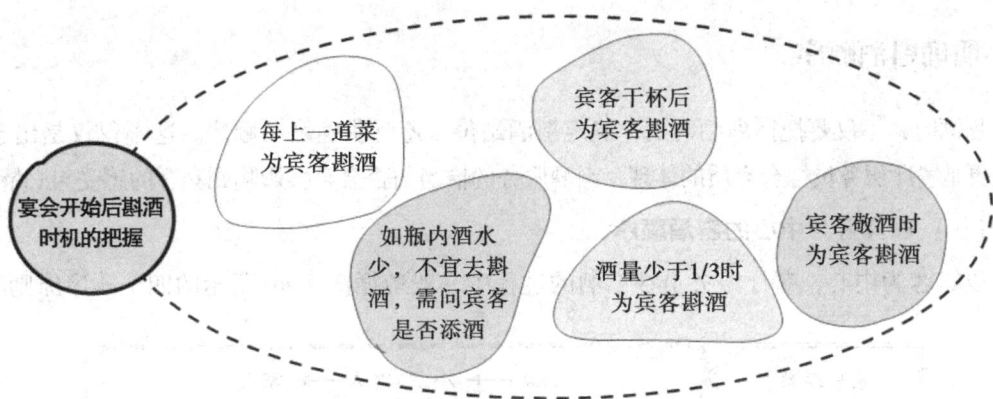

图 7-38 宴会开始后斟酒时机的把握

二、确定斟酒站位

餐厅服务员在斟酒的过程中，应该寻找一个好的斟酒站位。不仅使自己不阻挡宾客进餐，同时也有利于手上斟酒动作的完成。

（一）斟酒的正确站位

斟酒时，餐厅服务员要站在宾客的右后侧。具体来说，餐厅服务员可采取图 7-39 所示的方法进行正确站位及站位的移动。

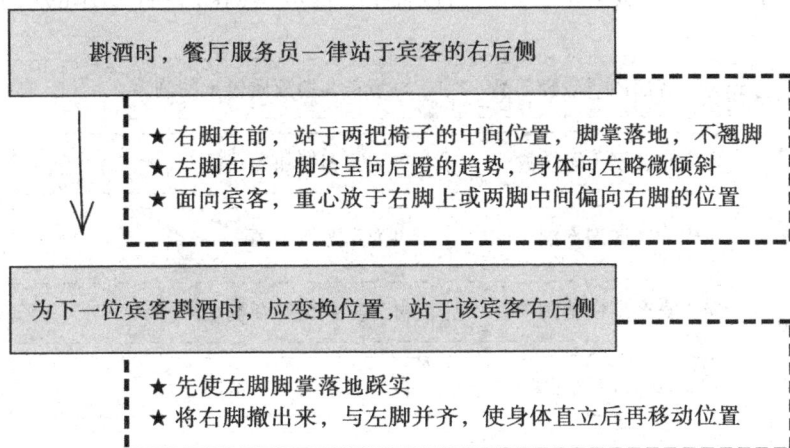

图 7-39 斟酒的正确站位

（二）斟酒站位的注意事项

1. 斟酒时，身体不要靠宾客太近，避免引起宾客反感。

2. 斟酒时，身体不要离宾客太远，会显得餐厅服务员不熟练、不专业、不热情。

3. 斟酒时，不可以站在同一个位置为两个宾客斟酒，会显得不礼貌。

三、明确斟酒顺序

斟酒时，不仅要把握斟酒时机，确定斟酒站位，还要明确斟酒顺序。这不仅仅是出于礼貌，更是餐厅服务员综合素质的体现，斟酒服务的恰当与否会直接影响到宾客的感受与心情。

（一）以宾客为中心的斟酒顺序

以宾客为中心，餐厅服务员在斟酒的过程中一般遵循图7-40所示的四个顺序原则。

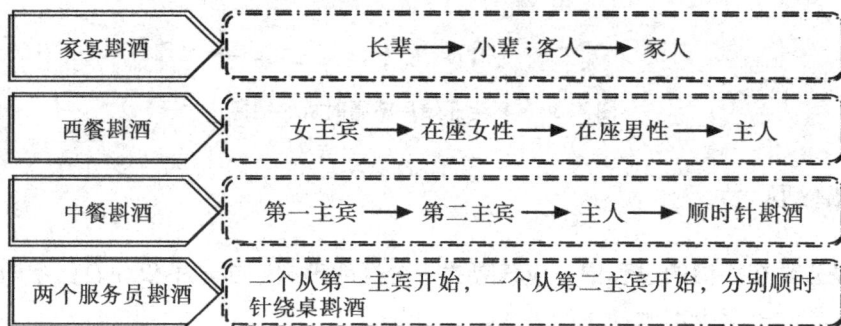

家宴斟酒	长辈 ➝ 小辈；客人 ➝ 家人
西餐斟酒	女主宾 ➝ 在座女性 ➝ 在座男性 ➝ 主人
中餐斟酒	第一主宾 ➝ 第二主宾 ➝ 主人 ➝ 顺时针斟酒
两个服务员斟酒	一个从第一主宾开始，一个从第二主宾开始，分别顺时针绕桌斟酒

图7-40　以宾客为中心的斟酒顺序

（二）以酒水为中心的斟酒顺序

以酒水为中心，餐厅服务员在斟酒的过程中一般应遵循图7-41所示的八个顺序原则。

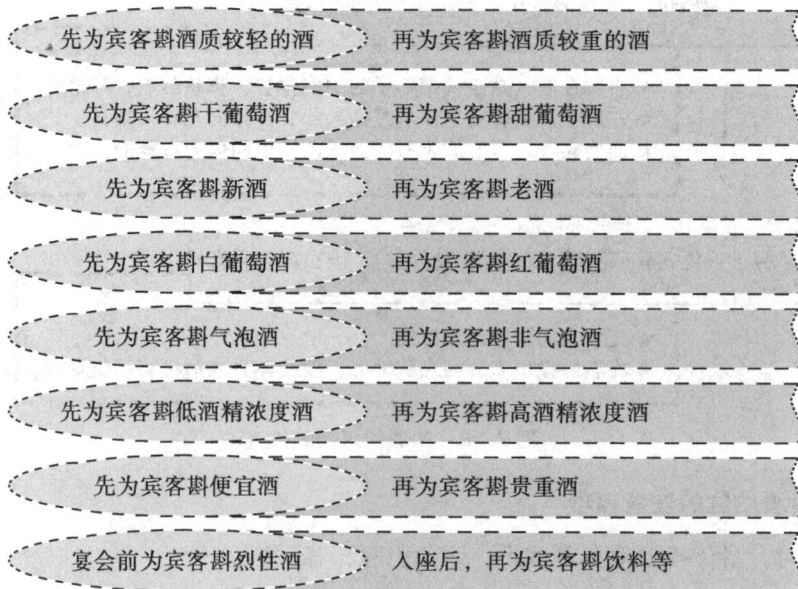

先为宾客斟酒质较轻的酒	再为宾客斟酒质较重的酒
先为宾客斟干葡萄酒	再为宾客斟甜葡萄酒
先为宾客斟新酒	再为宾客斟老酒
先为宾客斟白葡萄酒	再为宾客斟红葡萄酒
先为宾客斟气泡酒	再为宾客斟非气泡酒
先为宾客斟低酒精浓度酒	再为宾客斟高酒精浓度酒
先为宾客斟便宜酒	再为宾客斟贵重酒
宴会前为宾客斟烈性酒	入座后，再为宾客斟饮料等

图7-41　以酒水为中心的斟酒顺序

四、选择斟酒方法

餐厅服务员在为宾客斟酒时，应该掌握一些方法技巧，争取完善、规范服务，提升服务质量，使宾客满意。

具体来说，斟酒有两种方式：一种是桌斟；一种是捧斟，具体如下所示。

（一）桌斟

桌斟就是宾客的酒杯是放置在桌面上，餐厅服务员右手握着酒瓶，为宾客斟酒。桌斟包括托盘式斟酒和徒手斟酒。

1. 托盘式斟酒

托盘式斟酒是将宾客所点酒水按照内高外低的顺序排列在托盘内，左手端起托盘，右手拿取，根据宾客的需求为宾客斟酒。此方法便于宾客选择酒水。餐厅服务员进行托盘式斟酒的步骤如图7-42所示。

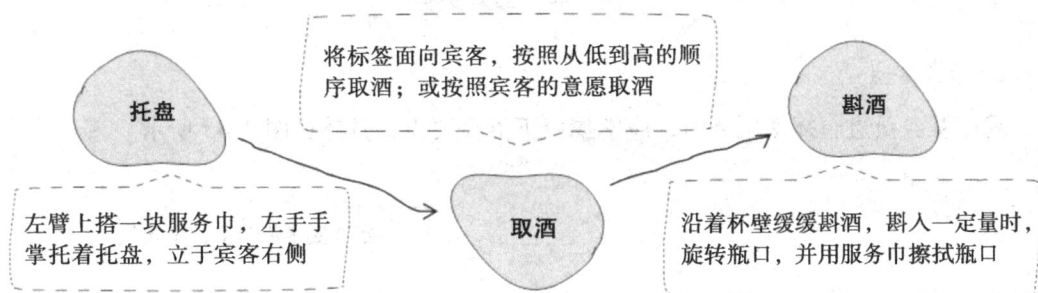

图 7-42　托盘式斟酒的步骤

2. 徒手斟酒

徒手斟酒时，可以按照图7-43所示的内容进行操作。

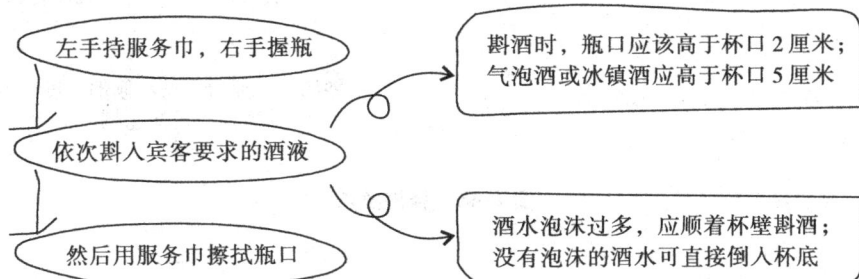

图 7-43　徒手斟酒的步骤

（二）捧斟

捧斟就是餐厅服务员立于宾客右侧，一手持杯，一手握瓶，将酒水倒入酒杯中的过程。

1. 捧斟步骤

捧斟实施步骤如图7-44所示。

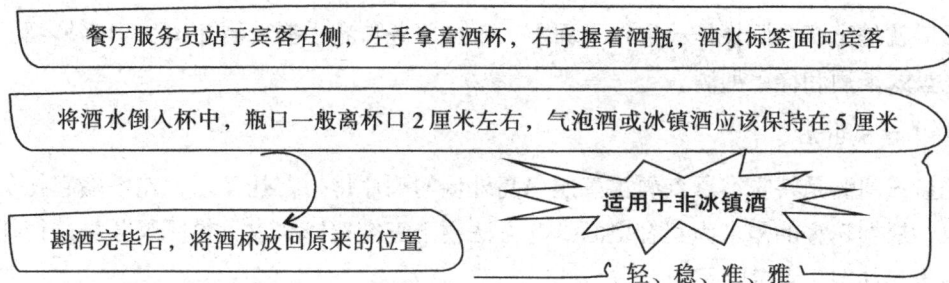

餐厅服务员站于宾客右侧，左手拿着酒杯，右手握着酒瓶，酒水标签面向宾客

将酒水倒入杯中，瓶口一般离杯口2厘米左右，气泡酒或冰镇酒应该保持在5厘米

适用于非冰镇酒

斟酒完毕后，将酒杯放回原来的位置

轻、稳、准、雅

图7-44　捧斟步骤

2. 捧斟要点

餐厅服务员进行捧斟服务时，应掌握以下五个要点，具体如图7-45所示。

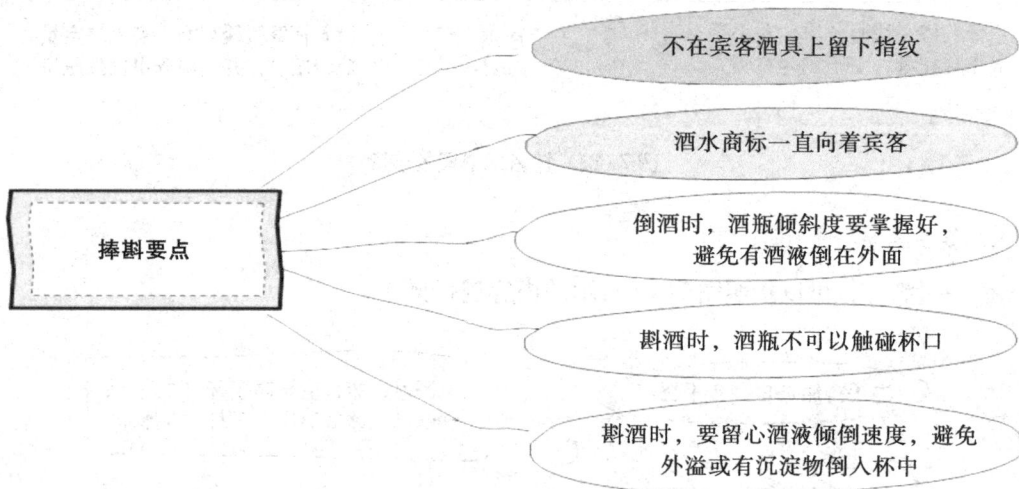

捧斟要点

不在宾客酒具上留下指纹

酒水商标一直向着宾客

倒酒时，酒瓶倾斜度要掌握好，避免有酒液倒在外面

斟酒时，酒瓶不可以触碰杯口

斟酒时，要留心酒液倾倒速度，避免外溢或有沉淀物倒入杯中

图7-45　捧斟要点

五、确定斟酒酒量

斟酒时，餐厅服务员要把握好所斟酒水的量，斟酒量过多，宾客拿着不方便，同时也

会污染桌面或溅到宾客衣物上；斟酒量过少，宾客便会频繁催促斟酒。所以，餐厅服务员应明确每一种酒水应该斟入的适宜量，避免引起宾客心情不悦。具体各种酒的适宜斟酒量如表7-1所示。

表7-1　各种酒的适宜斟酒量

酒水品种	斟酒量
红葡萄酒	红葡萄酒杯的1/3
白葡萄酒	白葡萄酒杯的2/3
白兰地酒	酒杯的1/2
香槟酒	先斟1/3，泡沫消退后，再斟至七分满
威士忌酒	酒杯的1/6
白酒	八分满
啤酒	缓慢倾倒，八分满时停下（防止有泡沫溢出）

六、明确斟酒姿势

餐厅服务员应明确标准的斟酒姿势，以确保整个餐厅服务统一、有序。

（一）持瓶动作

1. 持瓶姿势

餐厅服务员在斟酒过程中应明确标准的持瓶姿势，具体持瓶姿势标准如图7-46所示。

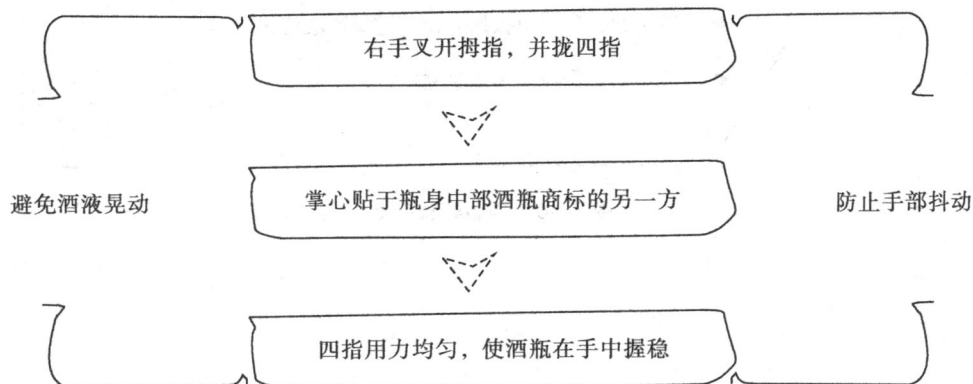

避免酒液晃动　　　　右手叉开拇指，并拢四指　　　　防止手部抖动

掌心贴于瓶身中部酒瓶商标的另一方

四指用力均匀，使酒瓶在手中握稳

图7-46　持瓶姿势标准

2. 斟酒时的用力

具体标准可以参见图 7-47。

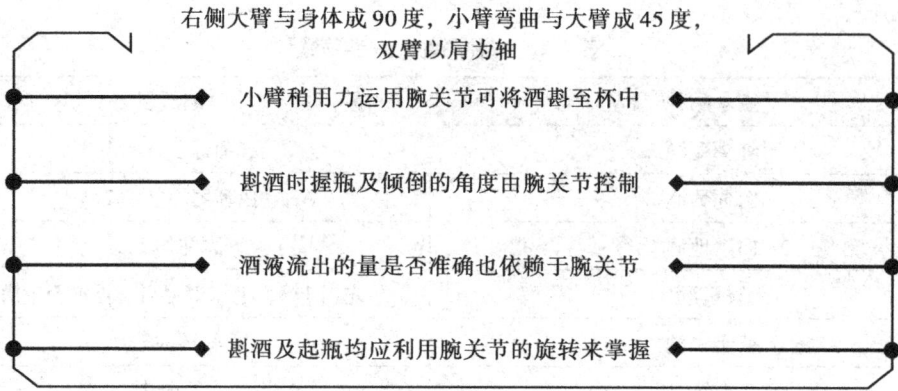

图 7-47 斟酒时的用力

主要内容：

右侧大臂与身体成 90 度，小臂弯曲与大臂成 45 度，双臂以肩为轴

小臂稍用力运用腕关节可将酒斟至杯中

斟酒时握瓶及倾倒的角度由腕关节控制

酒液流出的量是否准确也依赖于腕关节

斟酒及起瓶均应利用腕关节的旋转来掌握

图 7-47 斟酒时的用力

（二）倒酒姿势

餐厅服务员在斟酒过程中应明确标准的倒酒姿势，具体倒酒姿势标准如图 7-48 所示。

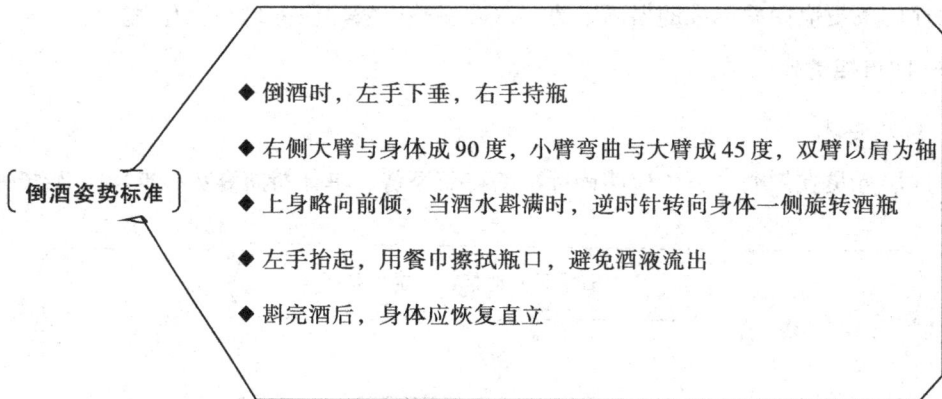

倒酒姿势标准

◆ 倒酒时，左手下垂，右手持瓶

◆ 右侧大臂与身体成 90 度，小臂弯曲与大臂成 45 度，双臂以肩为轴

◆ 上身略向前倾，当酒水斟满时，逆时针转向身体一侧旋转酒瓶

◆ 左手抬起，用餐巾擦拭瓶口，避免酒液流出

◆ 斟完酒后，身体应恢复直立

图 7-48 倒酒姿势标准

第八章

餐具酒具撤换

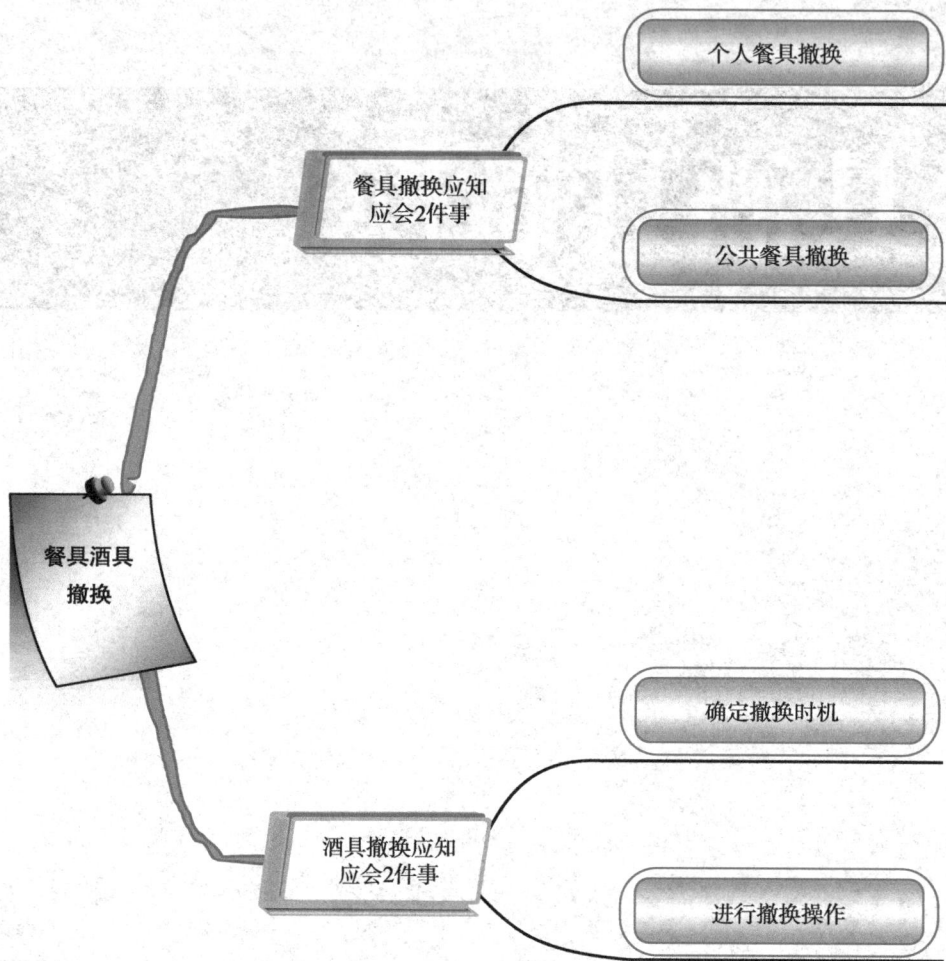

第一节　餐具撤换应知应会2件事

一、个人餐具撤换

较高级的酒席、宴会，往往需要两种以上的酒水饮料，并配有冷、热、海鲜、汤、羹、甜、咸、炒、烩、扒、煎等不同的菜品，每种菜品的味道均不同，为保证菜品的口感和质量，餐厅服务员需根据菜品的种类和特点，及时地撤换餐具。

（一）中餐个人餐具撤换

常见的中餐个人餐具主要有骨碟、汤碗、汤勺、筷子等，个人餐具撤换的具体说明如下。

1. 撤换骨碟

（1）明确骨碟撤换情形

骨碟是餐厅常用的一种餐具，一般放在垫碟上面，供宾客放置用餐过程中产生的垃圾。在宾客用餐过程中，遇有以下六种情况时，餐厅服务员需及时更换骨碟，具体情形说明如图8-1所示。

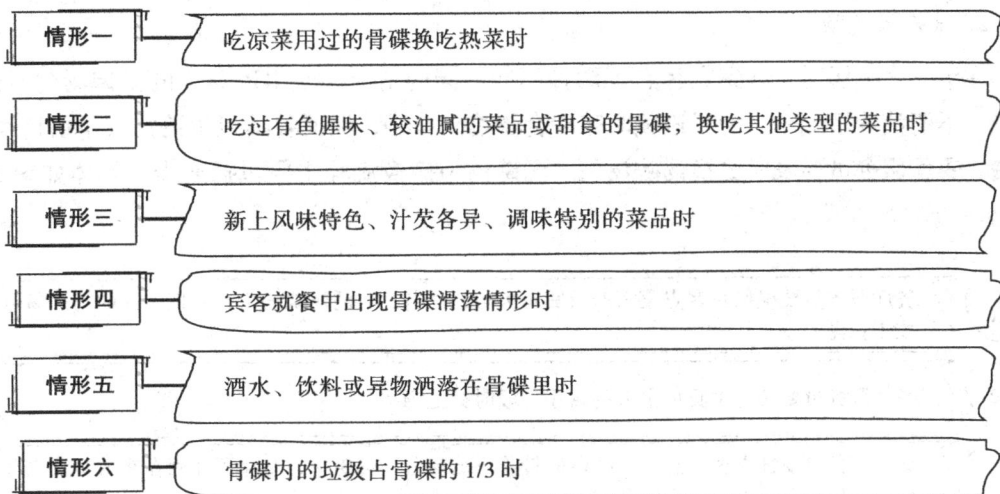

情形一	吃凉菜用过的骨碟换吃热菜时
情形二	吃过有鱼腥味、较油腻的菜品或甜食的骨碟，换吃其他类型的菜品时
情形三	新上风味特色、汁芡各异、调味特别的菜品时
情形四	宾客就餐中出现骨碟滑落情形时
情形五	酒水、饮料或异物洒落在骨碟里时
情形六	骨碟内的垃圾占骨碟的1/3时

图8-1　需及时更换骨碟的情形

（2）掌握骨碟撤换流程

餐厅服务员应在撤换骨碟前明确骨碟撤换流程，以便按照流程要求进行有序撤换。骨碟撤换流程主要包括三步，具体步骤如下。

① 撤换准备。骨碟撤换前，餐厅服务员应根据宾客点菜情况及宾客数量，准备好备用的干净骨碟。

② 进行撤换。餐厅服务员应根据宾客需要或就餐实际情况，判断是否应撤换骨碟。需要撤换时，左手托盘，从宾客右侧按顺时针方向用右手撤换骨碟，先撤出脏骨碟后换新骨碟。撤换骨碟时要保持托盘干净，随时清理托盘内的杂物。

③ 餐厅服务员应根据宾客需要及撤换情况，在 10 分钟之内将骨碟送回洗碗间。

（3）骨碟撤换注意事项

骨碟撤换需注意以下三大事项，具体如图 8-2 所示。

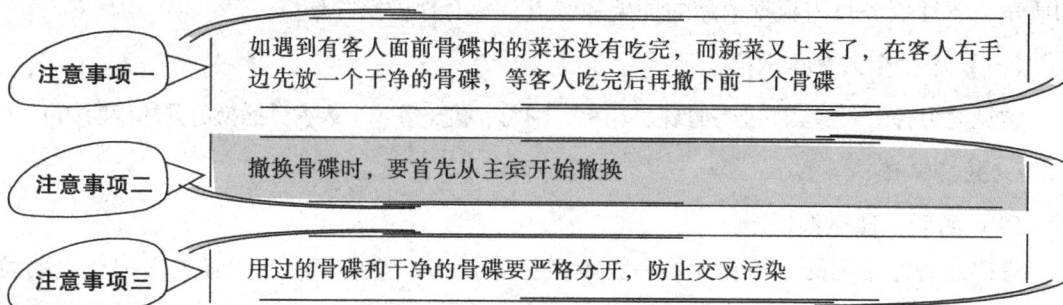

注意事项一 如遇到有客人面前骨碟内的菜还没有吃完，而新菜又上来了，在客人右手边先放一个干净的骨碟，等客人吃完后再撤下前一个骨碟

注意事项二 撤换骨碟时，要首先从主宾开始撤换

注意事项三 用过的骨碟和干净的骨碟要严格分开，防止交叉污染

图 8-2　骨碟撤换注意事项

2. 撤换汤碗汤勺

在给宾客上汤时，遇到宾客点了两种不同的汤的情况，或出现宾客的汤碗汤勺滑落、破损、不清洁等情况时，为了避免两味混合影响到口感，保证餐具卫生清洁及不妨碍宾客用餐，餐厅服务员要及时更换汤碗汤勺。汤碗汤勺撤换流程主要包括五步，具体如图 8-3 所示。

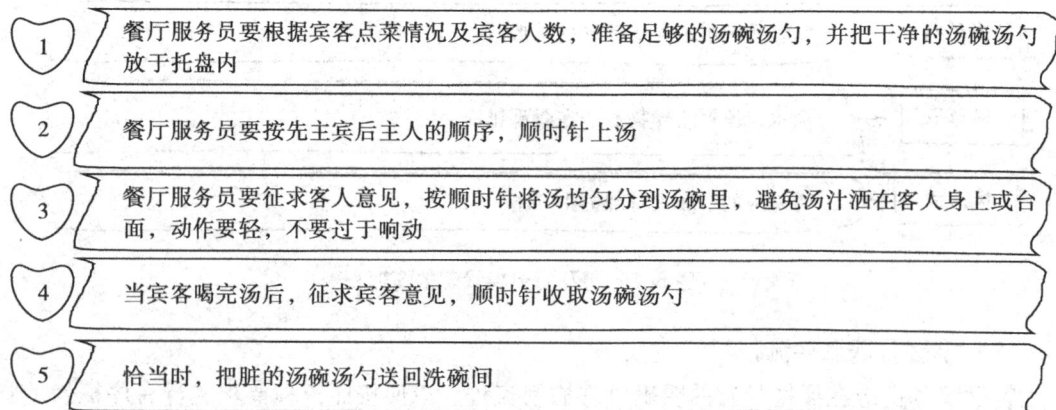

1 餐厅服务员要根据宾客点菜情况及宾客人数，准备足够的汤碗汤勺，并把干净的汤碗汤勺放于托盘内

2 餐厅服务员要按先主宾后主人的顺序，顺时针上汤

3 餐厅服务员要征求客人意见，按顺时针将汤均匀分到汤碗里，避免汤汁洒在客人身上或台面，动作要轻，不要过于响动

4 当宾客喝完汤后，征求宾客意见，顺时针收取汤碗汤勺

5 恰当时，把脏的汤碗汤勺送回洗碗间

图 8-3　汤碗汤勺撤换流程

3. 撤换筷子

筷子是中餐的必备餐具，餐厅中常见的筷子主要有竹筷、木筷、塑料筷等，在宾客用餐过程中，出现以下情形时，餐厅服务员需及时为宾客撤换筷子。

（1）宾客的筷子滑落时。

（2）宾客的筷子破损不能继续使用时。

（3）宾客的筷子上沾染不明汤水、异物时。

在宾客用餐过程中，餐厅服务员应留意宾客的手势及用餐情况，并在宾客用餐前准备好备用筷子，当宾客出现以上需撤换筷子的情形时，餐厅服务员要及时为宾客撤换筷子，以便不影响宾客正常用餐。

（二）西餐个人餐具撤换

常见的西餐个人餐具主要有刀、叉、匙、餐盘、餐巾等，具体撤换说明如表8-1所示。餐厅服务员应按照西餐个人餐具撤换说明的相关要求撤换餐具，确保宾客用餐不受影响。

表8-1　西餐个人餐具撤换说明

项目	具体说明
撤换刀叉	◆ 刀叉是西餐的必备餐具。西餐每吃一道菜即要换一副刀叉，每副刀叉根据上菜先后顺序从外到里排列。因此，每当宾客吃完一道菜就要撤去一副刀叉，到下餐或宴会要结束时，餐台上已无多余刀叉 ◆ 撤换刀叉前，餐厅服务员要注意观察宾客的刀叉摆放。如果宾客很规矩地将刀叉平行地放在餐盘上，即表示不再吃了，可以撤去；如果刀叉搭放在餐盘上，说明宾客还要继续食用或在边食用边说话，不可贸然撤去
撤换匙	◆ 匙主要分为汤匙、甜食匙、茶匙等，餐厅服务员应按照上菜流程及菜品的种类，上下一道菜前将上一道菜用的匙撤换
撤换餐盘	◆ 撤盘时，餐厅服务员要左手托盘，右手操作 ◆ 撤盘顺序为先从宾客右侧撤下刀匙，然后从其左侧撤下餐叉。餐刀、餐叉分开放入托盘，然后撤餐盘，撤盘按顺时针方向依次进行 ◆ 如宾客将汤匙底部朝天，或将匙把正对自己心窝处，餐厅服务员应马上征询宾客意见，弄清情况后再处理。如宾客将汤匙搁在汤盘或垫盘边上，通常表示还未吃完，此时不能撤盘
撤小毛巾和餐巾	◆ 宾客食用水果前，餐厅服务员应将擦手毛巾（冬天用热的，夏天用温的）递给宾客，宾客用过后应及时用毛巾夹将毛巾撤下餐台 ◆ 宾客用餐完毕离席后，餐厅服务员应在撤餐具前先将餐巾撤离餐台

餐厅服务员在撤换西餐个人餐具时，应注意以下六点事项，具体如图8-4所示，以便及时顺利撤换餐具，给宾客留下良好的印象。

1	西餐餐具撤换过程中，餐厅服务员要注意宾客的举止，特别留意宾客的暗示
2	餐厅服务员要熟悉西餐就餐礼仪，提供准确、快捷、周到的餐具撤换服务
3	餐厅服务员应遵循先宾后主、女士优先的原则
4	在上每一道菜之前，餐厅服务员都要先撤去上一道菜的餐具，斟好相应的酒水，再上下一道菜
5	餐厅服务员在撤餐具时，动作要轻稳。西餐撤盘一般是徒手操作，所以一次不应拿得太多，以免失手滑落餐具
6	举行宴会时，餐厅全场撤盘上菜的节奏应一致，多桌时以主桌为主

图8-4 西餐个人餐具撤换注意事项

二、公共餐具撤换

公共餐具是主要针对中餐而言的，中餐公共餐具主要包括公用碗筷、公用汤勺、菜盘、调味品、烟灰缸、牙签等，餐厅服务员应根据宾客用餐需要，及时将多余、破损的公共餐具撤换。表8-2为常见公共餐具撤换说明，供参考。

表8-2 公共餐具撤换说明

项目	具体说明
公用碗筷、汤勺撤换	◆ 公用碗筷、汤勺是餐桌上不属于个人的公共餐具，为保证进食卫生，宾客常用公用碗筷、汤勺将食物夹或舀到自己的碗碟内，再在自己的碗碟内食用 ◆ 公用碗筷、汤勺更换情形主要有以下四种 （1）公用碗具内的食物吃光时 （2）公用碗筷、汤勺沾上汤汁或酒水时 （3）宾客需要时 （4）公用碗筷、汤勺不清洁时 ◆ 如公用碗具内的食物吃光，餐厅服务员在撤换时，可询问宾客是否需加菜

（续表）

项目	具体说明
菜盘撤换	◆ 宾客用餐后，如有空餐盘出现，餐厅服务员应及时将空餐盘撤掉 ◆ 在上水果前，餐厅服务员可将餐桌上的残菜盘撤净，必要时，可做简单的餐桌清理，而后将水果摆放于餐桌正中
胡椒粉、盐盅、调味架撤换	◆ 待到宾客食用甜点时，餐厅服务员可将胡椒粉、盐盅、调味架等调味品和调味工具收拾撤下
烟灰缸撤换	◆ 宾客用餐时，餐台上的烟灰缸内应始终保持清洁，使用过的烟灰缸应及时撤换 ◆ 撤换烟灰缸的方法是：用干净的烟灰缸压放在用过的烟灰缸上，并将两个烟灰缸同时撤下；然后再将干净的烟灰缸放回原处。这样可防止拿取用过的烟灰缸时，飘落烟灰 ◆ 撤换烟灰缸时，应先做防火安全检查，看是否有未熄灭的烟蒂，如有应进行灭火处理
牙签撤换	◆ 宾客用餐后，在上甜点或水果前，餐厅服务员可同餐巾、杯具一起将牙签撤离餐桌

第二节 酒具撤换应知应会2件事

一、确定撤换时机

餐厅常见的酒杯包括葡萄酒杯、白酒杯、饮料杯等，餐厅服务员在撤换酒具前，应明确酒具撤换时机，以便根据实际情况进行撤换，满足宾客的需求，提高宾客的满意度。

通常，当出现以下情形时，餐厅服务员应进行酒具撤换，具体如图8-5所示。

情形一	宾客用过一种酒水换用另一种酒水时
情形二	宾客酒杯内有异物、汤汁时
情形三	宾客的酒具打碎或掉在地上时
情形四	宾客主动要求更换新酒具时

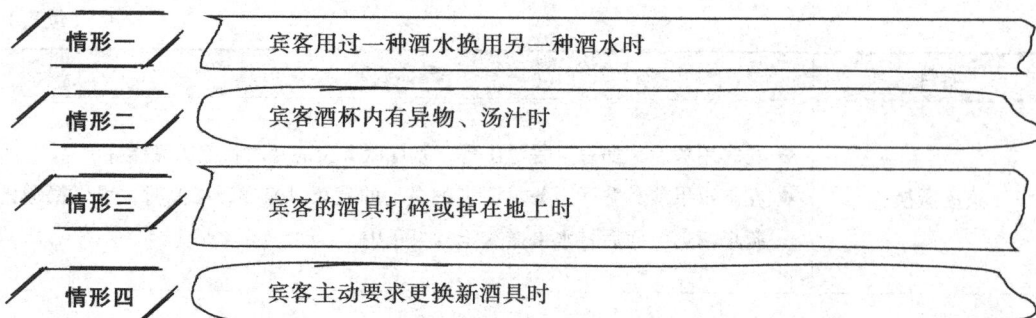

图 8-5　酒具撤换时机

二、进行撤换操作

餐厅服务员撤换酒具前应明确酒具撤换要求，掌握酒具撤换步骤并依照该步骤进行撤换，具体内容如下所示。

（一）明确酒具撤换要求

餐厅服务员撤换酒具前应明确酒具撤换要求，具体如图 8-6 所示。

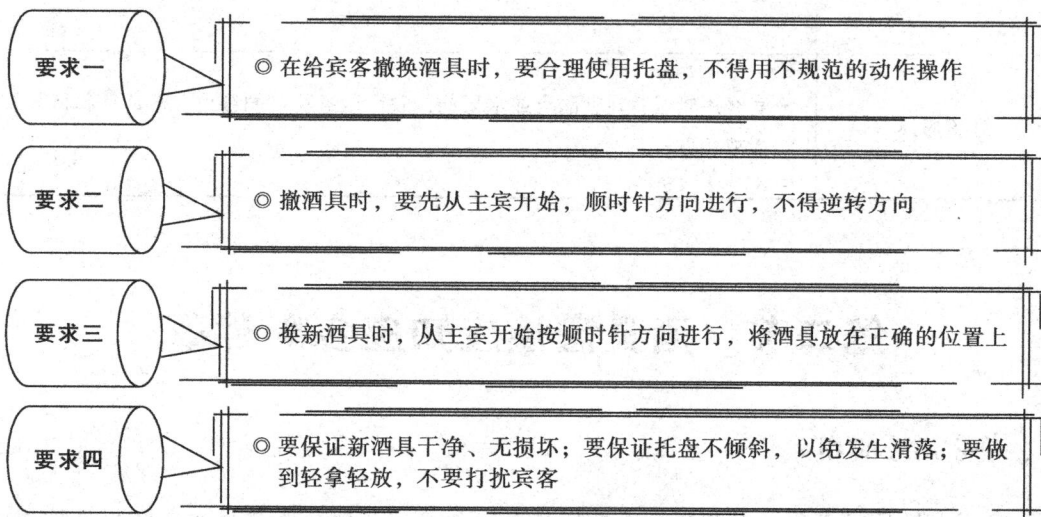

要求一	◎ 在给宾客撤换酒具时，要合理使用托盘，不得用不规范的动作操作
要求二	◎ 撤酒具时，要先从主宾开始，顺时针方向进行，不得逆转方向
要求三	◎ 换新酒具时，从主宾开始按顺时针方向进行，将酒具放在正确的位置上
要求四	◎ 要保证新酒具干净、无损坏；要保证托盘不倾斜，以免发生滑落；要做到轻拿轻放，不要打扰宾客

图 8-6　酒具撤换要求

（二）掌握酒具撤换步骤

酒具撤换操作步骤主要包括三步，具体说明如图 8-7 所示。餐厅服务员应根据酒具撤换步骤进行撤换，以便在不影响宾客就餐的情况下及时完成酒具撤换工作。

撤换准备　◎ 餐厅服务员应根据就餐人数及宾客点菜情况，准备好宾客所需要的酒具，并将其放于托盘内一侧

进行撤换　◎ 餐厅服务员应按顺时针方向，先从主宾开始，左手托盘，右手撤换

酒具清洗　◎ 在酒具撤下后 10 分钟内，餐厅服务员应将撤换的脏酒具送到洗碗房清洗

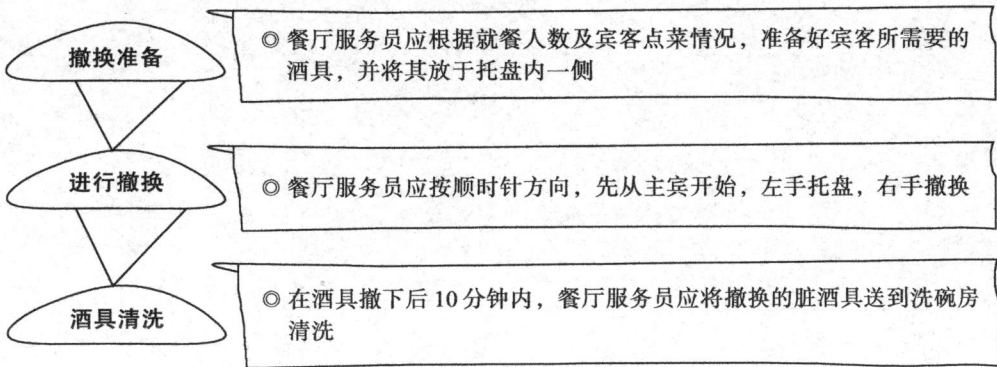

图 8-7　酒具撤换步骤

第九章

结账送客服务

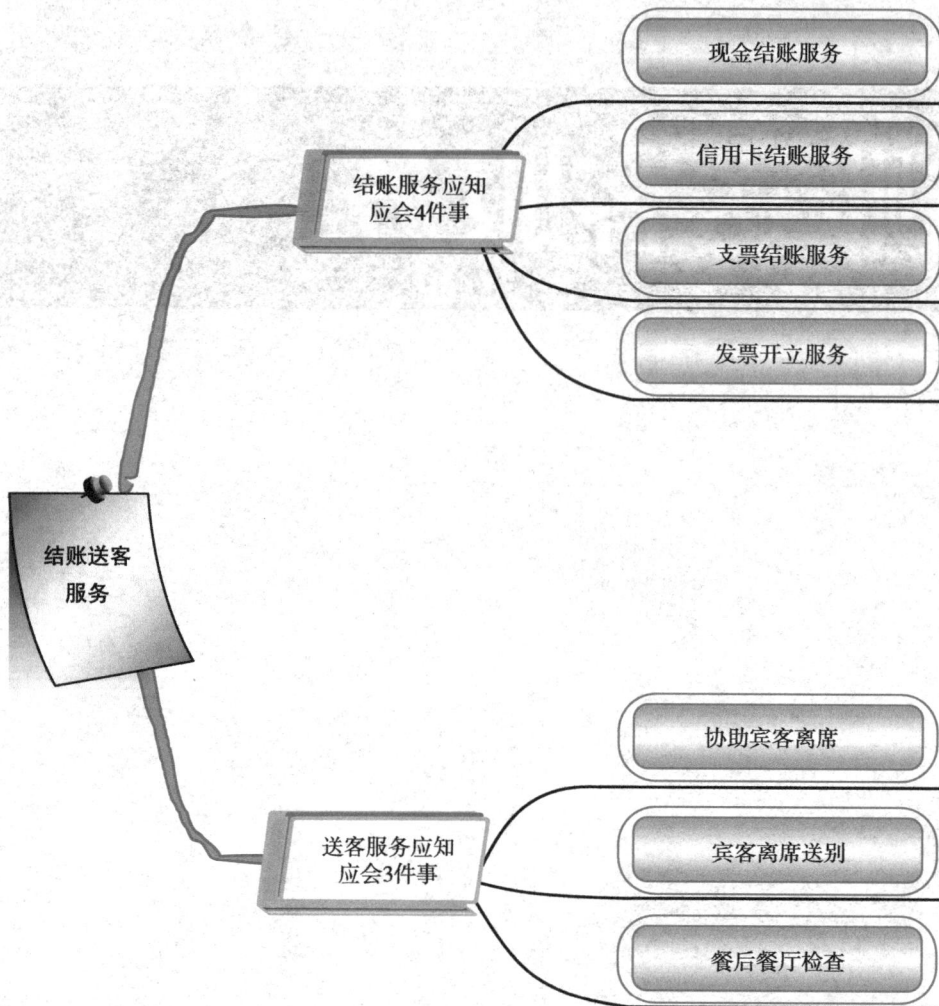

第一节 结账服务应知应会 4 件事

一、现金结账服务

结账服务是宾客进餐结束后，餐厅服务员为宾客结算餐费和酒水费用的服务，是餐饮服务的重要组成部分。结账服务需结合结账方式，保持优质服务的整体性和一贯性。现金结账是餐厅常见的结账方式之一，餐厅服务员需要掌握现金知识和现金结账程序，具体如下所示。

（一）掌握现金知识

餐厅服务员需要掌握的现金知识主要包括常见假钞的种类、人民币假钞辨别和假钞处理三个方面的内容，做到遇到假钞时能够准确地辨别与妥善地处理。

1. 常见假钞的种类

常见的假钞主要有机制、复印、拓印三种，每种假钞的特点如图 9-1 所示。餐厅服务员明确常见假钞的种类后，在结账中可根据币钞颜色、材质等对假钞进行有效辨别。

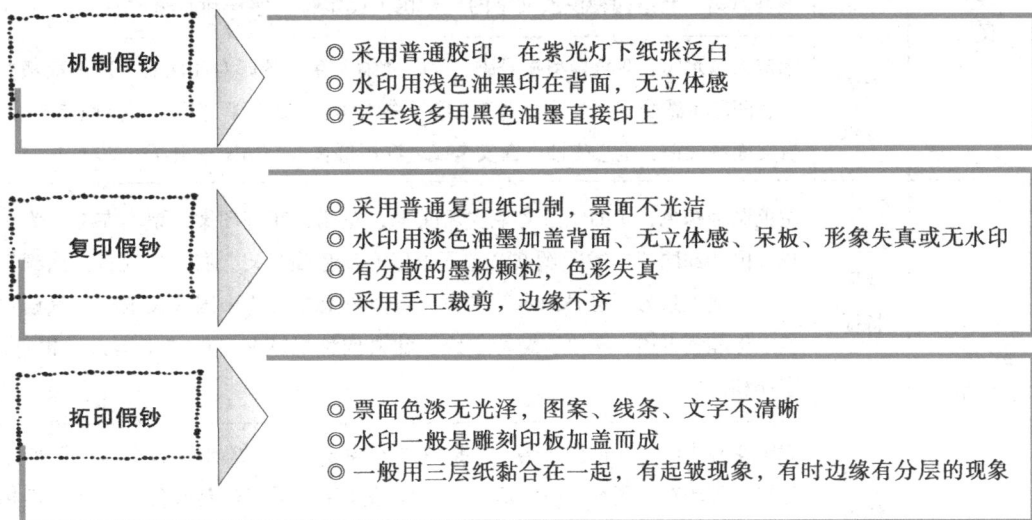

机制假钞	◎ 采用普通胶印，在紫光灯下纸张泛白 ◎ 水印用浅色油黑印在背面，无立体感 ◎ 安全线多用黑色油墨直接印上
复印假钞	◎ 采用普通复印纸印制，票面不光洁 ◎ 水印用淡色油墨加盖背面、无立体感、呆板、形象失真或无水印 ◎ 有分散的墨粉颗粒，色彩失真 ◎ 采用手工裁剪，边缘不齐
拓印假钞	◎ 票面色淡无光泽，图案、线条、文字不清晰 ◎ 水印一般是雕刻印板加盖而成 ◎ 一般用三层纸黏合在一起，有起皱现象，有时边缘有分层的现象

图 9-1 常见假钞的种类与特点

2. 人民币假钞辨别

现在市面上主要流通的是第五套人民币，现就第五套人民币的假钞辨别进行说明。100 元、50 元、20 元人民币（指 2005 年版）的票面特征和主要特点如表 9-1 所示。餐厅服务员应根据不同面值人民币的特点，通过机检、触摸、观察等多种方式有效地对假钞进行辨别。

表 9-1　部分人民币（2005 年版）面值及特点说明

项目	特点说明	
100 元人民币	票面特征	主色调为红色，正面主景为毛主席头像，左侧为椭圆形花卉图案，票面左上方为中华人民共和国"国徽"图案，右下方为盲文面额标记。背面主景为"人民大会堂"图案，左侧为人民大会堂内圆柱图案，票面右上方为"中国人民银行"汉语拼音字母和蒙古语、藏语、维吾尔语、壮语四种民族文字的"中国人民银行"字样和面额
	主要特点	固定人像水印、双色异型横号码、胶印微缩文字、胶印对印图案、隐形面额数字、凹印手感线、光变油墨面额数字、白水印、雕刻凹版印刷、手工雕刻头像、盲文面额标记、全息磁性开窗安全线、汉语拼音"YUAN"，年号"2005 年"
50 元人民币	票面特征	主色调为绿色，正面主景为毛主席头像，左侧为花卉图案，票面左上方为中华人民共和国"国徽"图案，右下方为盲文面额标记。背面主景为"布达拉宫"图案，票面右上方为"中国人民银行"汉语拼音字母和蒙古语、藏语、维吾尔语、壮语四种民族文字的"中国人民银行"字样和面额
	主要特点	固定人像水印、双色异型横号码、胶印微缩文字、胶印对印图案、隐形面额数字、凹印手感线、光变油墨面额数字、白水印、雕刻凹版印刷、手工雕刻头像、盲文面额标记、全息磁性开窗安全线、汉语拼音"YUAN"，年号"2005 年"
20 元人民币	票面特征	主色调为棕色，正面主景为毛主席头像，左侧为花卉图案，票面左上方为中华人民共和国"国徽"图案，左下方印有双色横号码，右下方为盲文面额标记。背面主景为"桂林山水"图案，票面右上方为"中国人民银行"汉语拼音字母和蒙古语、藏语、维吾尔语、壮语四种民族文字的"中国人民银行"字样和面额
	主要特点	固定花卉水印、双色横号码、全息磁性开窗安全线、隐形面额数字、凹印手感线、胶印对印图案、白水印、胶印微缩文字、手工雕刻头像、盲文面额标记、雕刻凹版印刷、汉语拼音"YUNA"，年号"2005 年"

3. 假钞处理

餐厅服务员及收银员在现金结账中遇到假钞时，应采取以下措施对假钞进行处理。

（1）餐厅服务员及收银员在收款过程中，要对现金的真伪进行仔细的辨认，对于有任何怀疑的钞币，应按标准复核一遍。

（2）确认宾客所付钱款为假钞时，应轻声告知宾客："对不起，这张钱不能够使用，请您再重新更换一张，谢谢。"

（3）宾客更换钞币后，要重新辨认真伪，并向宾客表示诚挚的谢意。

（4）如宾客对于更换建议不予理会，甚至大发雷霆时，要及时联系上级主管，并始终保持微笑服务。

（二）进行现金结账

餐厅服务员进行现金结账前，应明确结账时机、结账程序与结账注意事项，具体如下。

1. 明确结账时机

餐厅服务员发现宾客用餐完很久正东张西望，或手持账单东张西望的时候，就可以上前站在宾客右侧微笑询问是否需要结账。通常，餐厅服务员可以用以下三种提问方法询问。

（1）"请问还有需要为您服务的吗？"

（2）"请问您现在要结账吗？"

（3）"请问您今天的用餐还满意吗？"

2. 明确结账程序

现金结账程序主要包括七步，具体如图9-2所示。餐厅服务员及收银员应明确餐厅现金结账程序要求，并严格按照程序进行结账。

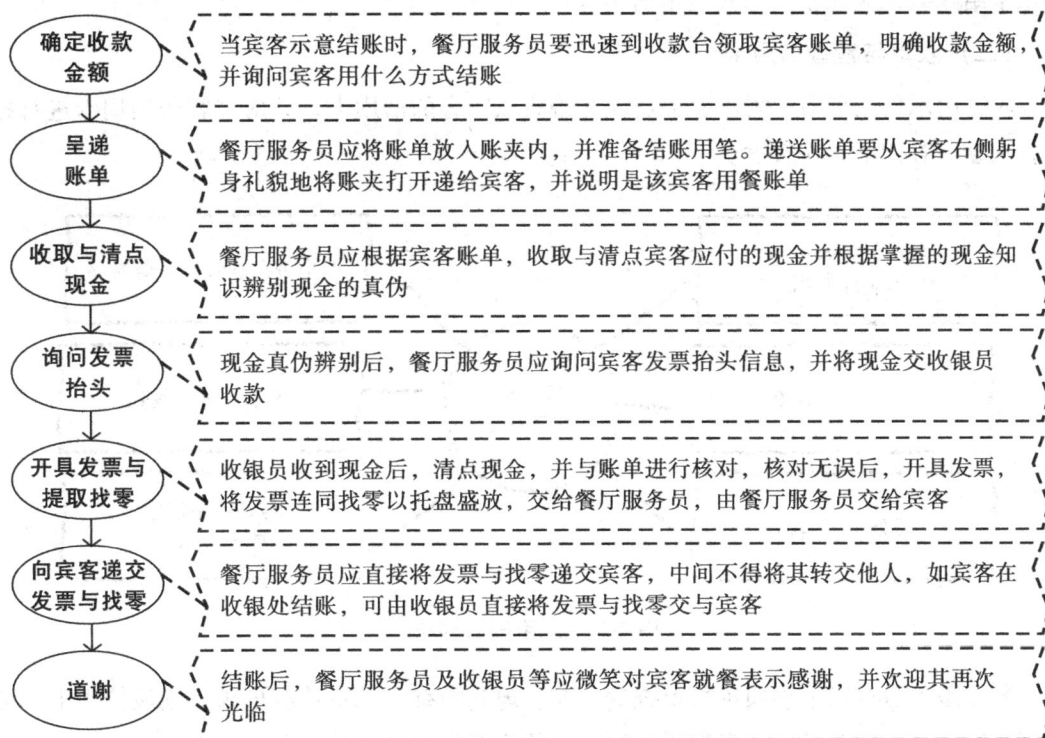

步骤	说明
确定收款金额	当宾客示意结账时，餐厅服务员要迅速到收款台领取宾客账单，明确收款金额，并询问宾客用什么方式结账
呈递账单	餐厅服务员应将账单放入账夹内，并准备结账用笔。递送账单要从宾客右侧躬身礼貌地将账夹打开递给宾客，并说明是该宾客用餐账单
收取与清点现金	餐厅服务员应根据宾客账单，收取与清点宾客应付的现金并根据掌握的现金知识辨别现金的真伪
询问发票抬头	现金真伪辨别后，餐厅服务员应询问宾客发票抬头信息，并将现金交收银员收款
开具发票与提取找零	收银员收到现金后，清点现金，并与账单进行核对，核对无误后，开具发票，将发票连同找零以托盘盛放，交给餐厅服务员，由餐厅服务员交给宾客
向宾客递交发票与找零	餐厅服务员应直接将发票与找零递交宾客，中间不得将其转交他人，如宾客在收银处结账，可由收银员直接将发票与找零交与宾客
道谢	结账后，餐厅服务员及收银员等应微笑对宾客就餐表示感谢，并欢迎其再次光临

图9-2 现金结账程序

3. 明确结账注意事项

餐厅服务员及收银员在结账过程中要注意以下三点事项。

（1）餐厅服务员及收银员要提高个人的业务技能，准确辨别假钞，以免造成误会，引起宾客的投诉。

（2）收款时一定注意唱收唱找。

（3）坚持"钱不过二手原则"，特别注意不法分子抽老千的行为。

二、信用卡结账服务

信用卡是银行向个人和单位发行的，凭此向特约单位购物、消费和向银行存取现金，其形式是一张正面印有发卡银行名称、有效期、账号、持卡人姓名等信息，背面有磁条、签名条等内容的卡片。信用卡携带方便，同时也是实用的理财工具。

信用卡结账是餐厅常见的结账方式之一，其服务程序如下。

（一）确定结账方式

当宾客示意结账时，餐厅服务员要收取与查看宾客账单，明确账单金额，告知宾客结账金额信息，以及餐厅现有的结账方式，并询问宾客采用什么方式进行结账。宾客确定用信用卡结账时，应礼貌要求其出示信用卡。

（二）收取与检查信用卡

宾客出示信用卡后，餐厅服务员应礼貌收取宾客的信用卡，并对宾客的信用卡进行检查，检查内容如图9-3所示。

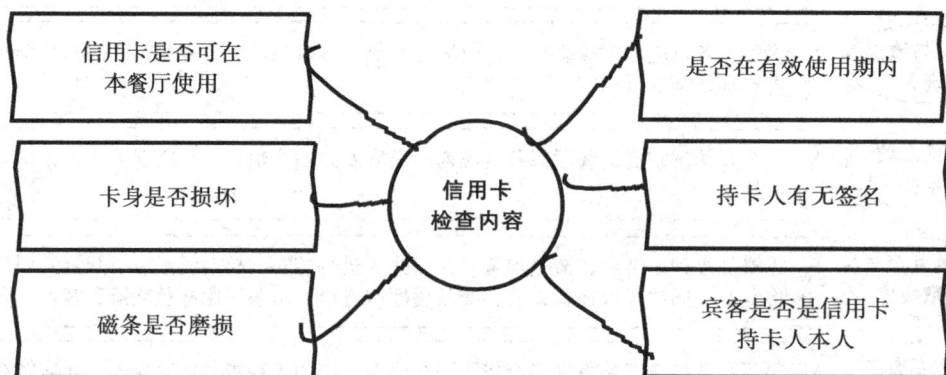

信用卡是否可在本餐厅使用　是否在有效使用期内　卡身是否损坏　信用卡检查内容　持卡人有无签名　磁条是否磨损　宾客是否是信用卡持卡人本人

图9-3　信用卡检查内容

餐厅服务员对以上事项进行检查后，如发现其中有一项不符合要求，则该信用卡不能使用。这时餐厅服务员应与宾客说明原因，并建议宾客更换其他卡片。

（三）POS 机刷卡操作

POS 机是一种多功能终端，把它安装在信用卡的特约商户和受理网点中与计算机联网，就能实现电子资金自动转帐，它具有消费、消费撤销、余额查询、转账、重印交易单据等功能，使用起来安全、快捷、可靠。

餐厅服务员检查核对宾客信用卡后，要根据宾客结账实际情况，进行 POS 机刷卡消费操作，操作前要与宾客说明刷卡金额信息。

餐厅结账中常见的 POS 机刷卡操作主要有消费、消费撤销、重印交易单据三项，具体操作说明如下。

1. 消费

消费是餐厅通过 POS 机终端，实时完成宾客信用卡支付的过程。

（1）适用范围。使用此交易进行银联卡结算。

（2）操作步骤。POS 机消费操作步骤如图 9-4 所示。

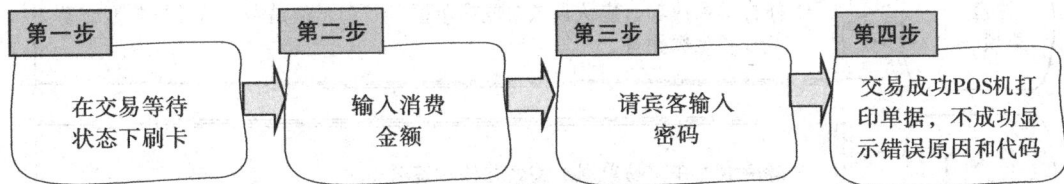

第一步	第二步	第三步	第四步
在交易等待状态下刷卡	输入消费金额	请宾客输入密码	交易成功POS机打印单据，不成功显示错误原因和代码

图 9-4　POS 机消费操作步骤

（3）注意事项。如果没有密码，按删除键将直接略过密码输入操作。

2. 消费撤销

消费撤销是餐厅由于各种原因，对已经通过 POS 机成功处理的消费交易，于当日当批主动发起取消的过程。

（1）适用范围为当日当批已成功处理的消费交易

（2）操作步骤

POS 机消费撤销操作步骤如图 9-5 所示。

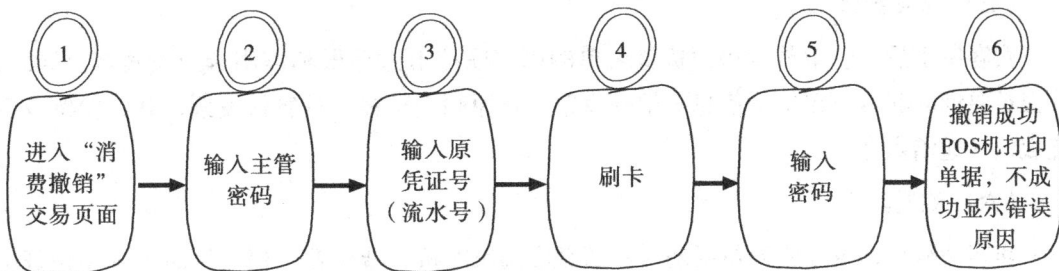

①	②	③	④	⑤	⑥
进入"消费撤销"交易页面	输入主管密码	输入原凭证号（流水号）	刷卡	输入密码	撤销成功POS机打印单据，不成功显示错误原因

图 9-5　POS 机消费撤销操作步骤

（3）注意事项

① 消费撤销只能在当日当批次内才能成功，需在同一终端上进行。

② 每笔消费交易只能撤销一次，且不能部分金额撤销。

③ 消费撤销交易成功，打印交易凭证，应与原消费单据一起妥善保存。

④ 如果消费撤销交易失败，餐厅对账确认后，应尽快与收单机构联系。

3. 重印交易单据

（1）操作步骤

① 进入"打印交易"页面。

② 选择"重打上笔交易"并按确认键。

（2）注意事项

重印交易单据的注意事项主要包括两项，如图9-6所示。

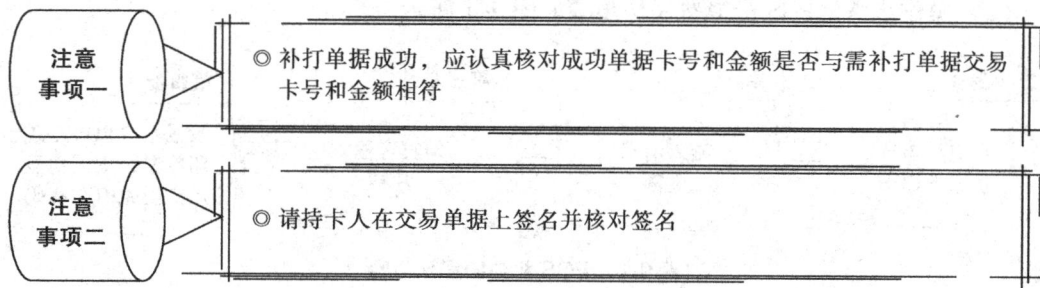

| 注意事项一 | ◎ 补打单据成功，应认真核对成功单据卡号和金额是否与需补打单据交易卡号和金额相符 |
| 注意事项二 | ◎ 请持卡人在交易单据上签名并核对签名 |

图9-6　重印交易单据的注意事项

（四）宾客签字确认

操作 POS 机刷卡成功后，收银员应请宾客核对刷卡金额信息，并请宾客在消费签名单上签名。宾客签名后，收银员应核对该签名与信用卡背面的签名是否相符，如不相符，应礼貌地询问宾客不相符的原因，并与宾客说明结账付款情况，进行消费撤销，请宾客出示其他信用卡或选择其他交易方式。

（五）开具发票

宾客签字后，收银员应将消费签名单的第三联持卡人存根和信用卡交还宾客。同时，收银员要询问宾客发票抬头信息，根据发票开具原则为宾客开具餐饮发票，并将发票双手礼貌地呈递给宾客。

（六）欢送宾客

宾客结账后，餐厅服务员要随时留意宾客离桌时机，帮忙拉桌椅，楼面主管和领班也应站立于出口处欢送宾客，给宾客留下一个好印象。宾客准备离去时，所有的服务人员，尤其是该桌的服务员或贵宾厅的服务员，应暂时停止工作站立于门口或桌边，向离去的宾客做礼貌的答谢，同时诚心诚意地向宾客表示欢迎再来。

三、支票结账服务

支票是出票人签发，委托办理支票存款业务的银行或者其他金融机构在见票时无条件支付确定的金额给收款人或持票人的票据。支票一经背书即可流通转让，具有通货作用，是替代货币发挥流通手段和支付手段职能的信用流通工具之一。运用支票进行结算，可以减少现金的流通量，节约货币流通费用。

支票结账是餐厅常见结账方式之一，支票结账服务程序主要包括明确支票种类、明确支票必要项目、掌握支票填写规定和进行支票结账四步，具体如下。

（一）明确支票种类

餐厅服务员进行支票结账服务前，应明确常见支票种类，以便对支票进行检查与辨别。餐厅结账常见支票主要有现金支票、转账支票和普通支票三种，具体说明如表9-2所示。

表9-2　支票种类

种类	具体说明
现金支票	◆ 现金支票用于支取现金，它可以由存款人签发用于到银行为本单位提取现金，也可以签发给其他单位和个人用来办理结算或者委托银行代为支付现金给收款人 ◆ 现金支票的内容主要包括付款单位的账号和开户银行、收款单位的名称、款项金额、款项用途、签发日期、付款单位签章、背书及背书日期等
转账支票	◆ 转账支票是出票人签发的，委托办理支票存款业务的银行在见票时无条件支付确定的金额给收款人或持票人的票据 ◆ 转账支票无金额起点的限制 ◆ 转账支票只能用于转账，不能用于提取现金 ◆ 转账支票的收款人名称、金额可以由出票人授权补记，未补记的不得背书转让和提示付款
普通支票	◆ 普通支票是支票上未印有"现金"或"转账"字样的支票，普通支票可以用于支取现金，也可以用于转账 ◆ 在普通支票左上角划两条平行线的，为划线支票，划线支票只能用于转账，不得支取现金；普通支票左上角不划线时可作为现金支票使用

（二）明确支票必要项目

餐厅服务员明确支票种类后，应明确支票的必要项目，以便准确、顺利地结账。通常，一张支票的必要项目应包括图9-7所示的七项内容。

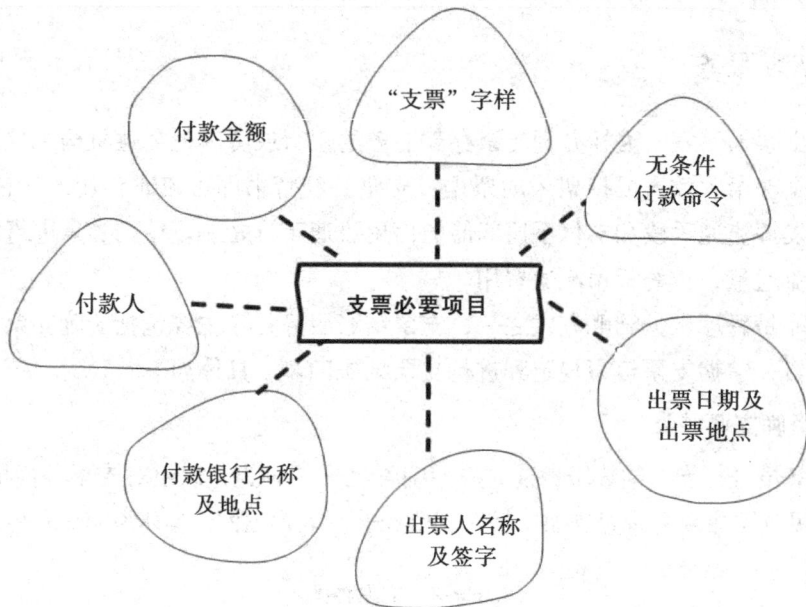

图9-7 支票必要项目

其中:

(1) 未载明出票地点者,出票人名字旁的地点视为出票地。

(2) 未载明付款地点者,付款银行所在地为付款地点。

图9-8、图9-9、图9-10为现金支票、转账支票、普通支票样张,供参考。

图9-8 现金支票样张

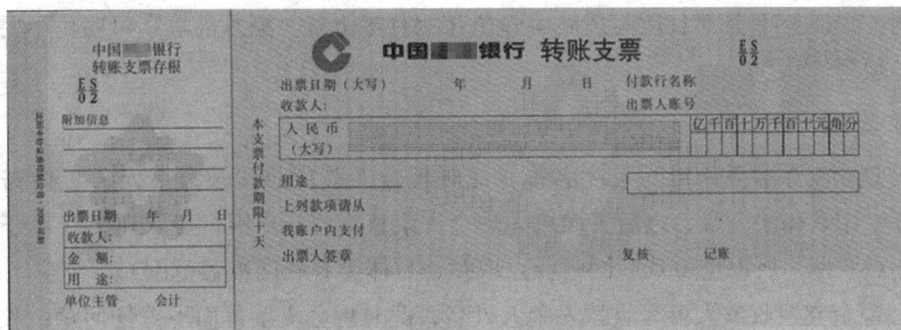

图 9-9　转账支票样张

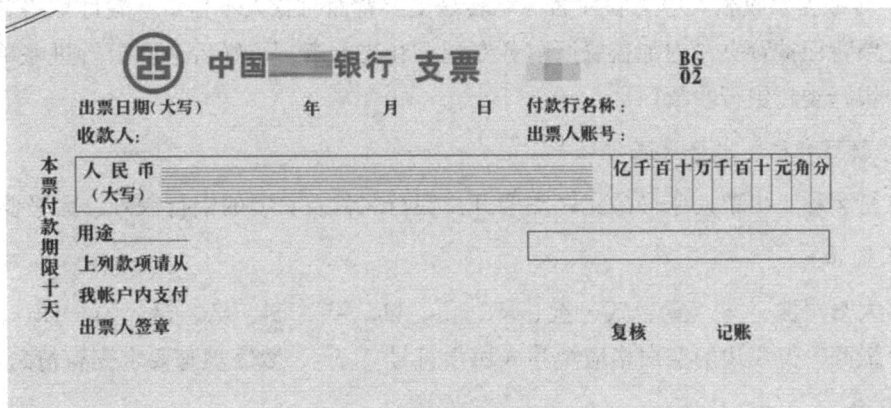

图 9-10　普通支票样张

（三）掌握支票填写规定

支票填写规范与否直接关系到支票能否兑现，支付结算的准确、及时和安全等。通常，填写支票必须做到标准、规范、要素齐全、数字正确和字迹清晰等。

餐厅服务员进行支票结账服务前应掌握支票的填写规定，以便在结账时能够有效地对支票进行检查。支付填写规定如下。

1. 出票日期

出票日期的数字必须大写，大写数字写法：零、壹、贰、叁、肆、伍、陆、柒、捌、玖、拾。餐厅服务员在检查出票日期时，应注意图 9-11 所示的两点事项。

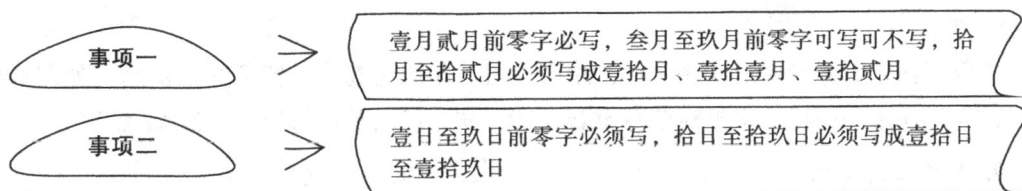

事项一 ＞ 壹月贰月前零字必写，叁月至玖月前零字可写可不写，拾月至拾贰月必须写成壹拾月、壹拾壹月、壹拾贰月

事项二 ＞ 壹日至玖日前零字必须写，拾日至拾玖日必须写成壹拾日至壹拾玖日

图 9-11　出票日期填写事项

举例：2015 年 8 月 5 日应写成贰零壹伍年捌月零伍日，捌月前零字可写可不写，伍日前零字必须写。

2. 收款人

（1）现金支票收款人可写餐厅名称，此时现金支票背面"被背书人"栏内需加盖餐厅的财务专用章和法人章，之后餐厅可凭现金支票直接到开户银行提取现金（由于有的银行各营业点联网，所以也可到联网营业点取款，具体要看联网覆盖范围）。

（2）现金支票收款人可写收款人个人姓名，此时现金支票背面不盖任何章，收款人在现金支票背面填上身份证号码和发证机关名称，凭身份证和现金支票签字领款。

（3）转账支票收款人应为餐厅名称。转账支票背面付款人不盖章。餐厅取得转账支票后，在支票背面被背书栏内加盖餐厅财务专用章和法人章，填好后连同银行进账单交给餐厅的开户银行委托银行收款。

3. 付款行名称、出票人账号

付款行名称、出票人账号是宾客支票开户银行名称及宾客的银行账号，账号要小写。

4. 人民币

数字大写写法：零、壹、贰、叁、肆、伍、陆、柒、捌、玖、拾、佰、仟、万、亿。小写数字最高一位左边的空白格应填写人民币符号"￥"，数字填写要求完整清楚。

5. 用途

现金支票和转账支票一般用于以下用途，如图 9-12 所示。

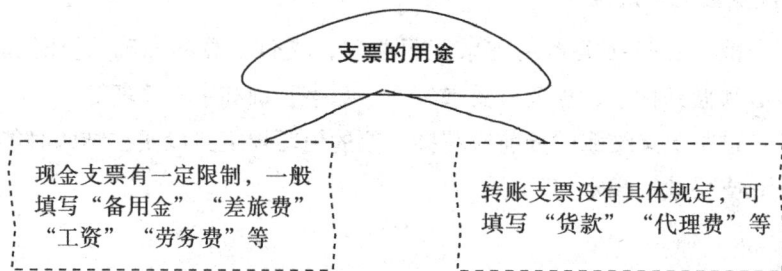

图 9-12 支票用途的填写规定

6. 盖章

支票正面盖财务专用章和法人章，缺一不可，印泥为红色，印章必须清晰。如印章模糊，该支票作废，需换一张重新填写重新盖章。支票反面盖章与否见"2. 收款人"。

7. 支票填写常识

（1）支票正面不能有涂改痕迹，否则支票作废。

（2）受票人如果发现支票填写不全，可以补记，但不能涂改。

（3）支票的有效期为 10 天，日期首尾算一天，节假日顺延。

（4）支票见票即付，不记名。

（5）出票单位现金支票背面印章盖模糊了，可把模糊印章打叉，重新再盖一次，但不能超过三个印章。

（6）收款单位转账支票背面印章盖模糊了，收款单位可带转账支票及银行进账单到出票单位的开户银行去办理收款手续（不用付手续费）。

（7）在支票左上角划两道斜线可以防止支票丢失后被人取现，即只能通过银行转账。

（8）容易出现的错误：日期填写错误、收款单位与背书单位印签不符。

（四）进行支票结账

餐厅服务员明确支票的种类、支票必备项目、支票填写规定后，可根据规定的说明与要求，进行支票结账。支票结账程序如图 9-13 所示。

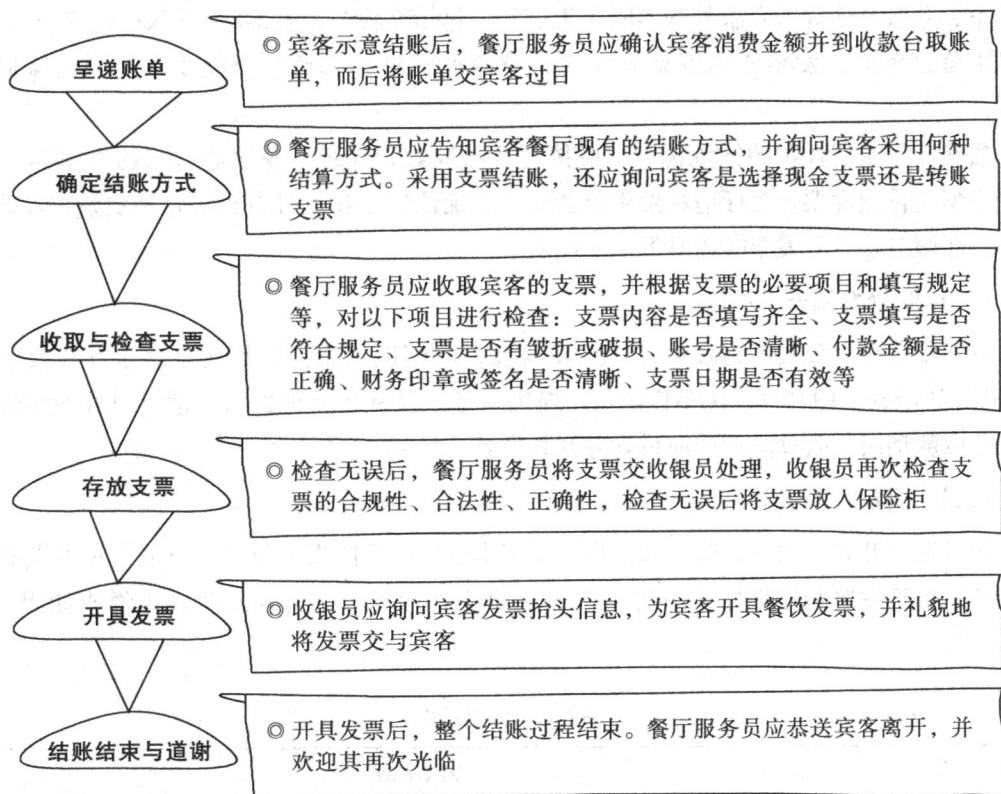

呈递账单	◎ 宾客示意结账后，餐厅服务员应确认宾客消费金额并到收款台取账单，而后将账单交宾客过目
确定结账方式	◎ 餐厅服务员应告知宾客餐厅现有的结账方式，并询问宾客采用何种结算方式。采用支票结账，还应询问宾客是选择现金支票还是转账支票
收取与检查支票	◎ 餐厅服务员应收取宾客的支票，并根据支票的必要项目和填写规定等，对以下项目进行检查：支票内容是否填写齐全、支票填写是否符合规定、支票是否有皱折或破损、账号是否清晰、付款金额是否正确、财务印章或签名是否清晰、支票日期是否有效等
存放支票	◎ 检查无误后，餐厅服务员将支票交收银员处理，收银员再次检查支票的合规性、合法性、正确性，检查无误后将支票放入保险柜
开具发票	◎ 收银员应询问宾客发票抬头信息，为宾客开具餐饮发票，并礼貌地将发票交与宾客
结账结束与道谢	◎ 开具发票后，整个结账过程结束。餐厅服务员应恭送宾客离开，并欢迎其再次光临

图 9-13 支票结账程序

在支票结账过程中，餐厅服务员应注意以下四点事项。

（1）在结账时，餐厅服务员与收银员要根据支票填写规定对宾客支票填写情况进行检查，如发现宾客支票填写得不够规范，可以以委婉的口气要求宾客对支票进行修改或重新填写，保证支票填写的规范性。

（2）对于怀疑是假支票的，应委婉予以拒收。

（3）如在宾客离开后发现支票填写不规范或支票为假支票，餐厅服务员及收银员应及时与宾客取得联系，说明支票情况，要求宾客规范填写或出示真的支票。如宾客无法联系或拒不承认，损失无法挽回时，餐厅服务员及收银员需共同赔偿餐厅损失。

（4）支票交收银员后，如支票丢失，由收银员承担责任。

四、发票开立服务

发票是从事生产、经营的企事业单位和个人，以其在销售商品或提供应税劳务及从事其他经营活动时取得的应税收入为对象，向付款方开具的收款凭证。发票内容一般包括票头、客户名称、商（产）品名称或经营项目、计量单位、数量、单价、金额、经手人、单位印章、开票日期等。发票的基本联次为三联，包括存根联、发票联、记账联。存根联由收款方留存备查；发票联由受票方作为付款原始凭证；记账联由收款方作为记账原始凭证。

餐饮业属于营业税的征税范围，应按营业额征收营业税，餐饮业适用的税率为5%，发票类型是普通发票。餐厅应在发生经营业务、确认营业收入时向宾客开具发票。具体来说，餐厅服务员开具发票时需掌握以下内容。

（一）明确发票开立原则

餐厅服务员引领宾客到收银台开立发票前，应明确发票开立原则。发票开立要遵循"都开"的原则，即凡是发生销售商品、提供服务以及从事其他经营活动，对外发生经营业务收取款项时，收款方均应向付款方开具发票。

（二）了解发票形式

明确发票开立原则后，餐厅服务员要了解本餐厅的实际发票形式。目前常见发票有手写发票、机打发票和定额发票三种，机打发票为常用发票。每种发票具体说明如表9-3所示。

表9-3　发票形式

形式	具体说明
手写发票	◆ 手写发票是税务部门事先印制好的一种发票，餐厅财务人员要凭税务登记证、营业执照、法人身份证、涉税申请等到税务机构申请购置 ◆ 手写发票要写明商品名称、金额、开票单位、开票人、开票日期、客户名称等信息

（续表）

形式	具体说明
机打发票	◆ 机打发票是按照税务局的规定，将税控器与计算机连接打印的发票，机打票据数额不限，手写无效 ◆ 使用机打发票，餐厅需采购税控设备，并配置发票打印纸和打印机等，成本偏高，适合较大型餐厅
定额发票	◆ 定额发票是经营单位凭借税务登记证向税务部门购买，并在规定时间内交纳税金的发票，税金金额按开出的发票数额收取 ◆ 定额发票共有小额、10 元、20 元、50 元、100 元、200 元、500 元、1 000 元、2 000 元、5 000 元、10 000 元 11 种面额的版本，餐厅可根据业务需要选择使用 ◆ 定额发票使用时整本启用，不得拆本分散使用；餐厅要按规定设置发票登记簿，记录发票使用情况，并按时向税务部门报告

（三）明确发票开立规则

餐厅服务员应明确发票开立规则，以便在宾客选择好发票形式后，按照该规则，为宾客开立发票。发票开立具体规则主要包括以下七项，如图 9-14 所示。

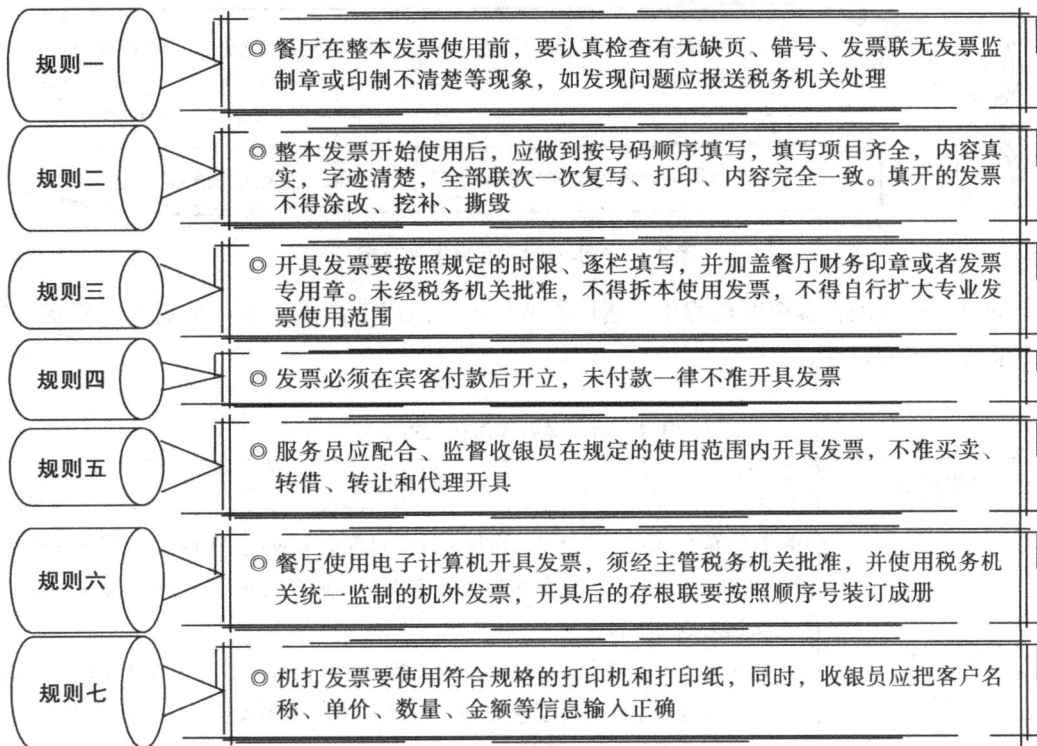

规则一 ◎ 餐厅在整本发票使用前，要认真检查有无缺页、错号、发票联无发票监制章或印制不清楚等现象，如发现问题应报送税务机关处理

规则二 ◎ 整本发票开始使用后，应做到按号码顺序填写，填写项目齐全，内容真实，字迹清楚，全部联次一次复写、打印、内容完全一致。填开的发票不得涂改、挖补、撕毁

规则三 ◎ 开具发票要按照规定的时限、逐栏填写，并加盖餐厅财务印章或者发票专用章。未经税务机关批准，不得拆本使用发票，不得自行扩大专业发票使用范围

规则四 ◎ 发票必须在宾客付款后开立，未付款一律不准开具发票

规则五 ◎ 服务员应配合、监督收银员在规定的使用范围内开具发票，不准买卖、转借、转让和代理开具

规则六 ◎ 餐厅使用电子计算机开具发票，须经主管税务机关批准，并使用税务机关统一监制的机外发票，开具后的存根联要按照顺序号装订成册

规则七 ◎ 机打发票要使用符合规格的打印机和打印纸，同时，收银员应把客户名称、单价、数量、金额等信息输入正确

图 9-14　发票开立规则

第二节 送客服务应知应会3件事

一、协助宾客离席

送客服务是餐饮服务流程的结束环节，是礼貌服务的具体体现。良好的送客服务可使宾客感觉到被尊重、关心、欢迎等，体现了餐厅的服务理念；也可给宾客留下良好印象，从而使宾客成为老顾客。当宾客结账完，准备离开餐厅时，餐厅服务员应做好图9-15所示的五项工作，协助宾客离席。

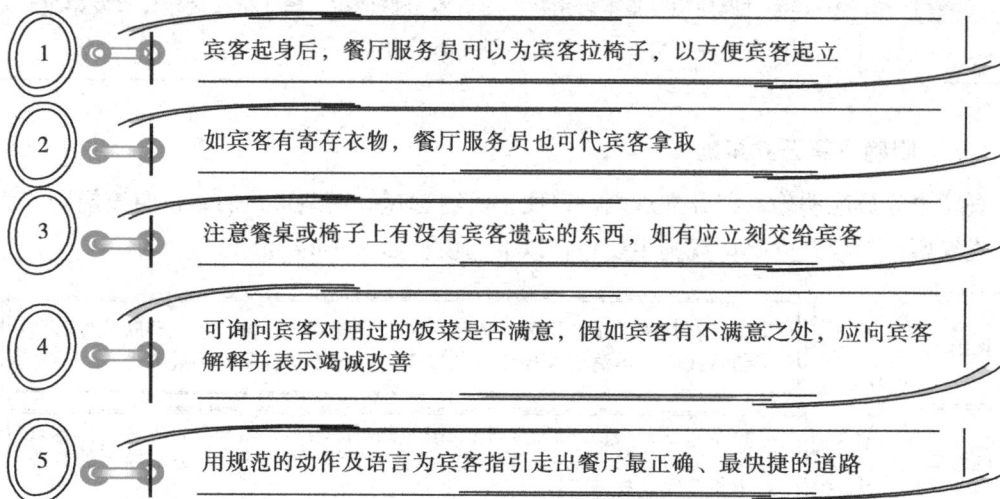

1	宾客起身后，餐厅服务员可以为宾客拉椅子，以方便宾客起立
2	如宾客有寄存衣物，餐厅服务员也可代宾客拿取
3	注意餐桌或椅子上有没有宾客遗忘的东西，如有应立刻交给宾客
4	可询问宾客对用过的饭菜是否满意，假如宾客有不满意之处，应向宾客解释并表示竭诚改善
5	用规范的动作及语言为宾客指引走出餐厅最正确、最快捷的道路

图9-15 协助宾客离席工作事项

同时，在协助宾客离席过程中，餐厅服务员要注意以下两点事项，如表9-4所示，以提高宾客用餐满意度。

表9-4 协助宾客离席的注意事项

注意事项	具体说明
主动打包	◆ 有的宾客点的菜比较多，在将离开时可能会有没吃完的菜品，对于这样的宾客，餐厅服务员应在其即将离开时主动询问是否需要打包，如需，应主动热情地为其打包 ◆ 餐厅服务员主动为宾客打包，可以赢得宾客的好感。因为有些来用餐的宾客不好意思主动开口要求打包，餐厅服务员主动询问、主动给宾客打包，是理解宾客心理的一种表现

（续表）

注意事项	具体说明
不可驱赶宾客	◆ 宾客用餐结束后若没有马上起身离开的意思，此时餐厅服务员不要急于去收拾餐桌，可以继续为宾客续添茶水 ◆ 餐厅服务员不要主动询问宾客是否收拾餐桌或是否已经用餐完毕，这很不礼貌，同时，餐厅服务员不要干扰宾客的谈话 ◆ 即使有的宾客在餐厅已经停止营业后还没有离开，餐厅服务员也不能用清理卫生、搬动桌椅、关灯等形式驱赶宾客离开

二、宾客离席送别

宾客起身离开时，沿途的服务人员要停下手中的工作，主动为宾客让路，并微笑地向宾客道别，目送宾客离开。该餐桌的服务员或餐厅门口处的引位员、迎宾员要做好宾客离席引领与送别工作，礼貌地送宾客离开。

该餐桌的服务员或餐厅门口处的引位员、迎宾员送别宾客时，应明确宾客离席送别要求，并贯彻落实。宾客离席送别要求主要包括七项，具体如图9-16所示。

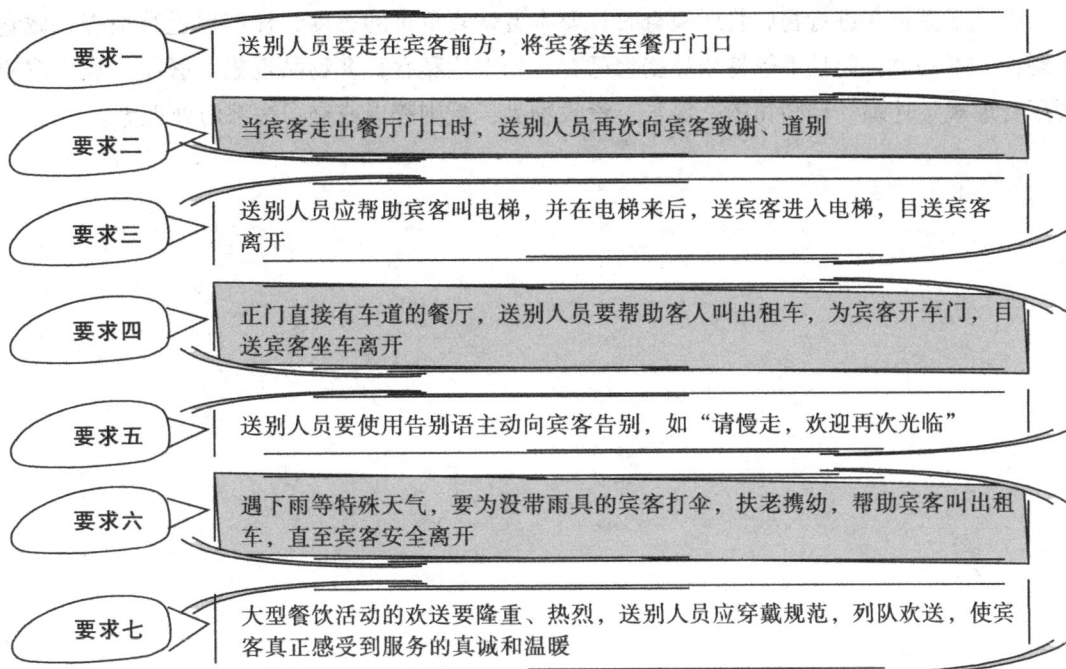

要求一　送别人员要走在宾客前方，将宾客送至餐厅门口

要求二　当宾客走出餐厅门口时，送别人员再次向宾客致谢、道别

要求三　送别人员应帮助宾客叫电梯，并在电梯来后，送宾客进入电梯，目送宾客离开

要求四　正门直接有车道的餐厅，送别人员要帮助客人叫出租车，为宾客开车门，目送宾客坐车离开

要求五　送别人员要使用告别语主动向宾客告别，如"请慢走，欢迎再次光临"

要求六　遇下雨等特殊天气，要为没带雨具的宾客打伞，扶老携幼，帮助宾客叫出租车，直至宾客安全离开

要求七　大型餐饮活动的欢送要隆重、热烈，送别人员应穿戴规范，列队欢送，使宾客真正感受到服务的真诚和温暖

图9-16　宾客离席送别要求

三、餐后餐厅检查

送客服务之后的餐后餐厅检查是对宾客是否有物品遗漏的检查。宾客离开后，餐厅服务员要回到服务区域进行检查，具体检查程序如图9-17所示。

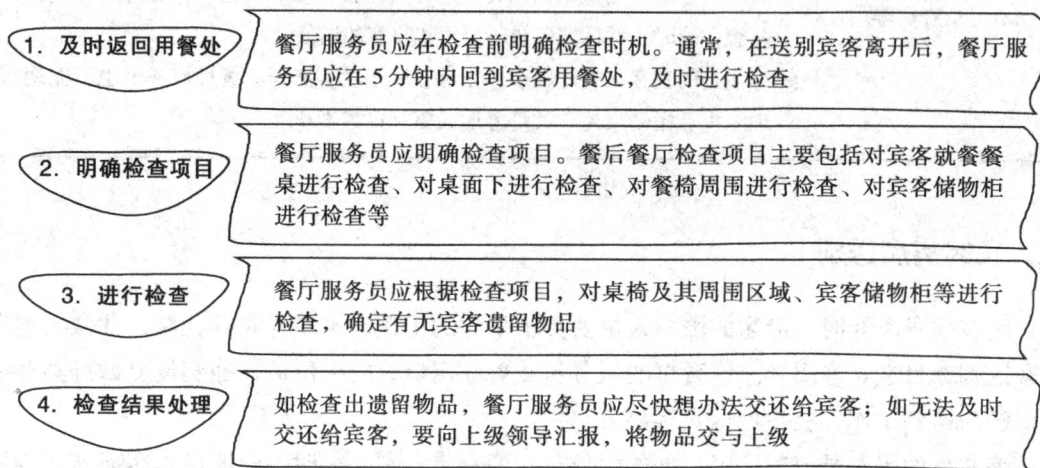

1. 及时返回用餐处	餐厅服务员应在检查前明确检查时机。通常，在送别宾客离开后，餐厅服务员应在5分钟内回到宾客用餐处，及时进行检查
2. 明确检查项目	餐厅服务员应明确检查项目。餐后餐厅检查项目主要包括对宾客就餐餐桌进行检查、对桌面下进行检查、对餐椅周围进行检查、对宾客储物柜进行检查等
3. 进行检查	餐厅服务员应根据检查项目，对桌椅及其周围区域、宾客储物柜等进行检查，确定有无宾客遗留物品
4. 检查结果处理	如检查出遗留物品，餐厅服务员应尽快想办法交还给宾客；如无法及时交还给宾客，要向上级领导汇报，将物品交与上级

图9-17　餐后餐厅检查程序

餐厅服务员在进行餐后餐厅检查时，要本着认真负责的态度，仔细地进行检查，做到不漏检、不马虎，而且不得将物品据为己有。如发现私吞宾客物品现象，餐厅一般可按照餐厅管理规定处理，轻则罚款、警告、没收物品，重则辞退或交司法部门处理等。

第十章

收台清洁服务

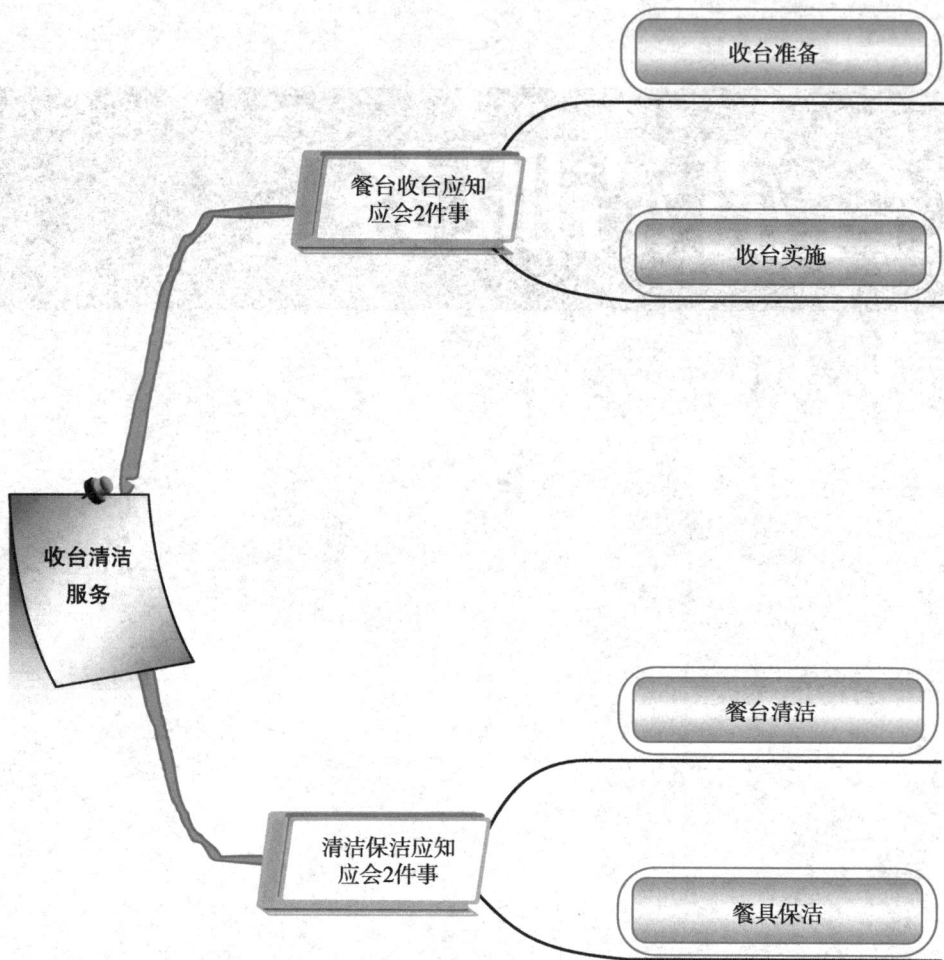

第一节　餐台收台应知应会 2 件事

一、收台准备

宾客就餐结束、离开餐厅后，服务员应及时进行收台，保持就餐场所的清洁卫生，同时为迎接下一批宾客做好准备。为提高收台工作效率，服务员在收台前应做好准备工作。

（一）准备收台工具

为了减轻餐厅服务员的工作负荷，提高工作效率，收台工作需要借助一些工具来进行。常用的收台工具有收台车、餐具周转箱、托盘、抹布、垃圾袋等，具体如表 10-1 所示。

表 10-1　收台工具表

序号	收台工具	具体说明
1	收台车	◆ 收台车有单层和多层之分，配有废物桶和餐具盘 ◆ 根据需求，其收餐容量有大有小，一般一辆收台车可以满足一桌宴会席所有餐具的收集 ◆ 不同类别的餐具可放置于收台车的不同层
2	餐具周转箱	◆ 餐具周转箱是餐厅餐具收集的常用工具之一。餐厅放置餐具周转箱，主要用来存放进餐过程中撤换下来的餐具，在餐后统一运送到洗涤中心清洗 ◆ 餐具周转箱也可用于配送清洁消毒后的餐具，一般要与负责餐具收集的餐具周转箱分开使用
3	托盘	◆ 托盘按材质可分为塑料托盘、金属托盘和胶木托盘；按大小可分为大、中、小三种规格；按形状又可分为长方形托盘和圆形托盘两种 ◆ 托盘在收台时主要用于摆放小型餐具
4	抹布	◆ 抹布用于工作台、餐厅台面的清洁 ◆ 餐厅用的清洁抹布应与厨房等部门使用的抹布分开，不得交叉使用
5	垃圾袋	◆ 垃圾袋与垃圾桶配合使用，防止废物抛洒和二次污染

（二）检查和处理收台现场

服务员在正式开始收台前应仔细观察一下收台周边的情况，检查并做出处理，防止收台的过程中出现意外，或因收台环境不佳而影响收台工作的顺利进行。具体收台周边需检查、处理的事项及处理方法如图 10-1 所示。

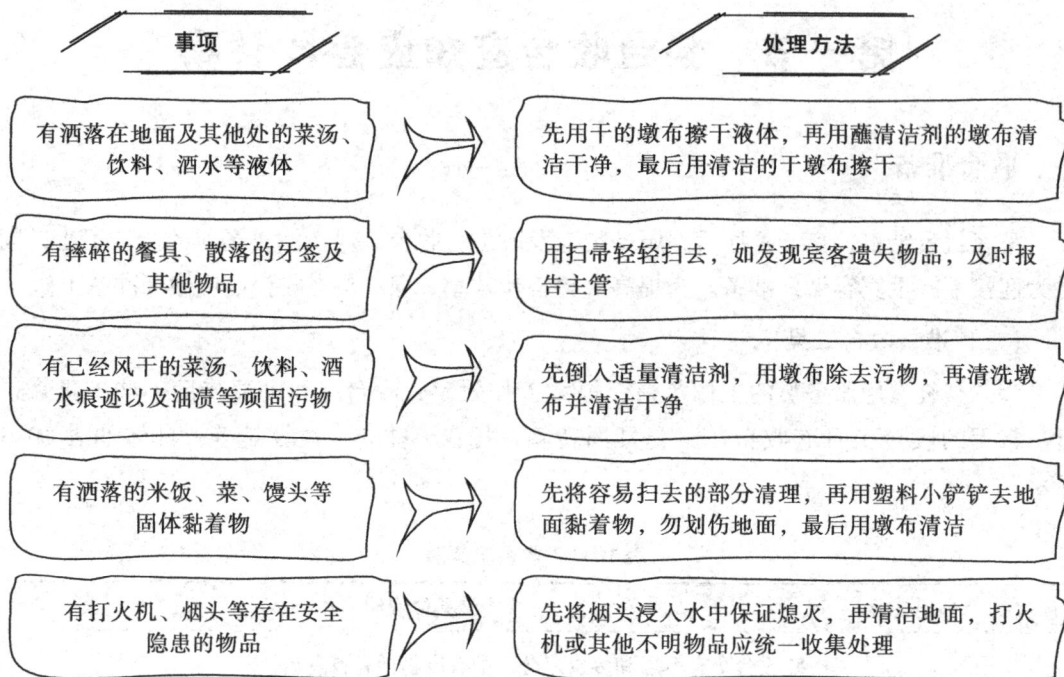

事项	处理方法
有洒落在地面及其他处的菜汤、饮料、酒水等液体	先用干的墩布擦干液体，再用蘸清洁剂的墩布清洁干净，最后用清洁的干墩布擦干
有摔碎的餐具、散落的牙签及其他物品	用扫帚轻轻扫去，如发现宾客遗失物品，及时报告主管
有已经风干的菜汤、饮料、酒水痕迹以及油渍等顽固污物	先倒入适量清洁剂，用墩布除去污物，再清洗墩布并清洁干净
有洒落的米饭、菜、馒头等固体黏着物	先将容易扫去的部分清理，再用塑料小铲铲去地面黏着物，勿划伤地面，最后用墩布清洁
有打火机、烟头等存在安全隐患的物品	先将烟头浸入水中保证熄灭，再清洁地面，打火机或其他不明物品应统一收集处理

图 10-1 检查和处理收台现场

二、收台实施

（一）掌握收台顺序

服务员在收台时应按照以下顺序实施。

1. 首先收撤小毛巾、餐巾等，一方面避免裹杂小件餐具，另一方面避免其带出汤汁，造成餐台污染。

2. 收撤玻璃器皿、瓷器等易碎的空餐具，如碗、碟、杯子、汤盆等，以及易碎的装饰物、辅助用品，如花瓶、烟灰缸等。

3. 收撤其他木质、竹质、银质的餐具，如筷子、勺子等，以及其他非易碎的辅助物品，如塑料水果盆、调料瓶、开瓶器、牙签罐等。

4. 如有转盘则需在台面无其他物品的情况下取下转盘，稳妥地放在椅边。

（二）明确收台要求

1. 明确收撤餐具的要求

餐具收拾、清洁、消毒后需要继续使用，然而一般餐具由陶瓷制成，具有易碎的特点，因此服务员在收撤餐台的餐具时，需要注意以下四点，如图 10-2 所示。

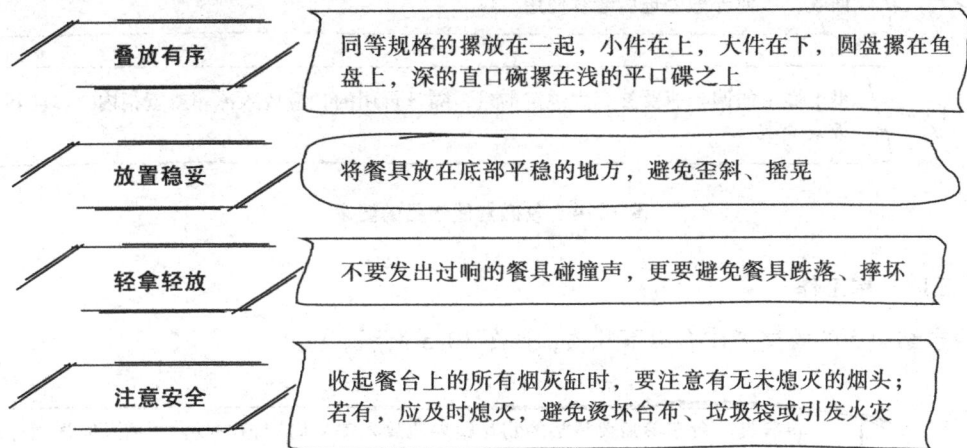

叠放有序	同等规格的摆放在一起，小件在上，大件在下，圆盘摆在鱼盘上，深的直口碗摆在浅的平口碟之上
放置稳妥	将餐具放在底部平稳的地方，避免歪斜、摇晃
轻拿轻放	不要发出过响的餐具碰撞声，更要避免餐具跌落、摔坏
注意安全	收起餐台上的所有烟灰缸时，要注意有无未熄灭的烟头；若有，应及时熄灭，避免烫坏台布、垃圾袋或引发火灾

图 10-2　收撤餐具的要求

2. 明确收撤台布的步骤

餐台上的各种餐饮用具撤清后，餐厅服务员可以将已使用过的台布撤去，步骤如图 10-3 所示。

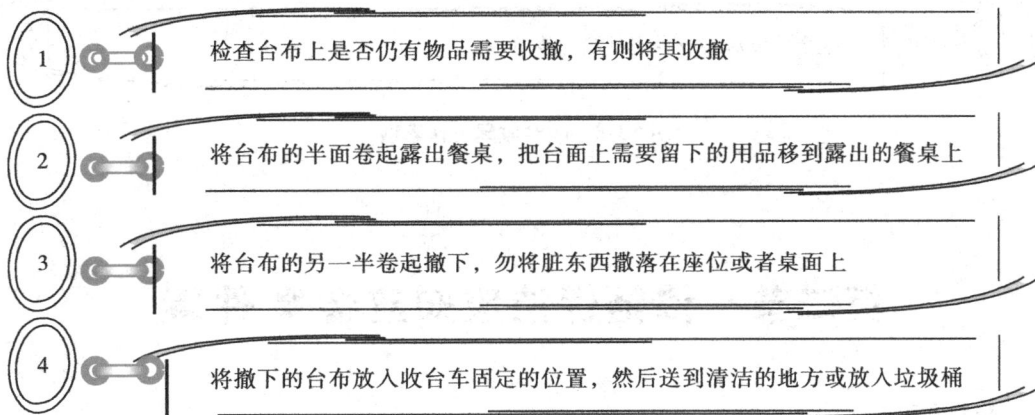

1	检查台布上是否仍有物品需要收撤，有则将其收撤
2	将台布的半面卷起露出餐桌，把台面上需要留下的用品移到露出的餐桌上
3	将台布的另一半卷起撤下，勿将脏东西撒落在座位或者桌面上
4	将撤下的台布放入收台车固定的位置，然后送到清洁的地方或放入垃圾桶

图 10-3　收撤台布的步骤

3. 明确收撤其他物品的要求

除了餐具、台布等需要清洁的物品外，餐台上的其他物品也需要有序、合理地收撤。如图 10-4 所示。

① 未使用的一次性物品，如未拆开包装的纸巾和小毛巾、未使用的打火机等，应单独回收，以便合理处理后继续使用

② 桌上撤下的调味瓶要补充到规定的量，隔日再用的，应放入冰箱或餐柜内，以防污染或变质

图 10-4　收撤其他物品的要求

（三）收尾工作

收台结束后的收尾工作有以下几项，如图 10-5 所示。

1 将餐具、台布等需要清洁的物品稳妥地放入餐具周转箱或收台车后及时送清洁间清洁

2 将需要继续使用的物品放回指定位置

3 废弃物装入垃圾桶或垃圾袋，及时处理

4 收台结束后将收台用品及时放回

图 10-5　收台收尾工作事项

第二节　清洁保洁应知应会 2 件事

一、餐台清洁

用餐结束后，服务员需要对餐台进行清洁，以保持餐厅整洁、美观的良好形象。

（一）餐台清洁的步骤

用餐结束后，餐厅服务员应按照清洁的规范步骤有序、快速地对餐台进行清洁，以供下一桌宾客使用。餐台清洁的步骤如图 10-6 所示。

1. 清洁准备
（1）根据清洁需要选择合适的清洁用具
（2）清洁用具包括清洁布、清洁剂、新餐布、托盘、清洁推车、水桶、垃圾桶及其他用具

2. 清理台面
（1）检查收台是否已完成，收台完成后开始清洁
（2）按先大后小的顺序清除剩余的杂物、污物，将其归入垃圾桶

3. 擦拭台面
（1）用蘸取清洁剂的清洁布擦拭台面、转盘面，注意擦拭餐台、转盘的边缘和细微处
（2）用干净的湿清洁布在台面打圆圈擦拭，擦去清洁剂和污物
（3）用干净的干清洁布擦去水迹

4. 清洁收尾
（1）检查清洁效果，有需要清洁处继续清洁
（2）清洁效果良好则换上新的台布，铺设时应注意折缝与餐台中线吻合
（3）放上转盘，并将其他需要摆放的物品摆放在干净的台面上

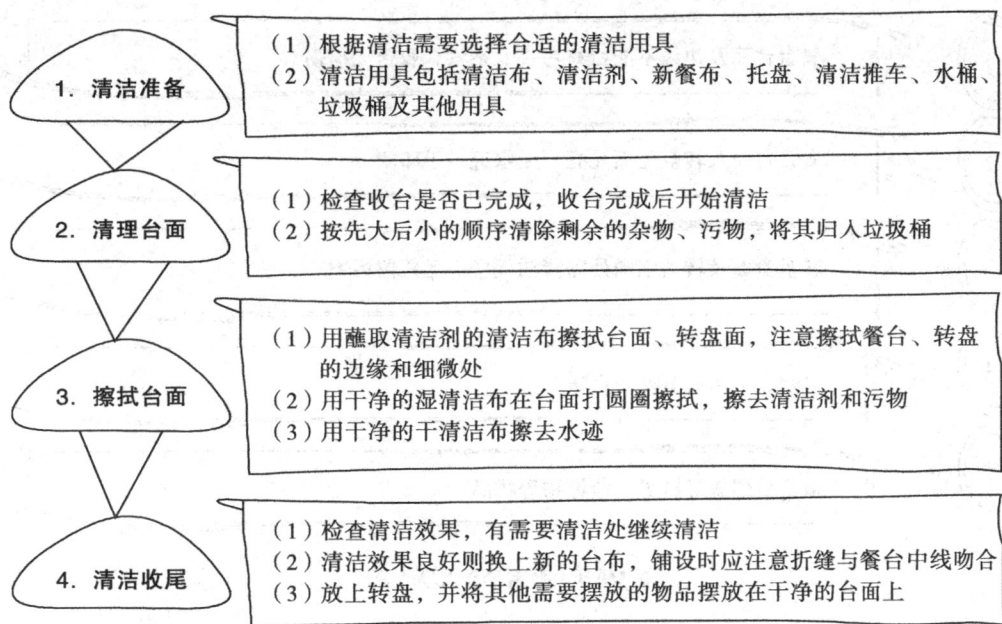

图 10-6　餐台清洁的步骤

（二）餐台清洁注意事项

在清洁餐台的过程中，餐厅服务员需注意以下事项，如图 10-7 所示。

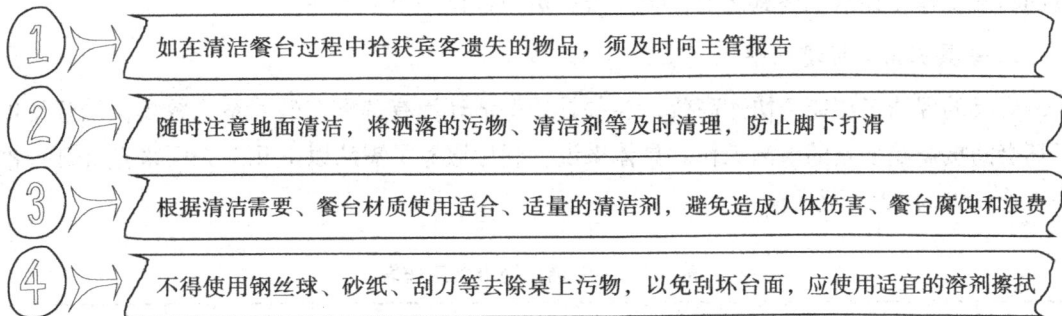

① 如在清洁餐台过程中拾获宾客遗失的物品，须及时向主管报告

② 随时注意地面清洁，将洒落的污物、清洁剂等及时清理，防止脚下打滑

③ 根据清洁需要、餐台材质使用适合、适量的清洁剂，避免造成人体伤害、餐台腐蚀和浪费

④ 不得使用钢丝球、砂纸、刮刀等去除桌上污物，以免刮坏台面，应使用适宜的溶剂擦拭

图 10-7　餐台清洁注意事项

（三）清洁质量标准

餐厅服务员对餐台的清洁工作，应符合以下标准，如图 10-8 所示。

1　餐台台面及边缘不能留有污迹、杂物，餐台无损伤

2　餐台台面及转盘盘面光亮，无水迹、手印

3　转盘盘面及转动细微处需清洁干净，无残留污物

4　必须在清洁后更换新台布

5　清洁后摆放好转盘、装饰物等物品

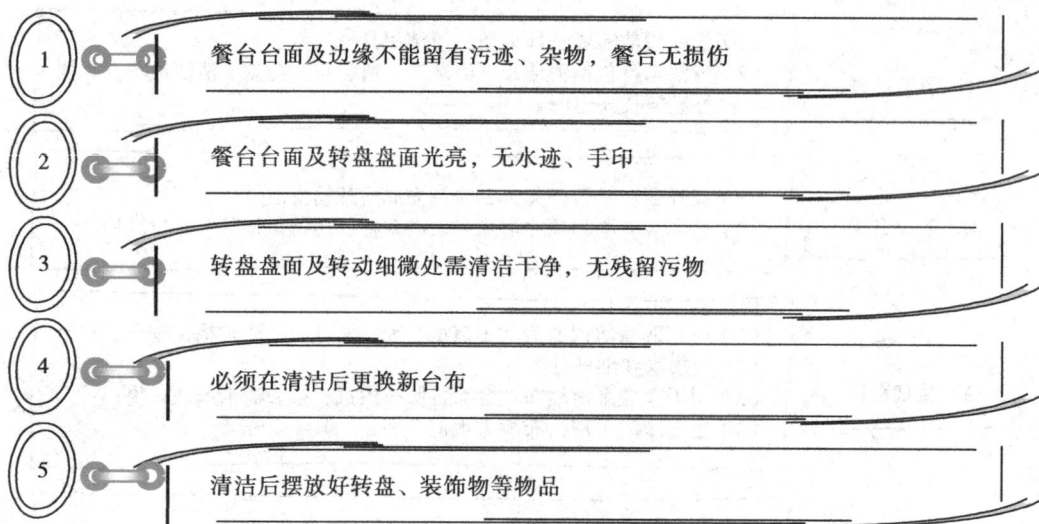

图 10-8　餐台清洁质量标准

二、餐具保洁

（一）餐具保洁的准备工作

餐台清洁完毕后，就应该对收拾到厨房的餐具进行清洗了。为了方便、快捷地完成餐具的清洗工作，在清洗餐具之前，餐厅服务员应该做好以下准备。

1. 餐具保洁的环境准备

餐具的保洁工作能否快速高效，与餐具的保洁环境有着密切的关系。餐具保洁环境的好坏会间接影响餐具的清洁工作。具体来说，餐厅服务员需从以下几个方面来做好环境准备工作，如表 10-2 所示。

表 10-2　保洁环境准备工作表

工作对象	要求	意义
墙壁	干净、光亮、无水迹、无油渍	避免来回走动时身上沾染污迹
地面	防滑、干净、不潮湿、无坑洼	避免摔倒，打碎手中的餐具等
水质	澄清、透明、无杂质、无异味	避免水质不好，影响餐具清洁
空气	湿润、芳香、不刺鼻、无蚊虫	避免心情烦躁，有碍清洗质量
灯光	明亮、防水、可调节、不刺眼	避免灯光过暗或过亮，妨碍清洗判断
音乐	可有、可无、节奏慢、较舒缓	放松心情，提高效率
排风扇	常开、常擦、无灰尘、无附着	排除室内异味，保持空气清新

（续表）

工作对象	要求	意义
漏水槽	干净、洁净、不堵塞、无残留	防止水槽堵塞，影响清洗质量
下水道	通畅、清洁、无异味、常疏通	防止污水积滞，影响清洗效率

2. 餐具保洁的物品准备

有了良好的保洁环境，还需要能够正常运转的设备及适宜的工具等与之相配套，餐厅服务员才能够将餐具的保洁工作做到最好。

表10-3是一些保洁餐具时经常要用到的物品，餐厅服务员可据此加以准备。

表10-3　保洁物品准备表

准备物品	准备工作要求	意义
托盘	干净、清洁、无破损、无污物	避免托盘上的污迹污染了餐具
洗碗布	粗糙、柔软、易吸水、易吸油	便于将餐具上的污迹擦除掉
干毛巾	干净、整洁、无毛屑、无灰尘	便于将餐具上的水迹擦除掉
清洗槽	耐磕、耐碰、不生锈、不挂油	避免长时间使用，对清洗槽有损坏
洗涤剂	易溶、无毒、不刺激、不挂杯	既有清洁效果，又不附着餐具
消毒池	洁净、无味、耐腐蚀、耐氧化	能够消灭餐具上附着的微生物
过机筐	无污染、耐高温、耐氧化	保证餐具间的整齐
洗碗机	无异味、常通风、不短路	节省时间，节省人力
消毒柜	耐高温、耐腐蚀、气密性好	消毒能力强，效果明显
存放柜	干净、卫生、无污染、常通风	避免对餐具二次污染
烘干机	易操作、排气好、耐高温	有效去除餐具上附着的水分
沥干架	干净、卫生、无污染、无灰尘	自然风干，节能环保
塑胶手套	结实、耐用、不沾油、不易坏	保护双手不受化学产品的腐蚀
隔热手套	卫生、耐高温、厚度适中	防止手部被烫伤

（二）餐具保洁的具体事项

1. 餐具的清洗

准备工作做好后，就应该进行餐具的清洗工作了。餐具的清洗一般包括手洗和机洗，具体操作步骤如下所示。

（1）手洗

手洗一般适用于规模比较小或消费层次不高的餐厅。因清洗工作量不大，为了节省清洁成本，这些餐厅会选择人工手洗。

餐厅服务员应掌握人工手洗的步骤及操作要点，一般来说，人工手洗应包括预洗、清洗、冲洗三大步骤。具体如下所示。

① 预洗

预洗就是对餐具进行简单地处理，去除餐具上大块的残留物，或者润化附着力较强和风干的食物残渣，避免在下一步清洗时，食物残渣阻碍清洗进程。如图 10-9 所示，预洗的方法可以分为高压水冲洗和温水浸泡两种。

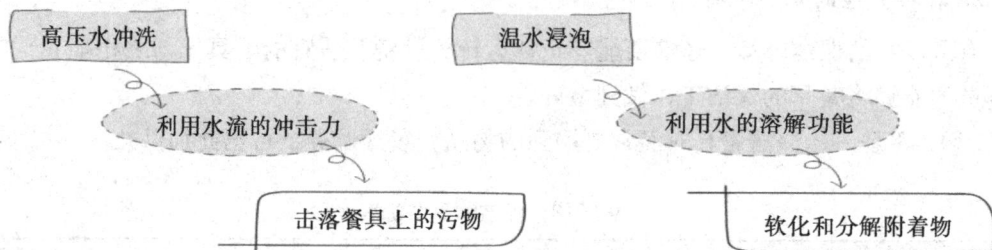

图 10-9　餐具预洗的方法

② 清洗

清洗是整个洗涤过程中最重要的环节，是保证餐具干净卫生的一个关键步骤。如果这一步完成的质量不佳，其他环节将是徒劳。因此，餐厅服务员要重视清洗这一环节，具体来说，需掌握以下知识。

A. 餐具清洗的一般步骤

餐厅服务员在清洗餐具时，可以按照图 10-10 中的步骤进行，快速、高效地完成餐具的清洗工作。

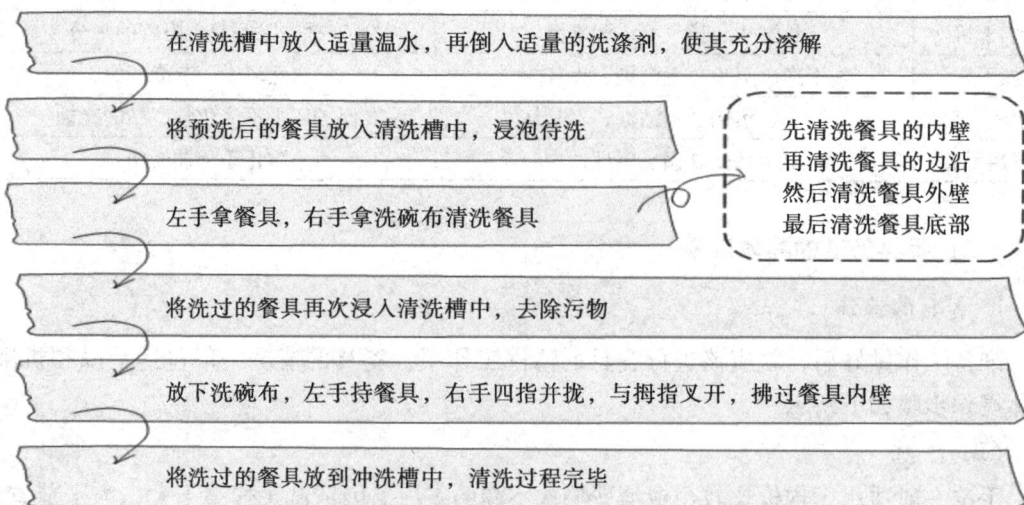

图 10-10　餐具清洗的步骤

B. 餐具清洗的标准

在清洗工作中，餐具是否清洗干净，餐厅服务员完全可以采取合适方法对其进行检验、判断。具体的判断标准可以参考图10-11。

检验方式	具体做法	合格标准	不合格做法
眼看	观察餐具上是否存有残留物	无残留	重新清洗
手触	右手四指并拢，与拇指叉开，拂过餐具内壁	光滑、无阻碍、不粗糙	从预洗重新来过
鼻闻	将餐具置于鼻前，深呼吸两次	无油味	加入适量洗涤剂，重新洗过

图10-11　餐具清洗的标准

C. 餐具清洗的注意事项

为了减少意外的发生，提高清洗效率和质量，餐厅服务员在清洗餐具的时候要对一般常见的事项加以注意，具体需注意的事项可以参考图10-12。

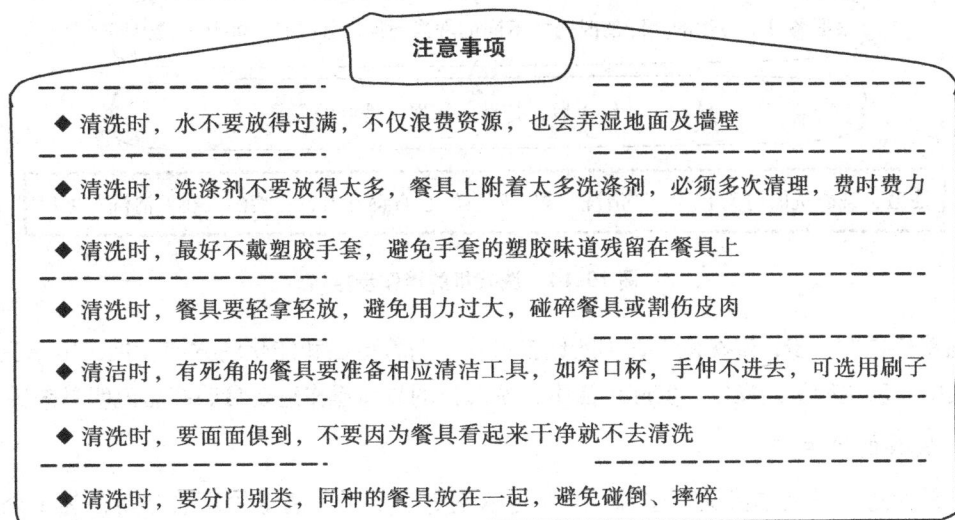

注意事项

◆ 清洗时，水不要放得过满，不仅浪费资源，也会弄湿地面及墙壁

◆ 清洗时，洗涤剂不要放得太多，餐具上附着太多洗涤剂，必须多次清理，费时费力

◆ 清洗时，最好不戴塑胶手套，避免手套的塑胶味道残留在餐具上

◆ 清洗时，餐具要轻拿轻放，避免用力过大，碰碎餐具或割伤皮肉

◆ 清洁时，有死角的餐具要准备相应清洁工具，如窄口杯，手伸不进去，可选用刷子

◆ 清洗时，要面面俱到，不要因为餐具看起来干净就不去清洗

◆ 清洗时，要分门别类，同种的餐具放在一起，避免碰倒、摔碎

图10-12　餐具清洗的注意事项

③ 冲洗

冲洗的主要目的就是将餐具上面残留的洗涤剂冲洗掉，使餐具达到真正的洁净。冲洗

的步骤如图 10-13 所示，餐厅服务员可以根据实际情况予以参考。

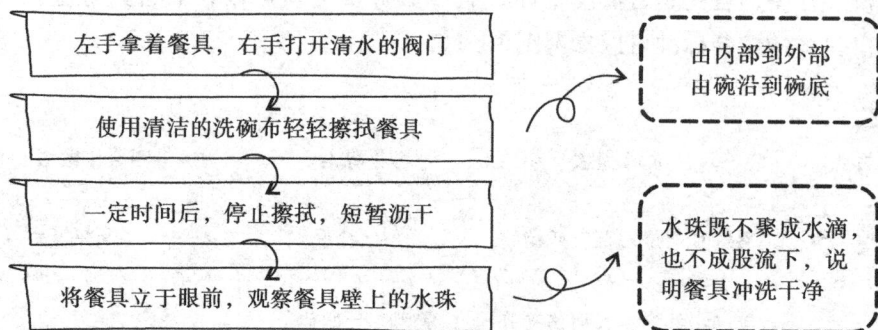

```
┌─────────────────────────────────────┐        ┌─────────────────┐
│  左手拿着餐具，右手打开清水的阀门    │        │  由内部到外部    │
└─────────────────────────────────────┘   ↗    │  由碗沿到碗底    │
┌─────────────────────────────────────┐        └─────────────────┘
│  使用清洁的洗碗布轻轻擦拭餐具        │
└─────────────────────────────────────┘
┌─────────────────────────────────────┐        ┌─────────────────────┐
│  一定时间后，停止擦拭，短暂沥干      │        │  水珠既不聚成水滴，  │
└─────────────────────────────────────┘        │  也不成股流下，说    │
┌─────────────────────────────────────┐   ↗    │  明餐具冲洗干净      │
│  将餐具立于眼前，观察餐具壁上的水珠  │        └─────────────────────┘
└─────────────────────────────────────┘
```

图 10-13　冲洗的步骤

（2）机洗

机洗主要是利用洗碗机清洗餐具，达到节省人工成本，提高清洗效率的目的。图 10-14 是某款洗碗机的操作步骤，餐厅服务员可参照执行。

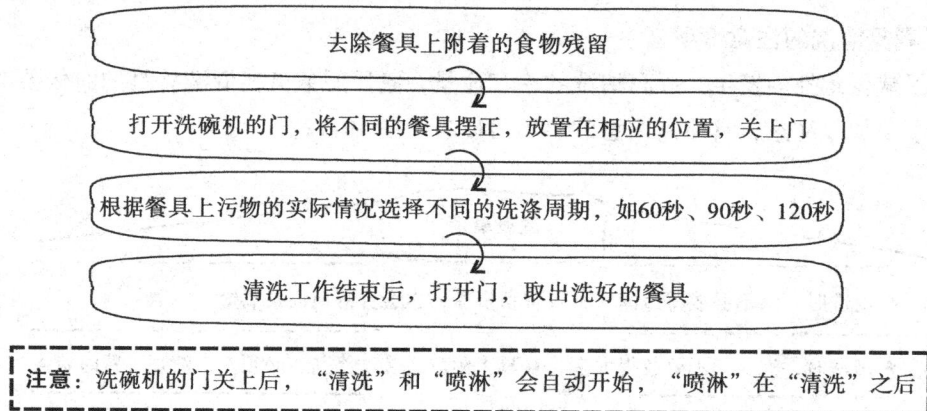

```
┌───────────────────────────────────────────────────────┐
│          去除餐具上附着的食物残留                      │
└───────────────────────────────────────────────────────┘
┌───────────────────────────────────────────────────────┐
│  打开洗碗机的门，将不同的餐具摆正，放置在相应的位置，关上门 │
└───────────────────────────────────────────────────────┘
┌───────────────────────────────────────────────────────┐
│  根据餐具上污物的实际情况选择不同的洗涤周期，如60秒、90秒、120秒 │
└───────────────────────────────────────────────────────┘
┌───────────────────────────────────────────────────────┐
│          清洗工作结束后，打开门，取出洗好的餐具        │
└───────────────────────────────────────────────────────┘

┌───────────────────────────────────────────────────────────────────┐
│ 注意：洗碗机的门关上后，"清洗"和"喷淋"会自动开始，"喷淋"在"清洗"之后 │
└───────────────────────────────────────────────────────────────────┘
```

图 10-14　洗碗机的操作步骤

随着科技的进步，洗碗机也在不断更新换代，向着更加智能化的方向发展，本书只是说明了其中一款洗碗机的操作。实际生活中，洗碗机的具体操作还要参照产品说明书来进行。

2. 餐具的消毒

餐具经过一系列的清洗工作后，应该进入消毒环节了。消毒的目的主要是为了杀死附着在餐盘上的微生物，保证宾客在用餐时的安全卫生。

常见的消毒方法有水煮法、蒸汽法、氯液法、干热法和微波法。具体如下所示。

（1）水煮法

在使用水煮法对餐具进行消毒时，餐厅服务员可以依照图 10-15 中的步骤进行操作。

1	⇒	将水烧开
2	⇒	将餐具整齐地摆放在过机筐或其他铁制网状容器内
3	⇒	将过机筐缓缓地放入沸水中，避免水滴飞溅造成烫伤
4	⇒	继续加热，让餐具在沸水中停留 1 分钟以上
5	⇒	消毒完成后，将过机筐从沸水中提出，放在指定位置冷却
6	⇒	完全冷却，将餐具整理出来，水煮法消毒完成

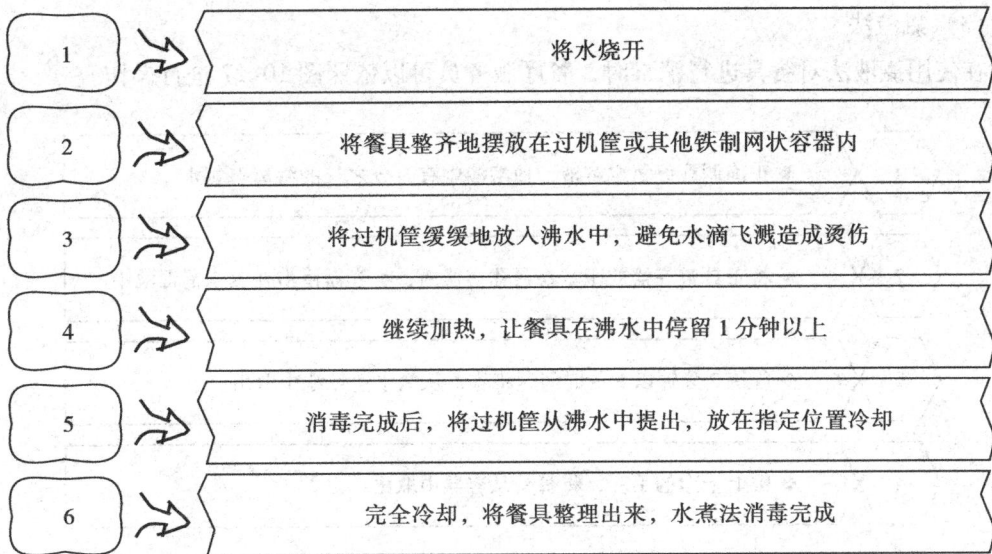

图 10-15　水煮法消毒步骤

（2）蒸汽法

使用蒸汽法对餐具进行消毒，一般可利用蒸汽消毒柜来实现。由于蒸汽消毒柜的种类有很多，操作也多种多样，所以，在使用蒸汽消毒柜的时候，一定要严格按照说明书进行操作，注意安全，以免烫伤。具体来说，餐厅服务员可以按照图 10-16 中的步骤进行操作。

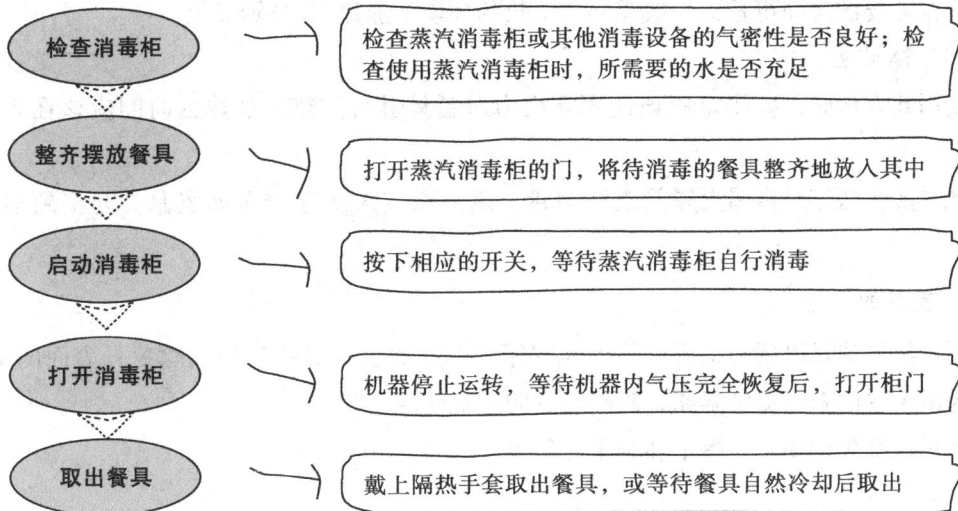

检查消毒柜	→	检查蒸汽消毒柜或其他消毒设备的气密性是否良好；检查使用蒸汽消毒柜时，所需要的水是否充足
整齐摆放餐具	→	打开蒸汽消毒柜的门，将待消毒的餐具整齐地放入其中
启动消毒柜	→	按下相应的开关，等待蒸汽消毒柜自行消毒
打开消毒柜	→	机器停止运转，等待机器内气压完全恢复后，打开柜门
取出餐具	→	戴上隔热手套取出餐具，或等待餐具自然冷却后取出

图 10-16　蒸汽法消毒步骤

塑料、塑胶类的餐具不适宜使用蒸汽法进行消毒。因为在高温状态下，此类餐具会发生变形。

（3）氯液法

在使用氯液法对餐具进行消毒时，餐厅服务员可以依照图 10-17 进行操作。

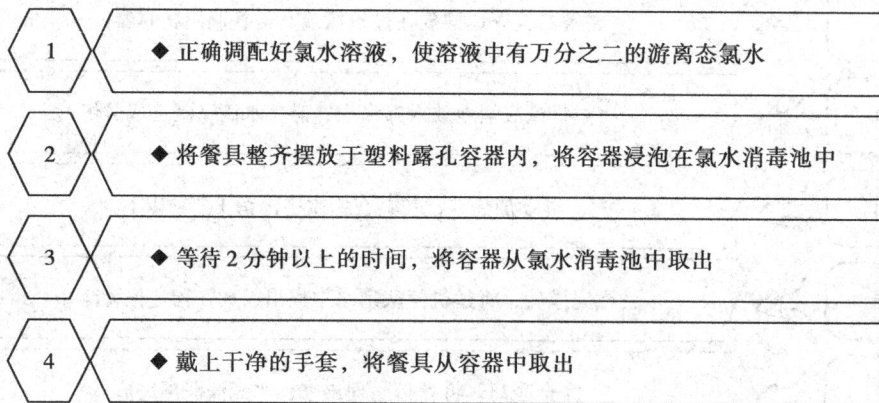

1	◆ 正确调配好氯水溶液，使溶液中有万分之二的游离态氯水
2	◆ 将餐具整齐摆放于塑料露孔容器内，将容器浸泡在氯水消毒池中
3	◆ 等待 2 分钟以上的时间，将容器从氯水消毒池中取出
4	◆ 戴上干净的手套，将餐具从容器中取出

图 10-17　氯液法消毒步骤

此法不适于对金属性餐具进行消毒。因为氯水分解会生成盐酸，盐酸属于强酸，对金属有腐蚀作用，但是金银制品除外，因为金银制品的餐具金属性不活泼，不会与盐酸发生反应。

（4）干热法

干热法一般是利用干热的空气杀死微生物的一种消毒方法。干热法较其他几种消毒方法来说，需要的时间更长，一般需要在干热的环境中加热 30 分钟以上。

（5）微波法

使用此方法时，要注意应该使用高火力对餐具进行加热，加热的时间应该在 2 分钟以上。

此方法不适宜对金属类餐具进行消毒，因为微波无法穿透金属餐具，起不到消毒的作用。

3. 餐具的干燥

餐具经过消毒以后，就进入了干燥程序。干燥的主要目的就是去除餐具表面的水分，避免为微生物的繁殖提供温床，影响餐具的正常使用。

干燥一般包括沥干、擦干和烘干三种方法。

（1）沥干

对于大多数餐具来说，都需要人工去水，适宜沥干的餐具种类很少，一般包括勺子、筷子和一些特殊材料的餐具。

沥干的大致方法是，将洗净的碗、盘等餐具放在沥干架上，或将筷子放在镂空的筷筒中，让其自然去掉水分，达到干燥的目的。

如图 10-18 所示，在使用沥干架时，要注意沥干架的干净、卫生，避免沥干架上的细菌沾染在餐具上。

图 10-18　沥干架

（2）擦干

在人工清洗餐具后，餐具干燥最常用的方法就是擦干。餐厅服务员在对餐具进行擦干时，应根据餐具的种类，选择适宜的擦干步骤及方法，以达到干净卫生，不留死角。

① 盘碗的擦干

餐厅服务员在对盘子和碗进行擦干时，可以根据图 10-19 所示的步骤进行。

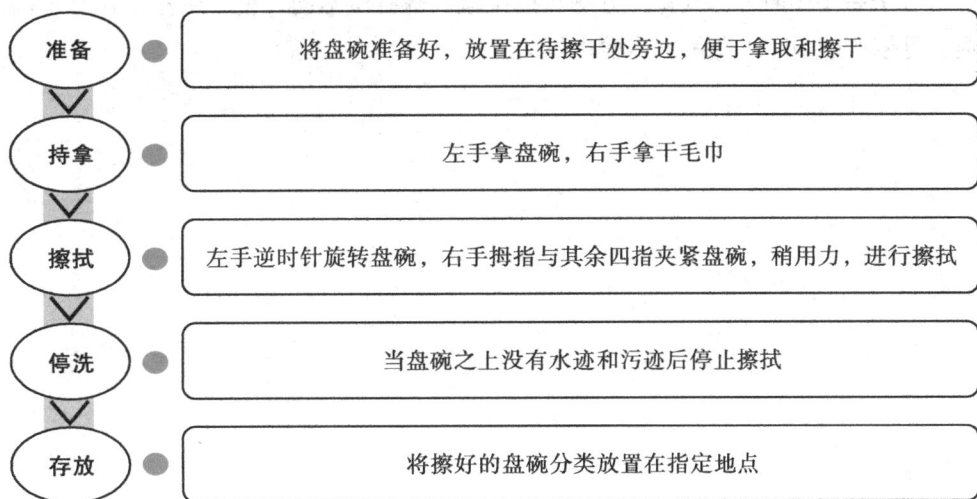

准备	●	将盘碗准备好，放置在待擦干处旁边，便于拿取和擦干
持拿	●	左手拿盘碗，右手拿干毛巾
擦拭	●	左手逆时针旋转盘碗，右手拇指与其余四指夹紧盘碗，稍用力，进行擦拭
停洗	●	当盘碗之上没有水迹和污迹后停止擦拭
存放	●	将擦好的盘碗分类放置在指定地点

图 10-19　盘碗擦干的步骤

② 勺子的擦干

餐厅服务员在对勺子、筷子和叉子进行擦干时，使用的方法是一样的。下面就以勺子为例，对擦干的步骤进行说明，如图 10-20 所示。

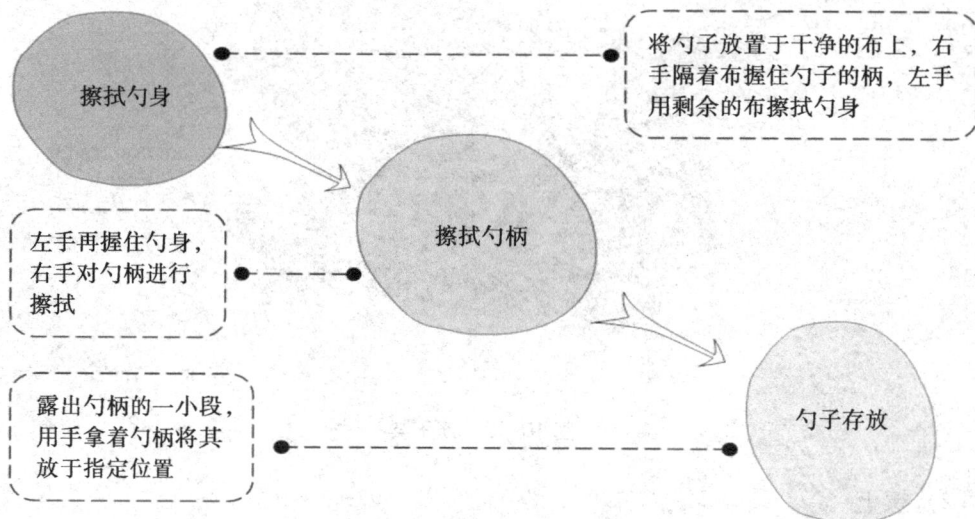

将勺子放置于干净的布上，右手隔着布握住勺子的柄，左手用剩余的布擦拭勺身

擦拭勺身

擦拭勺柄

勺子存放

左手再握住勺身，右手对勺柄进行擦拭

露出勺柄的一小段，用手拿着勺柄将其放于指定位置

图 10-20　勺子擦干的步骤

③ 酒杯的擦干

白酒杯一般都是短小精致、杯壁较厚的容器，对它进行擦拭时，可以依照盘碗的擦干方法。但对于高脚杯而言，其操作方法与擦拭盘、碗有所不同，餐厅服务员在擦干高脚杯的时候，可依照图 10-21 所示的步骤进行。

步骤一：将双手清洗干净，避免在擦干高脚杯的时候留下指纹

步骤二：用温水对杯子进行清洗，注意不需要使用洗涤剂和玻璃清洗液

步骤三：将杯子倒扣在毛巾上，适当沥干水分

步骤四：将杯子悬在沸腾的蒸汽上，对杯子内壁进行杀菌消毒

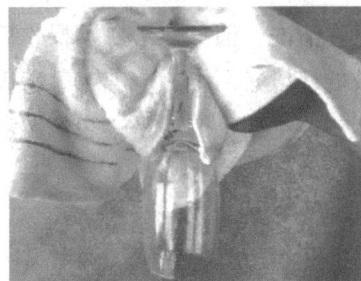

步骤五：将两条毛巾覆于手上，对杯子的外壁进行擦拭，可适当转动

步骤六：握住杯身底部（不要握住底座，防止断裂），将毛巾塞于杯子内部，擦拭杯子内部的每个角落

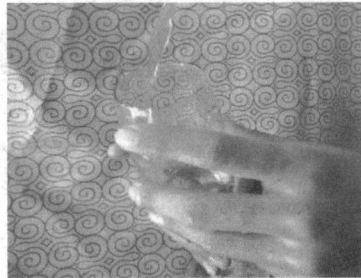

步骤七：擦拭干净之后，将杯子倒挂在高脚杯架上即可

图 10-21　高脚杯擦干的步骤

（3）烘干

烘干主要是针对烘干机来说的，烘干机干净卫生，可以快速、大批量地对餐具进行干燥，是大型餐厅或人流量大的餐厅的首选。

烘干机一般也具有消毒功能，所以可在消毒的过程中完成烘干的步骤。烘干机烘干餐具的原理主要是接通电源后，烘干机内温度上升，超过水的沸点，凝结在餐具上的水珠汽化成水汽；通过机器内部的横向风和纵向风的作用，将水汽吹走，达到干燥的目的。

（三）餐具保洁的善后工作

餐具在清洗过后，如果不是立即使用，还需要对餐具进行封袋和存放等。

1. 封袋

在一些餐厅中，经常会看见用塑料薄膜密封的餐具。这就是在消毒与干燥之后对餐具进行的封袋。封袋不仅可以固定餐具，避免在移动的过程中碰碎，也能防止外部微生物与细菌对餐具的沾染，有效达到保持清洁、干净的目的。

封袋一般由专门的机器进行。有的餐厅独自完成这项工作，有的外包给其他单位完成。

2. 存放

如果餐具在清洗、消毒、干燥等操作后，并没有直接投放使用，就需要对餐具进行存放。餐具存放的环境必须干燥、卫生、稳固、不适宜微生物存活，有条件的可以将餐具放在餐具存放柜内，主要目的就是避免细菌滋生和二次污染。

《餐厅服务员岗位培训手册——餐厅服务员应知应会的
9大工作事项和70个工作小项（实战图解版）》
编读互动信息卡

亲爱的读者：

感谢您购买本书。只要您以下三种方式之一成为普华公司的**会员**，即可免费获得普华每月新书信息快递，在线订购图书或向我们邮购图书时可获得免付图书邮寄费的优惠：①详细填写本卡并以**传真（复印有效）**或邮寄返回给我们；②登录普华公司官网注册成为普华会员；③关注微博：@普华文化（新浪微博）。会员单笔订购金额满300元，可免费获赠普华当月新书一本。

哪些因素促使您购买本书（可多选）

○本书摆放在书店显著位置　　　　○封面推荐　　　　　　○书名
○作者及出版社　　　　　　　　　○封面设计及版式　　　○媒体书评
○前言　　　　　　　　　　　　　○内容　　　　　　　　○价格
○其他（　　　　　　　　　　　　　　　　　　　　　　　　　　　　　　）

您最近三个月购买的其他经济管理类图书有

1.《　　　　　　　　》　　　　　　2.《　　　　　　　　》
3.《　　　　　　　　》　　　　　　4.《　　　　　　　　》

您还希望我们提供的服务有

1. 作者讲座或培训　　　　　　　　2. 附赠光盘
3. 新书信息　　　　　　　　　　　4. 其他（　　　　　　　　　　　　　　　）

请附阁下资料，便于我们向您提供图书信息

姓　　名　　　　　　　联系电话　　　　　　　　职　　务
电子邮箱　　　　　　　工作单位
地　　址

地　　址：北京市丰台区成寿寺路11号邮电出版大厦1108室
　　　　　北京普华文化发展有限公司（100164）
传　　真：010 - 81055644
读者热线：010 - 81055656
编辑邮箱：jiashuyan@ puhuabook. cn
投稿邮箱：puhua111@126. com，或请登录普华官网"作者投稿专区"。
投稿热线：010 - 81055633
购书电话：010 - 81055656
媒体及活动联系电话：010 - 81055656　　　　　　邮件地址：hanjuan@ puhuabook. cn
普华官网：http：//www. puhuabook. cn
博　　客：http：//blog. sina. com. cn/u/1812635437
新浪微博：@普华文化（关注微博，免费订阅普华每月新书信息速递）